郑莉 著

闽海人文丛书

神明的旅行

从兴化到南洋的文化网络

海峡出版发行集团
福建人民出版社

图书在版编目(CIP)数据

神明的旅行：从兴化到南洋的文化网络/ 郑莉著. —
福州：福建人民出版社，2021.12
（闽海人文丛书 / 郑振满主编）
ISBN 978-7-211-08789-1

Ⅰ.①神… Ⅱ.①郑… Ⅲ.①侨乡－文化－调查研究
－福建 Ⅳ.①D634.1

中国版本图书馆 CIP 数据核字(2021)第 264149 号

神明的旅行

从兴化到南洋的文化网络

作　　者：郑　莉
责任编辑：江叔维
装帧设计：白　玫
责任校对：李雪莹

出版发行：福建人民出版社　　　　　　电　　话：0591-87533169(发行部)
网　　址：http://www.fjpph.com　　　电子邮箱：fjpph7211@126.com
地　　址：福州市东水路 76 号　　　　邮政编码：350001
经　　销：福建新华发行(集团)有限责任公司
印　　刷：福建省金盾彩色印刷有限公司
地　　址：福州市金山浦上工业区 D 区 24 幢
开　　本：700 毫米×1000 毫米　　1/16
印　　张：15
字　　数：246 千字
版　　次：2021 年 12 月第 1 版　　　　2021 年 12 月第 1 次印刷
定　　价：58.00 元

∧ 莆田江口石庭九鲤洞总镇 ∧

∧ 新加坡九鲤洞筹备逢甲普度 ∨

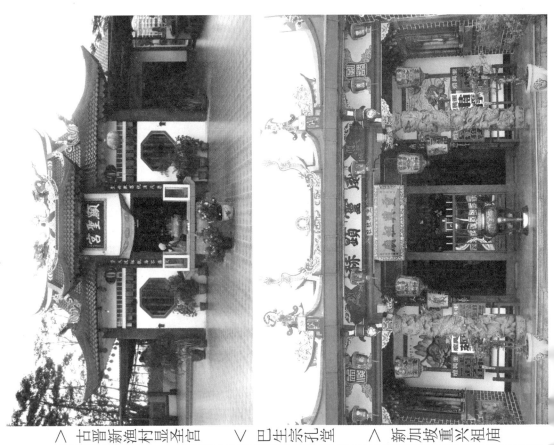

> 古晋新渔村显圣宫　　∨ 巴生崇孔堂　　> 新加坡重兴祖庙

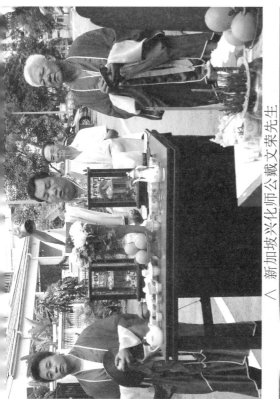

∧新加坡兴化师公戴文荣先生

新和平戏班柴头仔戏演出∨　　∨芙蓉坡兴化普度∨吉隆坡三教堂普度

∧ 新加坡仙宫堂持戒合影 ∨ 昭灵庙行雄 ＞ 新加坡青云庙功曹曹盒

目　录

第　一　章

导　言

本书通过考察东南亚兴化人的庙宇系统和仪式传统，探讨近代以来中国海外移民的文化传承机制与侨乡的社会文化变迁，揭示跨国文化网络的形成过程与内在结构。在进入正题之前，拟简要介绍本课题的问题意识、研究思路、资料来源及分析框架。

第一节　问题意识与研究思路

移居东南亚的兴化人，主要来自福建中部沿海原莆田、仙游二县及福清南部和惠安北部等兴化方言区①。在东南亚华人社会中，兴化人是人数最少的方言群之一，却垄断或控制了东南亚许多地区的交通行业。所谓"出门行路要找兴化人"，集中地反映了东南亚兴化人的谋生方式与同乡同业传统。更为重要的是，在东南亚的许多中心城镇，都有兴化人创建的庙宇。这些庙宇传承了乡土社会文化，维护了同乡同业传统，建构了跨越国界的文化网络。那么，兴化地区的海外移民，究竟是如何移居海外的？乡土社会文化对他们有何影响？以庙宇为中心的跨国网络如何运作？这些就是本书关注的主要问题。

---

① "兴化"称谓源自宋太平兴国四年（979 年）析莆田、仙游、福清、永泰县地等部分区域设立兴化县，建太平军，后改兴化军、兴安州；元称兴化路；明清为兴化府，辖地相当于今日莆田市。参见《莆田县志》，北京：中华书局，1994：66—67。

一、回祖籍地理解海外移民

在海外华人研究中，原乡传统历来是重要议题。早在 19 世纪末，荷兰汉学家高延（De Groot）在《婆罗洲华人公司制度》一书中，已经指出："如果对根源背景没有清晰的概念，我们根本无法理解婆罗洲公司制度的形成、性质以及荷印华人移民的最主要现象。"① 他认为，婆罗洲华人的公司制度，与祖籍的村社制度密切相关。但由于客观历史条件的限制，他并未开展深入的原乡历史文化研究，未能对这一假设进行具体论证。

东南亚华人学者麦留芳，长期研究马来西亚华人方言群与社会认同的问题。她指出，当华人移居新马地区数代之后，他们对于自己社群的认同仍然受到祖籍方言的限制，从而形成一种划地自限与组帮结派的社会现象。因此，研究东南亚的华人社会，必须注重祖籍与方言的重要作用。② 此外，华人的宗教信仰、社团组织、戏剧演出等，都曾经是国内外学者长期关注的问题。③

国外学者对海外华人文化的研究，大多较为关注其"本土化"过程及其"文化调适"问题。例如，加拿大人类学家白缙（Jean DeBernardi），长期研究马来西亚槟城华人的民间宗教与文化认同。她认为，槟城福建人的民间宗教活动，对不同历史时期的政治变迁做出了理性的反应，已经具有明显的本土化趋势。她还曾经回到槟城福建人的故乡进行实地考察，在厦门、槟城、台南等闽南话地区开展比较研究，探讨闽南人在不同政治环境下的地域认同与差异性。④ 新加坡华人学者李忠顺（Lee tong soon），着重

① ［荷］高延：《婆罗洲华人公司制度》，袁冰凌译，台北："中央研究院"近代史研究所，1996。

② ［新加坡］麦留芳：《方言群认同：早期星马华人的分类法则》，台北："中央研究院"民族学研究所，1985；《十九世纪海峡殖民地华人地缘群体与方言群体》，周翔鹤译，载《南洋资料译丛》，1999（4）。麦氏用方言地缘群体本身的再分化解释一些同乡社团，如惠北同乡会（1916 年）；其实惠北通行兴化方言，有所谓"头北人"的称呼，与惠安其他乡镇持闽南话不同，或许不是"再分化"的表现。

③ Elliott Alan J A. *Chinese spirit-medium cults in Singapore*. Oxford：Berg Publishers，1990；Cheu Hock Tong. *An Analysis of the Nine Emperor Gods Spirit-Medium Cult in Malaysia*. Ithaca：PhD Dissertation，Department of Anthropology，Cornell University，1981；Margaret Chan. *Ritual Is Theatre，Theatre Is Ritual：Tang-Ki：Chinese Spirit Medium Worship*. Singapore：Singapore Management University，2006.

④ Jean DeBernardi. "Linguistic Nationalism：The Case of Southern Min". Sino-Platonic Papers，1991（25）；*Rites of Belonging：Memory，Modernity and Identity in a Malaysian Chinese Community*. Stanford：Stanford University Press，2004；*The Way that Lives in the Heart：Chinese Popular Religion and Spirit Mediums in Penang，Malaysia*. Stanford：Stanford University Press，2006.

探讨华人戏剧演出与新加坡国家建设之间的关系。他认为，由于华人戏剧结合了传统与现代的文化要素，促成了四大族群之间的团结，有助于新加坡的国家文化建设，因而得到了当地政府的鼓励和支持。[1]

近年来的海外华人文化研究，大多关注"华商网络"与"新儒家文化"，其代表人物为王赓武与杜维明[2]。前者关注的焦点，主要是海外华人商业精英的行为模式；后者的学术旨趣，主要是以海外华人为载体的儒家文化的传承与发展。这两种研究取向的共同特点，都是在精英层面考察海外华人文化，试图通过对海外华人商业精英和知识精英文化的研究，深化对华人文化传统的理解。然而，在海外华人社会中普遍存在的庙宇、仪式与戏剧，却未能纳入"新儒家"与"华商网络"学术视野之中，其理论局限显而易见。笔者认为，海外华人在日常生活中传承的中国文化，并非所谓新儒家文化或华商文化，而是来自祖籍地的乡土社会文化传统。因此，在海外华人文化研究中，以庙宇和仪式为标志的跨国文化网络，理应得到高度重视。

所谓"跨国文化网络"，是指在海外移民与侨乡之间的常态化社会文化联系。美国历史学家孔飞力在《他者中的华人》一书中指出，海外移民是侨乡社会的有机组成部分，在原籍和侨居地之间共同构成移民社区，他们在海外和祖籍之间有各种联系通道，可以互相交换经济、人员及文化资源。因此，海外华人研究理应纳入中国史研究的视野。[3] 美国人类学家华琛关于香港新界的研究，特别关注内地移民与原籍社会之间的相互影响。

---

① Lee Tong Soon. *Performing Chinese Street Opera and Constructing National Culture in Singapore*. Pittsburgh：PhD dissertation，University of Pittsburgh，1998；"Chinese Theatre，Confucianism and Nationalism：Amateur Chinese Opera Tradition in Singapore". *Asian Theatre Journal*，2007，24（2）：397-421；*Chinese Street Opera in Singapore*. Urbana：University of Illinois Press，2009.

② Tu Weiming. "Cultural China：the Periphery as the Center". Daedalus，1991：1-32；Wang Gungwu. *China and the Chinese Overseas*. Singapore：Times Academic Press，1991；*The Chinese Overseas：From Earthbound China to the Quest for Autonomy*. Cambridge，Mass：Harvard University Press，2000；Aihwa Ong，Donald Nonini，ed. *Undergrounded Empires：the Cultural Politics of Modern Chinese Transnationalism*. London：Routledge，1997.

③ Philip A Kuhn. "Why China Historians Should Study the Chinese Diaspora，and Vice-versa". *Journal of Chinese Overseas*，Nov 2006：163-172；*Chinese Among Others：Emigration in Modern Times*. Rowman & Littlefield Publishers，2008.

他认为，新界的内地移民利用原籍资源拓展海外的事业，同时也强化了原籍的社会文化传统。[①] 那么，海外移民与侨乡究竟是如何共同维护乡土社会文化传统？如何共同建构"跨国文化网络"？这是本书将要探讨的问题。

二、去东南亚发现原乡传统

关于东南亚的兴化人，目前已有不少相关研究成果，形成了相当丰厚的学术积累。东南亚兴化人大多从事交通行业，其职业特征相当突出，早已引起当地学者的关注。[②] 新加坡华人学者钟临杰，曾专文论述新加坡兴化人的移民过程、生计模式与社会组织。[③] 东南亚兴化人特有的庙宇、仪式与戏剧表演，也曾经引起海外学术界的广泛关注。例如，日本学者田仲一成考察了新加坡兴化人的婚礼祭祀和丧葬祭祀，深入分析了其祭祀组织、祭祀礼仪和祭祀戏剧。[④] 香港学者容世诚从戏剧人类学的角度，考察了新加坡兴化人的民间宗教信仰活动及演剧文化，集中分析了戏剧演出中的仪式

---

① James L Watson. *Emigration and Chinese Lineage：the 'Mans' in Hong Kong and London*. Berkeley：University of California Press，1975；"Presidential Address：Virtual Kinship，Real Estate and Diaspora Formation-The Man Lineage Revisited". *Journal of Asian Studies*，2004，63（4）：893-910. 其他相关研究参见刘志伟：《海外商业活动与乡族纽带：以〈沙滘楚旺房陈氏族谱〉为例》，收入纪宝坤、崔贵强、庄国土主编：《族谱与海外华人移民研究》，新加坡华裔馆，2002；陈春声：《侨乡的文化资源与本土现代性：晚清以来潮汕地区善堂与大峰祖师崇拜的研究》，收入《第六届潮学国际研讨会论文集》，澳门：澳门潮州同乡会，2005。

② 南洋大学历史系调查报告：《兴化人与交通行业》，1971。

③ 海外兴化人研究参见：James Francis Warren. *Rickshaw Coolie：A People's History Of Singapore*（1880—1940）. OUP Australia and New Zealand，1986；Cheng Lim Keak. "The Xinghua Community in Singapore：A Study of The socio-economic adjustment of a minority group". in Leo Suryadinata，ed. *Chinese Adaptation and Diversity：Essays on Society and Literature in Indonesia，Malaysia & Singapore*. Singapore：NUS Press，1993：28-56；Cheng Lim Keak. *Social Change and the Chinese in Singapore：A Socio-Economic Geography with Special Reference to Bang Structure*. Singapore：NUS Press，1985；陈臻：《印尼的福清莆田帮华人金融财阀》，载《南洋问题研究》，1988（3）；陈玲玲：《新加坡莆田剧本研究》，新加坡国立大学中文系荣誉学士论文，1995；孟庆梓：《东南亚华人社群的建构与演化：以新加坡江兜王氏社群为中心的历史研究》，厦门大学博士学位论文，2008。

④ ［日］田仲一成：《新加坡莆仙同乡会逢甲普度目连戏初探》，收入《福建目连戏研究文集》，福州：福建省艺术研究所，1991：60—86；《中国的宗族与戏剧》，钱杭、任余白译，上海：上海古籍出版社，1992。

表演、剧场环境和社群活动。[①] 香港学者蔡志祥和新加坡学者余淑娟，对九鲤洞逢甲普度做了深入的田野考察，系统分析了其仪式活动及主办方和参与者。[②] 不过，以往的相关研究大多局限于东南亚的兴化人群体，未能与中国原籍的社会文化传统相联系，因而难以深入解释乡土文化传统在海外移民社会的传承机制。

关于兴化本土的历史文化传统，郑振满和丁荷生已经进行了长期的合作研究，为本课题奠定了坚实的基础。20 世纪 80 年代中期，他们共同致力于对兴化地区现存碑铭的搜集与整理，于 1995 年出版了《福建宗教碑铭汇编·兴化府分册》。[③] 1993—2008 年，他们合作进行木兰溪流域的乡村社会文化史调查，于 2010 年出版了英文版调查报告《神明的归来：莆田平原的仪式联盟》。[④] 笔者曾有幸参加此书的资料收集与整理过程，对相关历史背景有了较为全面的了解，这是开展本课题的必要前提和有利条件。

在上述基础上，郑振满和丁荷生发表了若干学术论著，对兴化地区的区域社会文化史做了深入的解读。1993 年，两位学者共同发表《兴化平原的坛班与傩舞》一文，较为系统地考察了当地乩童组织的历史渊源、组织形式及其仪式传统。[⑤] 1995 年，郑振满发表《神庙祭典与社区发展模式》一文，揭示明以后"地方行政的仪式化""国家内在于社会"等历史过程。[⑥] 1996 年，丁荷生出版《三一教》一书，考察明清之际莆田士绅的"三教合一"理念及其社会实践、清代以来三一教的仪式传统及其对社会生活的影响。[⑦]

---

① 容世诚：《戏曲人类学初探：仪式、剧场与社群》，桂林：广西师范大学出版社，2003；容世诚、张学权：《南洋的兴化目连戏与超度仪式》，载台北《民俗曲艺》，1994，92：819—852。

② 余淑娟：《逢甲大普度：新加坡九鲤洞的中元祭典》，载香港《田野与文献》，2006，44：8—9；蔡志祥：《阴阳过渡：2004 年新加坡九鲤洞逢甲普度中的仪式与剧场》，载新加坡《南洋学报》，2007，61：1—12。

③ 郑振满、丁荷生：《福建宗教碑铭汇编·兴化府分册》，福州：福建人民出版社，1995。

④ Kenneth Dean and Zheng Zhenman. *Ritual Alliances of the Putian Plains：Historical Introduction to the Return of the Gods*. Leiden：Brill，2010.

⑤ Kenneth Dean，Zheng Zhenman. "Group Initiation and Exorcistic dance in the Xinghua region". 收入《中国傩戏、傩文化国际研讨会论文集》，载台北《民俗曲艺》，1993，85：105—190。

⑥ 郑振满：《神庙祭典与社区发展模式：莆田江口平原的例证》，载《史林》，1995（1）：33—47。

⑦ Kenneth Dean. *Lord of the Three in One：The Spread of a Cult in Southeast China*. Princeton：Princeton University Press，1998.

2006 年，郑振满发表《莆田平原的宗族与宗教》一文，考察宋以后的礼仪变革与社会重组过程。[①] 他认为，莆田历史上的宗族与宗教组织，既是民间的社会组织，又深受唐宋佛教、宋明理学、明清里社制度的影响。此外，他还曾经专文探讨兴化沿海地区的人口变迁、生计模式和晚清商人集团对地方政局的影响等。[②] 其他前辈学者对莆田历史文化的相关研究成果，对本课题也有启发意义。[③]

[①] 郑振满：《莆田平原的宗族与宗教：福建兴化府历代碑铭解析》，载《历史人类学学刊》，2006，4（1）：1—28。

[②] 郑振满：《仙游沿海的生态环境与人口变迁》，收入庄英章、潘英海编：《台湾与福建社会文化研究论文集》，台北："中央研究院"民族学研究所，1994：61—80；《莆田江口平原的里社与村庙：关于"祭祀圈"的新例证》，收入周天游主编：《地域社会与传统中国》，西安：西北大学出版社，1995：112—117；《妈祖是蜑人之后?》，载《华南研究资料中心通讯》，1997，7；《晚清至民国的乡镇商人与地方政局：以莆田县涵江镇为例》，载张国刚主编：《中国社会历史评论》第 2 卷，天津：天津古籍出版社，2000：85—95；《晚清至民国的乡镇商人：以莆田涵江"黄家门"集团为例》，收入周积明等主编：《中国社会史论》下卷，武汉：湖北教育出版社，2000：795—818。

[③] 其他学者关于莆田历史文化的研究成果，主要参见：E B Vermeer. "The Decline of Hsing-hua Prefecture in the Early Ch'ing"；Tian Rukang. "The Decadence of Buddhist Temples in Fukien in Late Ming and Early Ch'ing". in E B Vermeer, ed. *Development and Decline of Fukien Province in the 17th and 18th centuries*. Leiden：Brill，1990：5—34，83—100. Hugh Clark. "The Fu of Minnan：A Local Clan in Late Tang and Song China". *Journal of the Economic and Social History of the Orient*，1995，38（1）：1—74；简杏如：《宋代莆田方氏家族的婚姻》，载《台大历史学报》，1999，24：257—286；Kenneth Dean. "The Transformation of State Sacrifice at the She Altar in the late Ming and Qing in the Xinghua Region". Cahiers d'Extrême-Asie，1998（10）：19—75；吴重庆：《社会变迁与通婚地域的伸缩：莆田孙村"通婚地域"调查》，载《开放时代》，1999（4）；Kenneth Dean. "China's Second Government：Regional Ritual Systems in Southeast China". 收入王秋桂等编：《社会、民族与文化展演国际研讨会论文集》，台北：汉学研究中心，2001：77—109；Kenneth Dean. "The Bureau of Smallpox：Exorcism and Spiritual Power in the Irrigated Putian Plain". 收入《仪式、戏剧与民俗国际学术研讨会论文集》，载台北《民俗曲艺》，2001，130：1—56；常建华：《明代福建兴化府宗族祠庙祭祖研究：兼论福建兴化府唐明间的宗族祠庙祭祖》，载张国刚主编：《中国社会历史评论》第 3 卷，北京：中华书局，2001：117—134；Kenneth Dean，Thomas Lamarre. "Ritual Matters". in Thomas Lamarre，Nae-Hui Kang，ed. *Traces 3：Impacts of Modernities*. 香港：香港大学出版社，2004：257—284；Kenneth Dean. "Lineage and Territorial Cults：Transformations and Interactions in the Irrigated Putian Plains". in Lin Meirong，ed. *Belief，Ritual and Society：Papers from the Third International Conference on Sinology*. 台北："中央研究院"民族学研究所，2003：87—129；安艳萍：《地方历史文献的传承与创新：乾隆与民国〈莆田县志〉比较研究》，厦门大学硕士学位论文，2005；姚文琦：《民间信仰与社群关系：以莆田湄洲岛之妈祖信仰研究为例》，厦门大学博士学位论文，2007；康建凡：《莆田黄石书社的祀神研究》，福建师范大学硕士学位论文，2008。

本课题的研究计划，受益于郑振满、丁荷生主持的莆田侨乡与海外兴化人调查。在攻读硕士学位期间，笔者曾参与莆田社会文化史调查，对莆田历史上的家族、庙宇与仪式传统有了初步的了解。① 2007 年 5—7 月，笔者得到新加坡国立大学亚洲研究所亚细亚奖学金的资助，到新加坡研究兴化人的木偶戏剧本与剧团。在此期间，笔者较为系统地查阅了新加坡国立大学中文图书馆收藏的 161 种兴化人木偶戏剧本，走访了现存的新加坡兴化人庙宇，参观了兴化人木偶戏班的表演和相关的仪式活动，对一些阅历丰富的老年木偶戏艺人和庙宇主持人做了较为深入的访谈。2008 年暑期，笔者参加郑振满、丁荷生、郭慧娟在东南亚地区的田野调查，实地考察了新加坡和马来西亚兴化人的会馆、庙宇及仪式活动。

由于上述机缘，笔者开始致力于对莆田侨乡和海外移民的研究，陆续发表了若干专题论文。② 2009 年底，完成了博士学位论文《跨越国界的文化网络：新加坡兴化人的庙宇与仪式传统》，获得同行学者的肯定和鼓励。其后，笔者有幸获得国家社会科学基金青年项目的资助，继续拓展对东南亚兴化人和跨国文化网络的研究。每年寒假和暑假，笔者都到东南亚各地和莆田侨乡开展田野调查，收集历史资料，观看仪式活动，访问华侨精英，力求从东南亚兴化人的移民过程和日常生活中，考察庙宇和仪式的传承与创新，探讨海外华人的文化传承机制和跨国文化网络的形成过程。

笔者认为，东南亚兴化人的社会文化传统，集中表现为庙宇系统和仪式活动。东南亚各地的兴化人庙宇，大多是原籍庙宇的分庙，其中既有同乡组织的庙宇，也有教派组织的庙宇。这些植根于侨乡乡土社会的庙宇与仪式传统，既是海外移民自我认同和社团组织的主要标志，也是联结侨乡和海外乡亲的主要纽带。因此，研究海外兴化人的庙宇与仪式传统，必须回到兴化侨乡的历史与文化脉络，力求从长时段的历史视野中，揭示海外兴化人的文化传承机制。当然，在海外移民社会的多元文化环境中，源自原乡的庙宇与仪式传统也必然受到冲击，经历复杂的调适过程。因此，必须从海外移民社会的具体历史环境，考察庙宇的修建与仪式的创新过程。

---

① 郑莉：《莆田东华的家族、庙宇与仪式传统》，厦门大学硕士学位论文，2006。

② 郑莉：《新加坡兴化人的木偶戏与仪式传统》，载新加坡《南洋学报》，2008，62；《私人宗教仪式与社区关系：莆田东华"谢恩"仪式的田野考察》，载《开放时代》，2009（6）。

换言之，在侨乡传统与海外移民社会的互动中，探讨乡土社会文化的传承与创新，这就是笔者的主要研究思路。通过对莆田侨乡和海外兴化人的综合研究，笔者希望突破以往海外华人研究、侨乡研究的某些局限，深化对乡土社会文化传统的理解。

第二节　资料来源与分析框架

自 2007 年以来的十余年中，笔者力求运用历史人类学的理论与方法，通过文献解读与田野调查的有机结合，系统考察海内外兴化人的庙宇与仪式传统。除了查阅相关地方志和官方档案之外，主要是通过实地调查，广泛搜集多种载体的民间文献，同时积累了大量调查笔记和访谈资料。限于篇幅，在此难以逐一罗列，只能概述笔者参加的田野调查和资料收集过程。

一、兴化原乡调查资料

2003—2006 年，笔者有幸参加了郑振满和丁荷生主持的莆田历史文化田野调查，先后访问了近 1000 个村庄，对当地 3000 多座庙宇的修建过程、崇拜对象、仪式活动及戏剧表演等资料做了详细的记录和整理。与此同时，还收集了大量族谱、碑刻、科仪书、仪式榜文、账本、庙志等民间文献。这些资料为笔者了解侨乡社会文化传统和相关历史背景提供了现实基础，构成了本书的主要资料来源。

2007 年底至 2009 年初，笔者得到教育部留学基金的资助，到加拿大麦吉尔大学东亚系进修，师从丁荷生教授学习仪式理论和社会文化史研究方法。在此期间，参与编辑《莆田平原的仪式联盟》一书的英文稿，同时协助整理多年来收集的民间文献及图片资料，为建设莆田地方史数据库和编撰中文版调查报告做前期准备。在此过程中，笔者对莆田侨乡的社会文化传统有了较为系统的认识，并逐渐形成了本课题的研究思路。

2007—2010 年，笔者担任香港中文大学蔡志祥教授主持的"边疆的村落：华南侨乡的社会、历史与文化"项目的研究助理。[①] 该项目以若干华

---

① 该合作研究项目由蒋经国国际学术交流基金会资助（RG001-P-06）。

南社区为研究个案，将华南侨乡和海外移民地区联为一体，考察华南地方社会的传统如何在不同的历史脉络下延续与创新。在此期间，笔者协助郑振满教授收集莆田侨乡的相关历史资料，同时对莆田著名侨乡石庭、西刘、林外、西洙、后郭、田头、鳌山、哆头等社区做了较为深入的调查，走访了一批归侨和侨眷，收集了丰富的侨乡社会生活史及移民史的资料。

二、海外兴化人调查资料

2007 年 5—7 月，笔者在新加坡国立大学亚洲研究所交流期间，在容世诚教授和郭慧娟博士的指导下，较为系统地查阅了新加坡兴化人的历史文献和相关学术论著。与此同时，笔者实地考察了现存的近 30 座兴化人庙宇，多次参观了兴化人木偶戏班的表演和相关的仪式活动，收集了大量碑记、人丁簿、仪式榜文、科仪书、剧本以及婚帖、讣告、账簿、符纸等文献资料。尤其重要的是，在田野调查过程中，结识了一些阅历丰富的老年木偶戏艺人、道士、经师、坛班弟子和庙宇主持人等，对他们做了较为深入的访谈，积累了丰富的口述史资料。这些来自田野调查的民间文献与访谈资料，构成了本书的主要资料基础。

2008 年暑期，郑振满、丁荷生、郭慧娟到新加坡和马来西亚各地调查兴化人的会馆、庙宇及仪式活动，笔者有幸全程参与了这一田野计划。在为期一个多月的实地考察过程中，我们走访了新加坡和马来西亚 10 多个城镇的兴化人会馆和庙宇，与当地侨领和庙宇主持人、仪式专家促膝而谈，收集了大量会馆志、纪念特刊、族谱、寺庙碑文、仪式榜文等文献资料。在此过程中，笔者对海外兴化人的生存状态和仪式传统有了更为深入的理解，对联结海内外兴化人的跨国文化网络也有了更为全面的认识。

2009 年底，笔者在完成博士学位论文之后，继续拓展对跨国文化网络的研究。2010 年初，跟随郑振满、丁荷生教授前往苏门答腊、爪哇岛和沙捞越等地，调查各地华人的历史与文化传统，收集了丰富的历史文献资料。在此基础上，陆续撰写了专题论文《莆田侨乡的跨国文化网络：石庭黄氏家族的例证》①、《日常生活的国际联系（1950—1990）：安溪湖头李氏

---

① 郑振满、郑莉：《莆田侨乡的跨国文化网络：石庭黄氏家族的例证》，载《历史人类学学刊》，2012，10（2）：89—128。

书信解析》①、《东南亚华人的同乡同业传统：马来西亚芙蓉坡的例证》②、《明清时期海外移民的庙宇网络》③ 等调查报告和专题论文，力求较为全面地探讨跨国文化网络的建构过程与运作机制。

2011 年，笔者有幸获得国家社会科学基金青年项目的资助，深入开展对东南亚兴化人庙宇和民间宗教仪式传统的研究。2011—2016 年，每逢寒暑假，笔者都到东南亚各地或莆田侨乡开展田野调查，较为系统地考察了新加坡、马来西亚、印度尼西亚等地的兴化人庙宇，全程观看了莆田九鲤洞的女子关戒仪式、新加坡九鲤洞的逢甲普度仪式和马来西亚芙蓉坡的中元普度仪式，收集了丰富的历史文献资料和口述史资料。为了深入了解东南亚兴化人的生存状态与生存策略，笔者曾连续三年到马来西亚森美兰州首府芙蓉坡调查，居住在当地兴化人家中，参加中元普度仪式，访问不同阶层和不同阶段的兴化移民。2012 年底，笔者应邀参加沙捞越诗巫地区的兴化人垦荒 100 周年纪念活动，查阅了当地兴化人教会的历史档案。2013 年初，笔者到新加坡过春节，参观当地兴化人庙宇的元宵节仪式。当然，由于时间和经费的限制，笔者还未能完全掌握东南亚兴化人的历史文献资料，也未能开展较为深入的个案研究。

本课题除了利用历史文献资料之外，还尽可能利用了笔者在东南亚与兴化侨乡的田野调查笔记，以补文献资料之不足，尤其是提供以下几方面的信息：一是通过对节庆仪式和公共事务的参与和观察，深入体会海内外兴化人的社会生活、信仰世界与思想情感；二是通过访问侨乡耆老和侨眷，深入了解近代以来侨乡的社会文化变迁；三是通过访问不同历史时期的海外移民，深入了解他们在文化传承过程中所扮演的角色和作用。

三、分析框架与内容要点

本书的分析与论述框架，主要是从考察东南亚兴化人的移居过程和生

---

① 郑莉：《日常生活中的国际联系（1950—1990）：安溪湖头李氏书信解析》，载新加坡《华人研究国际学报》，2012，4（2）：31—52。

② 郑莉：《东南亚华人的同乡同业传统：以马来西亚芙蓉坡为例》，载《开放时代》，2014（1）：210—223。

③ 郑莉：《明清时期海外移民的庙宇网络》，载《学术月刊》，2016（1）：38—48。

存状态出发，依次分析其庙宇系统的演变过程、仪式团体与仪式活动的特点及海外移民在侨乡文化复兴中的作用，最后拟综合讨论跨国文化网络的形成过程与内在结构。前言之后各章的论述重点如下：

第二章以族谱、个人传记、访谈资料为基础，考察近代以来东南亚兴化人的移居过程与社团组织。包括：第一代移民、海外出生的兴化人和20世纪80年代以后新移民的不同历史特点；东南亚兴化人的生计模式与生存策略；东南亚兴化人的同乡会、宗亲会和同业公会等社团组织。大致说来，19世纪末20世纪初的早期兴化移民，经常往返于海外和原籍之间，晚年则回归故里，或是采用两头家的生计模式；20世纪50年代以后，海外兴化人开始陆续定居，在东南亚各地形成移植型家族；中国改革开放之后，兴化平原再次成为新侨民的主要输出地之一，侨乡社会文化传统全面复兴。东南亚兴化人大多从事交通业和经营汽车零配件生意，长期维持同乡同业传统，在许多中心城镇组建了各种同业公会与同乡社团。

第三章主要依据田野调查资料，论述东南亚兴化人的庙宇系统与传承谱系。通过考察庙宇的修建过程、崇拜对象及仪式活动，揭示其认同意识与互动关系。东南亚的兴化人庙宇可以分为两类：一是某些教派组织创建的庙宇，主要是坛班（乩童组织）和三一教的庙宇；二是同乡组织创建的庙宇，主要是原籍村庙等区域性庙宇的分庙。就其发展过程而言，早期的庙宇大多是教派组织的庙宇，在二战以后开始创建各种以祖籍认同为基础的同乡神庙。在东南亚各地的城市化进程中，兴化人庙宇一度经历分化与重组，有少数庙宇难以为继，不得不退神回原籍；大多数通过调整发展策略，加强庙际与国际联系，不断获得新的生机和活力。

第四章主要依据科仪书、剧本和访谈资料，论述兴化人仪式团体和仪式专家的传承机制与活动方式。东南亚兴化人的主要仪式团体为坛班、道士、三一教经师和木偶剧团。坛班是兴化北部地区的仪式团体，在东南亚兴化人庙宇中普遍存在，其主要仪式活动为"行傩"和"关戒"仪式；东南亚的兴化道士原来分为"正一派"和"闾山派"，目前已经合一，也吸收了闽南道士的某些仪式传统；三一教经师则是兴化地区特有的仪式团体，他们在东南亚各地有自己的庙宇与仪式传统，但目前也逐渐与坛班和道士的仪式传统相结合；东南亚兴化人曾经组建许多剧团，目前仅存一木偶戏班，主要在仪式活动中演出酬神戏。与兴化原籍相比，上述仪式传统既有传承，又有创新，

11

集中地反映了海外华人文化的历史特点。

第五章主要依据侨乡调查资料，论述海外移民在侨乡文化复兴与传统再造中的作用及影响。中国改革开放之初，侨汇成为侨乡建设的重要经济资源，海外乡亲一度成为侨乡文化复兴的主导力量。海外兴化人不仅积极集资修建庙宇和恢复仪式活动，还经常发起组成代表团与地方政府协商宗教事务，为民间文化复兴争取较为宽松的环境。海外兴化人通过交纳丁口钱和参加各种仪式活动，维持与原籍家族与村落的密切联系，甚至担任原籍的乡老和族长。在海内外兴化人之间，以庙宇、仪式、戏剧等大众文化为联系纽带，建构了跨越国界的文化网络，为海外移民与侨乡社会的互动提供了稳定的通道。

结语主要探讨三个问题：庙宇系统和仪式组织在海外华人文化传承过程中的作用、海外移民对侨乡文化复兴与传统再造的影响、跨国文化网络的形成过程与内在结构。笔者希望，通过研究联结侨乡与海外移民的跨国文化网络，可以更为有效地理解和解释乡土社会文化的传承与创新机制。

第 二 章

东南亚兴化人的移居过程

兴化人大规模移居东南亚，大致可以追溯至 19 世纪末。20 世纪 50 年代以前的早期兴化移民，大多候鸟式往返于海外和原籍之间，晚年则回到原籍，或是采取两头家的生计模式。50 年代以后，移居东南亚的兴化人陆续入籍定居，在当地形成移植型家族。80 年代以来，由于海外移民与侨乡的联系日益密切，兴化地区再次成为新移民的主要输出地。本章拟依次考察兴化人移居东南亚的阶段性特征，并探讨其生计模式与社团组织的演变过程。

第一节 落叶归根：候鸟式的早期移民

发源于闽中戴云山区的木兰溪、延寿溪及萩芦溪三大河流，从黄石、涵江和江口蜿蜒入海，孕育了莆田沿海的冲积平原。莆田平原又称兴化平原，背山滨海，介于闽东福州平原和闽南泉州平原之间，东北与福清市交界，西北与永泰县、德化县毗邻，西南与永春县、南安市、惠安县接壤，东南濒临台湾海峡，总面积约 464 平方公里。[①] 平原北部的囊山、西部的九华山和龟山、南部的壶公山及东南部的五侯山，环绕着 C 形的海岸线。莆田境内有兴化湾、平海湾、湄洲湾三大海湾，近海有南日岛、乌丘岛、

---

① 有关兴化地区历史地理研究参见 ［日］ 森田明：《关于福建省的水利共同体：莆田县之一例》，载日本《历史学研究》，1962，261：19—28；林汀水：《从地学观点看莆田平原的围垦》，载《中国社会经济史研究》，1983（1）；彭文宇：《古代莆田沿海围垦述略》，载《福建地理》，1994（1）；《莆田县志·自然地理》，北京：中华书局，1994。

湄洲岛等诸多岛屿，造就了滨海生态环境与海洋文化传统。

兴化人到海外谋生的历史，据说可以追溯至唐朝。唐末莆田人黄滔的《贾客行》诗曰："大舟有深利，沧海无浅波。利深波也深，君意竟如何？鲸鲵齿上路，何如少经过！"[1] 北宋仙游人蔡襄记述当地特产荔枝的运销路线："水浮陆转以入京师，外至北戎、西夏，其东南舟行新罗、日本、琉球、大食之属，莫不爱好，重利以酬之。"[2] 宋代兴化军有太平港、白湖港、通应港、浮曦港等繁华的海外贸易港口，"遐琛远货，不可殚名者，辐辏于南北之贾客"[3]，江口市"南北商舟所泊，人烟稠密，环山而居"。[4]

唐宋时期兴化地区的海神崇拜，集中反映了早期先民的航海传统。莆田县奉谷里太蚶山有光济王庙，为当地早期的海神庙。明弘治《八闽通志》记载："昔尝海溢，有物如瓦屋乘潮而来，郡人异之，为立庙，凡商舟往来必祷焉。五代晋开运二（945）年，南唐始封光济王。"[5] 莆田西天尾有祥应庙，深受航海商人崇奉。南宋初方略所撰《有宋兴化军祥应庙记》云："夫七闽诸郡，莆田最为滨海……往时游商海贾，冒风涛，历险阻，以谋利于他郡外蕃者，未尝至祠下，往往不幸。"[6] 起源于莆田湄洲岛的女神妈祖，更是海内外学者耳熟能详的海神。[7]

---

① 收入《全唐诗》卷704。

② 〔宋〕蔡襄：《荔枝谱》第三，宋咸淳百川学海本。

③ 〔元〕林亨：《螺江风物赋》，载明弘治《兴化府志》卷32，清同治十年重刻本：3—4。

④ 乾隆《莆田县志》卷1，清光绪五年补刊、民国十五年重印本：15。

⑤ 〔明〕黄仲昭：《八闽通志》卷60《祠庙·兴化府》，福州：福建人民出版社，2006：下：567。

⑥ 郑振满、丁荷生：《福建宗教碑铭汇编·兴化府分册》，福州：福建人民出版社，1995：12—13。

⑦ James L Watson. "Standardizing the Gods: The Promotion of Tien Hou (Empress of Heaven) along the South China Coast，960-1960". in David Johnson，Andrew J Nathan，Evelyn S Rawski，ed. *Popular Culture in Late Imperial China*. Berkeley: University of California Press，1985：292—324；陈国强：《妈祖信仰与祖庙》，福州：福建教育出版社，1990；蒋维锬：《妈祖文献资料》，福州：福建人民出版社，1990；《妈祖信仰国际学术研讨会论文集》，台北：北港朝天宫董事会、台湾省文献委员会，1997；徐晓望：《妈祖的子民：闽台海洋文化研究》，上海：学林出版社，1999；林美容：《妈祖信仰与汉人社会》，哈尔滨：黑龙江人民出版社，2003；蔡泰山主编：《妈祖文化学术论文集》，台北：立得出版社，2006；姚晓琦：《民间信仰与社群关系：以莆田湄洲岛之妈祖信仰研究为例》，厦门大学博士学位论文，2007；曾美香：《妈祖文献学研究》，华中师范大学硕士学位论文，2008。

早在宋元时期，兴化人已经开始移居日本及东南亚地区，成为最早的莆籍华侨。例如，俞良甫，于元至正二十七(1367)年避战乱，寓居日本京都近 30 年，以刻书为业，从事雕版印刷。在《日本善本书影》影印的俞翻宋版《唐柳先生文集》中，有如下题记："祖在唐山福州境界福建行省兴化路莆田县仁德里台谏坊住人俞良甫，久住京城阜近，几年劳鹿，至今喜成矣。"① 明永乐年间，玉湖陈氏 12 世孙陈康等人，作为官方派遣的闽人 36 姓之一赴琉球定居。1989 年 10 月，陈康 17 世孙仲本康盛从日本率团来莆寻根问祖，证实陈康由原莆田县北高乡美澜村出海前往琉球。莆田城关林氏族谱记载，林氏族人曾于永乐元(1403)年往暹罗（今泰国）经商。

郑和下西洋时(1405—1433)，有不少莆田籍官兵随行公干。弘治《兴化府志》卷四十九"武臣事考"记载：兴化卫左所百户刘鉴，其祖父刘杰"屡跟内官马斌等下西洋"；右所百户柳营，其曾叔祖柳兴"永乐三(1405)年随太监郑和及王贵通等往西洋公干"；中所副千户白祥，其曾祖父白旺"节往西洋公干"；前所千户许政，其曾叔祖许辟永乐元(1403)年节次往西洋古里、小葛兰等国公干；前所百户张宽，其曾叔祖张能永乐十(1412)年"蒙太监郑和选往南洋"。这种由官方组织的大规模航海活动，对兴化民间的航海事业影响深远。明天启四(1624)年，莆田人洪升参加颜思齐为首的海商集团，前往日本经商。②

自 19 世纪末以来，福建沿海民众开始大规模下南洋谋生，这可以说是闽越先民海洋传统的延续。在兴化方言区，下南洋俗称"走番"。近代以来的"走番"高潮，使兴化地区成为华南地区的著名侨乡。截至 2012 年，移居海外的兴化乡亲约有 150 万人，归侨、侨眷约 44.4 万人，约占莆田人口的 13.75%，在全市利用外资中侨资占比超过 75%。③ 这些海外乡亲和侨眷是侨乡社会的有机组成部分，对当地的社会、经济和文化生活都有深刻的影响。不过，在不同的历史时期，海外移民与侨乡的关系不尽相同，不可一概而论。

---

① 《莆田县志·人物》，北京：中华书局，1994：1047。

② 关于莆田早期华侨的情况，可参见莆田市侨联编：《莆田的华侨》（草稿），1957；郑荔川：《莆田华侨出国史略》，收入莆田市侨联编：《风雨沧桑故园情》，北京：中国文史出版社，2005：1—8。

③ 陈瑜瑜：《莆田市海外侨胞人数达 150 万》，莆田文化网，2013-11-8，http://www.ptwhw.com/?post=6890.html。

早期移居东南亚的兴化人，大致可以分为契约劳工与自由移民两种类型。所谓契约劳工，是指依据契约到国外短期务工的移民，民间俗称"卖猪仔"。兴化方言区的契约劳工，主要集中于马来西亚东部的沙巴、沙捞越地区。19世纪末至20世纪初，西方殖民国家大举开发南洋各地，急需廉价劳动力，因而办理劳工入境的手续较为简单，华南各地都有大量契约劳工。1911年，美国传教士蒲鲁士组织莆田教徒劳工101人，由教友涵江人方家明带领，前往南洋沙捞越诗巫地区创建"兴化芭"垦区，这是兴化地区契约劳工的最早记录。此后，不断有海外企业到兴化地区招收契约劳工，如1919年10月30日的《兴化奋兴报》，刊登《南洋柔佛树乳工业所招工广告》一则；同年11月7日，又载《南洋椰杞公司招股并殖民通告》一则。不过，契约劳工在航行途中受尽虐待，死者不计其数，当时民间盛传"猪仔过番，无一生还"。①

早期的自由移民又可以分为两类：一是家族性的移民链，即通过族人介绍，投亲靠友下南洋；二是在老家无力维持生计的人，通过"牵头"介绍，下南洋寻找谋生机会。"牵头"一般在祖籍村社集中组织新客出洋，以上两种移民往往同行，难以截然划分。

莆田江口西刘村的《西刘刘氏族谱》，较为详细地记录了早期族人下南洋的历程，首推刘亚柏为近代西刘下南洋谋生的先驱，并记述了他提携族人下南洋的事迹：

> 先驱刘亚柏（字骏征）等人，清朝末期从兴化湾东港乘渔船漂洋过海，南渡谋生，行迹遍布新加坡、沙捞越、文莱、印度尼西亚等地。经实践谋生有望，而呼唤亲友，族人相继出洋，是西刘人早期离乡背井、远徙异国他乡之先导。从零开始，当初投入垦荒，拉人力车。有短期赚到钱后多次往返家乡者，有在海外成家立业者，有初具规模的五金工厂、脚车店（销售或修理自行车）及各行业小店，走经商之路。至20世纪30年代，旅居东南亚诸国的约有300多人，海外成为第二故乡。②

由此可见，像刘亚柏这种乐于招引族人下南洋谋生的早期移民，在家族型移民中发挥了重要作用。不过，即使是像刘亚柏这种较为成功的早期

---

① 《莆田县志·侨乡》，北京：中华书局，1994：891。

② 《西刘刘氏族谱·侨乡人文》，2002：158。

移民，一般也会选择落叶归根：

> 亚柏（生卒年不明），清末乘渔船首渡南洋，足迹遍布东南亚诸
> 国，是近代西刘最早渡洋谋生者，并带领村人向海外拓展，终老故
> 里。育有二子二女。①

刘亚柏晚年回到故乡，他的子女都留居原籍，而他的五个兄弟中有两
人曾经赴南洋谋生。西刘早期乡贤大多曾随亲属前往南洋谋生：

> 刘鸿祥（1922—1985），出生于西刘，12岁随父前往南洋谋生，最
> 后定居文莱。

> 刘永美，1933年南下马来亚，初在巴生当修理汽车学徒，继而自
> 己创业，在万津埠设立顺万兴公司，专营修理及买卖脚车生意，夜间
> 兼职做的士司机。1935年回国，带次弟刘永茂到马来亚，在万津路18
> 里处开设服装销售店，由刘永茂先生经理。1938年第二次回国，再带
> 三弟刘永龙到马来亚，协助经营万津顺万兴业务。兄弟和睦，共同创
> 业。奠定坚固根基后，1942年在万津设立椰油较，再在巴生林茂街创
> 设顺万兴公司，批发脚车，由胞弟刘永龙及长郎刘文华协助经营。②

大致说来，经由族人或同乡的互相提携，亲属朋友接踵而行，依托于
原籍乡族网络往南洋谋生，是早期兴化人向海外拓展的主要方式。又如莆
田梧塘镇的《林外境志》记载：

> 姚毛（1887—1966）……而立之年，跟乡亲带着简易包袱、伞，离
> 乡背井，搭船横渡重洋到新加坡谋生。开始时给市内公共客车老板当
> 门房，他勤奋老实，灵活投缘，得到老板的赏识，为客车售票。过几
> 年，又升为各条路线票房的总收款员。他省吃俭用，把剩余的工资积
> 累寄回乡，帮助父母维持生活。其后二弟亚八、三弟十妹，都先后到
> 新加坡谋生，兄弟三人团结友爱。二弟由于水土不服，没几年就回
> 国。姚毛用节省下的积蓄购置公交车，兄弟同心协力，勤奋工作，事
> 业略有所成。后与郑古悦先生合股办"郑古悦巴士公司"，并任要职。
> 三十年代初，四十多岁的姚毛第一次回乡探亲，并亲自主持盖了一座
> 七间厢平屋，供在家乡的父母、弟媳妇等居住，并把独生儿及几位侄

---

① 《西刘刘氏族谱·源流记述》，2002：315。

② 《西刘刘氏族谱·乡贤简介》，2002：75—85。

儿带去南洋，在客车公司中当售票员。[1]

至于在海外尚无亲属可以依靠的早期移民，则必须依赖"牵头"的介绍，如："林外境内的海外侨胞，原来对旅居地不甚了解，只是随波逐流，由'牵头'带到某个地方谋生。过了一段时间，熟悉当地情况后，与人交往多了，摸清谋生的行情和途径，再决定留下或另谋出路。"[2]

兴化民间的所谓"牵头"，专门从事带本地居民下南洋的生意，他们一般去过南洋，对南洋的情况较为熟悉，且与南洋社会建立了一定的联系。一位早年在新加坡拉人力车的归侨阮山里妹回忆：

> 1925 年，我结婚时，欠了人家一笔债。同时，我父亲染上了鸦片瘾，兄弟姐妹又多，只靠我母亲给一家米行春米，赚点零钱，以补家用。真是"厝里如厝外"，一家人实在无法生活下去。
>
> 当时，村里有人去南洋谋生。我母亲迫于无奈，多方凑集了 22 块大洋，让我和唯一的弟弟漂洋过海，到新加坡去拉人力车，以图糊口。
>
> 要到南洋去谋生，都要由介绍人（即"启头"）牵线联系，每人需交介绍费 2 块。我们这一批一共 11 人，其中除附近的塘西村 1 人和林柄村 2 人外，余为同村人。[3]

阮山里妹出洋，主要就是借助于"牵头"（又称"启头"）的介绍和安排。这种"牵头"生意显然有利可图，已经成为一种新的职业。当时，兴化民间有不少"牵头"，随他们出洋是很便利的事。例如：

> 民国初年，涵江镇涵东地方有位农民姓林，名叫祖生，一家 12 口，祖上遗下 2 亩多贫瘠的田地和 20 多株龙眼树……1926 年，为了开辟公路，果树被砍一光，一文钱也得不到赔偿……刚好，村里有位姓董的人，是个"启头"（以介绍华人去南洋当矿工或车夫为职业），每人收费 20 元银元，还包括车、轮和途中伙食费在内。林祖生认为董某既是同村人，总该靠得住，于是东挪西借，凑足了 20 元，便把老二林德福托给他带到南洋去谋生。[4]

---

① 《林外境志·杰出代表》，2002：135。

② 《林外境志·侨居地点》，2002：96。

③ 黄黎强：《在新加坡拉人力车的一段回忆》，载《莆田文史资料》第 21 辑，1996：111。

④ 黄黎强：《一位南洋华工的辛酸史》，载《莆田文史资料》第 21 辑，1996：116—118。

由此可见，经由"牵头"介绍下南洋，是一种有组织的移民活动。牵头人带新客集中坐船出发，到达目的地后，再负责通知其亲友接应。有些牵头人还负责介绍工作，如上引董某"介绍华人去南洋当矿工或车夫"。牵头人一般是本村或邻村的人，而"既是同村人，总该靠得住"，这种建立在同乡基础上的信任感，也是早期移民下南洋的一大动力。

1938—1949年间，大量青壮年为了逃避国民政府"抓壮丁"，纷纷设法移居海外。如莆田县涵江镇，仅1940年就有300多人出境谋生。[①] 他们大多通过家族宗亲和亲戚朋友互相介绍，接踵而行，成群结队到海外谋生，成为海外兴化人的主要来源。早期海外兴化人的聚居地，主要集中于今新加坡及马来西亚半岛、荷属爪哇岛、沙捞越、英属北婆罗洲（今沙巴），后来逐渐扩展到文莱、菲律宾、柬埔寨、泰国等地。[②]

兴化人下南洋迟于闽南人和福州人，尤其在英属马来亚地区的华人社会中是最迟抵达和人数最少的一个方言群。曾经主编《新加坡兴安会馆50周年纪念特刊》的严仁山先生指出："吾人南来谋生，距今未及百年，远较闽南各邑为晚。"[③] 1911年，新加坡的兴化人只有1932人，占整个华族人口不到1%；到1980年，新加坡的兴化人也只有12902人，约占华族人口0.7%。[④] 由于人数较少，在1921年以前的人口普查资料中，兴化人被登记为"福建人"或"不确定人群"。另据人口普查资料和笔者的访谈，新加坡兴化人最早聚居在今日的小坡奎因街、亚拉街、万山街、结霜桥、小印度、梧槽河路及双溪路一带。[⑤]

早期来到东南亚的兴化人，大多是卖苦力的人力车夫，后来逐渐转向

① 《涵江区志·海外侨胞》，北京：方志出版社，1997：689；《莆田的华侨》（草稿）：10。

② 《莆田的华侨》（草稿）：7。

③ 严仁山：《新嘉坡兴安会馆五十周年纪念特刊》前言，新加坡兴安会馆，1972：2。

④ Khoo Chian Kim. "Census of Population 1980，Singapore". 转引自：容世诚：《移民集团的宗教活动和演剧文化：以新加坡兴化人为例》，收入《戏曲人类学初探：仪式、剧场与社群》，桂林：广西师范大学出版社，2003：133。

⑤ Cheng Lim Keak. "The Xinghua Community in Singapore：A Study of The socio-economic adjustment of a minority group". in Leo Suryadinata，ed. *Chinese Adaptation and Diversity：Essays on Society and Literature in Indonesia，Malaysia & Singapore*. Singapore：NUS Press，1993：28—56。

经营自行车和汽车配件、的士和巴士公司及与公共交通相关的行业。① 据严仁山先生回忆，早期兴化人到南洋之后，"初以劳工度活，建立锥地。本世纪之初，英国发展其脚车业于星马，先人营之，后人随之，继察潮流所趋，交通所求，由脚车业进展而营汽车机件，自星马发轫而至印度尼西亚、砂（捞越）、沙（巴）、泰南等地，不及七十年，多至数千家"。② 兴化人在新加坡建立大小脚车行、巴士公司，还拥有多个行业公会，如车商公会、汽车胶轮商会、自由车商会、载客三轮车车主公会等。③ 由于兴化人的职业特征十分明显，在新加坡是众所周知的人群，俗称"出门行路要找兴化人"。④

祖籍莆田江口东源村的姚为祺，被众多文献和回忆录推为兴化人交通业始祖。如《江口镇志》的《南洋车业交通》条记载："最初经营车业者系江口东源村人姚为祺（1873—1929）。他在马来亚的吉隆坡开设福隆兴号，成为兴化人脚车业的始祖。"⑤ 另据其后人回忆，他最早是吉隆坡"Cycle and Carriage"（单车和马车）公司学徒，后来开设自己的脚车店"福隆兴"，成为英国脚车公司的代理商。由于他经营得法，生意兴隆，成为兴化人中由脚车业致富的第一人。据记载：

> （姚为祺）初习机器于吉隆坡某公司，不数年，遂在该埠开设福隆兴，经营脚车生意，善于擘画，业务日盛。属下职工既习有经验，逐渐离职，散布开营脚车业于马来亚及荷属东印度各地。由是郡人之入脚车界者愈多，今犹蓬勃未已……盖自姚公创业以来，为时不过三十年，星、马、印郡人所开设之脚车店不下数千余间……俾知今日南洋郡人多营此业之所由来也。⑥

---

① 南洋大学历史系调查报告：《兴化人与交通行业》，1971。

② 严仁山：《新嘉坡兴安会馆五十周年纪念特刊》前言，新加坡兴安会馆，1972：1。

③ 严仁山：《新嘉坡兴安会馆五十周年纪念特刊》前言，新加坡兴安会馆，1972：2。

④ 区如柏：《出门行路要找兴化人》，收入《祖先的行业》，新加坡：胜友书局，1991：17。

⑤ 《江口镇志》，北京：华艺出版社，1991：102。

⑥ 严仁山：《脚车业始祖姚为祺公传略》，载《新嘉坡兴安会馆五十周年纪念特刊》，新加坡兴安会馆，1972：33。

东源姚氏成为兴化人纷纷效仿的楷模,大量兴化人来到东南亚从事脚车行业,姚为祺发迹后也大量雇用东源姚氏族人和其他兴化人,学徒后来纷纷自立门户。20 世纪初移居新加坡、后来到印度尼西亚创业的黄文兰先生,回忆了当年江口人下南洋的这一重要契机:

> 晚清时江口东源村的姚为祺到马来亚后,于 1899 年在吉隆坡开设了福隆兴脚车修理铺。三年后,福隆兴取得了英国驰名脚车的总代理权,并源源不断地从英国进口脚车,所以他的生意日益兴隆。姚为祺是个善于提携和乐于帮助人之人,经他带头,亲帮亲、邻帮邻,由江口人和福、莆、仙籍的华侨经营的脚车店、汽车零件商店,不断增加,巴士车业也应运而生。①

其实,兴化人与南洋交通行业的结缘,除了东源姚氏的率先垂范和大力提携之外,人力车行业的兴起也是重要原因。19 世纪下半叶,人力车取代马车,成为东南亚地区最受欢迎的交通工具。如新加坡,1902 年共有人力车 2.2 万辆,到 1922 年多达 3 万辆。东南亚地区的早期人力车夫,被认为是低等的行业。1912 年的《海峡时报》(*The Straits Times*),将人力车描述为"东方惨无人道、人类最低贱的行业",人力车夫甚至被称为"beasts of burden"(牲口)。② 兴化人下南洋的时间,迟于闽南人等其他方言群,故寻求谋生机会较为困难。而当时普遍的职业歧视,使人力车行业存在大量空间,为兴化人提供了谋生的机会,拉人力车遂成为海外兴化人最初选择的行业。

早期在东南亚拉人力车的兴化人,大多来自同乡同族。如莆田江口石庭黄氏顶旧厝支派,从第四代"长"字辈起,族人大多曾经南下新加坡拉车谋生。如 20 世纪初最早下南洋谋生的长进"年轻时往返新加坡拉手车谋食多次"。本支始祖善恩公,单传以成公,再传 6 子 22 孙。其中族谱明确记载往新加坡谋生者,除了长进公外,还有长锦、长蓬、长聚、长寿、长高、长亲、长德、长峰、长镇、长存、寿麟。换言之,善恩公的 22 个孙子中,除秋兰、长茂、长隆、长盛早逝外,有 12 个孙子在青年时代南下新加坡,以拉人力车为生。

① 黄玉石:《故乡情》,北京:华艺出版社,2002:23。

② 参见〔新加坡〕宋旺相:《新加坡华人百年史》,叶书德译,新加坡中华总商会,1993。

人力车夫工作艰辛，收入微薄，生活困难，一饱两饥，很难在新加坡定居创业，只能维持候鸟式的移居状态。当年兴化籍车夫们主要集中在小坡三马路（奎因街）、梧槽河路和双溪路，福清籍的则住在小坡二马路。清朝首任驻海峡殖民地领事左秉隆的好友李钟珏，1887 年在《新嘉坡风土记》中描述了当时刚刚兴起的人力车行业和人力车夫的生活。在他的笔下，人力车夫起早贪黑地工作，收入取决于车的配置、跑的路程和时间，日入不超过一元①。15 年后，人力车租金上涨，但车夫收入没变，日净收入是 60 分；如果他很节约、健康、不抽鸦片，努力两三年或许可以出头；然而 1/4 的人力车夫都染上鸦片瘾，花掉他们所有的收入，还有的嫖妓和赌博，较少人力车夫能够转向新的行业。②

20 世纪 20—30 年代，新加坡人力车夫的生活状况并未得到改善。30 年代的《星洲日报》有如下记述：

> 各级劳动界中，以人力车夫最为辛苦，……倘人力车夫有家眷在星洲，则其生活更觉为难，衣可随便，食必在家，……住须住房……幸而人力车夫妻子多是贫家妇女出身，除帮夫料理家务外，尚能在家兼做女工，或为人洗衣，月间可得数元，帮贴家费，因此有家眷的人力车夫，如无意外破财事，每月亦可苦度其生活。③

同年五月《星洲日报》刊登的《陈甘妹自杀未遂》记述，陈甘妹是人力车夫陈亚九的妻子，她的丈夫收入不多，又染上鸦片瘾，对家中老小不闻不问，仅靠她一人当佣人月收入 9 元，养活三个孩子。陈甘妹选择自杀来逃避生活的重担，这个事件无疑是人力车夫阶层贫困度日的极端写照。④

尽管拉人力车收入微薄，生活困苦，但由于兴化人勤俭成性，大多数还是有结余。一位曾在 1925 年到新加坡拉车的老人回忆："我虽日夜出车，一天也只能赚一元多。我每天将所赚的钱，留一二角作伙食外，余下的全

---

① 参见李钟珏：《新嘉坡风土记》，收入许云樵编：《南洋珍本文献》，新加坡：南洋编译所，1947。

② James Francis Warren. *Rickshaw Coolie：A People's History of Singapore* (1880—1940). OUP Australia and New Zealand，1986：45—46.

③ 《人力车夫生活概况》，载《星洲日报》，1936-5-25。

④ 《陈甘妹自杀未遂》，载《星洲日报》，1936-3-6。

部交给弟弟保管。"① 在早期兴化移民中，积累财富的首要目标是回乡探亲或置产。新加坡兴化人严仁山在《郡人事业发展史概述》中写道：

> 溯吾郡人之来，只身孤影，人地生疏，言语迥异，举目无亲。一时唯借苦力以度活，或拉人车，或挑锡米……当时挑锡米拉车之郡人，多为单身汉，无妻室拖累，惜少识字，无远见，不知进取，每做一二年，稍有积蓄数百元，即返乡一次（忆编者幼时，尝闻乡人云：十年五往返），再来时又为新客，依然故我，终无长进。在昔日此种情形非独吾人为然，其他富有思乡观念之华人，莫不皆然也。②

由此可知，早期新加坡兴化人以做苦工为生，在积攒足够的路费后就选择回乡，几年后再来南洋谋生，是典型的候鸟式移民。候鸟式移民从 19 世纪末持续到 20 世纪 50 年代初，可以视为兴化人移民的第一阶段，其主要特色体现为海外旅居和两头家的生存模式。

江口石庭黄氏顶旧厝支派的族谱，详细记载了早期族人往返于新加坡与故里的活动③，诸如"新加坡拉车""回家购置田园"等语句俯拾皆是，一般是青壮年时代到国外谋生、省吃俭用赡养家人，晚年回到老家颐养天年。如顶旧厝黄氏第四世族人：

> 长进公，往返新加坡拉车。
>
> 长锦公，往返新加坡拉车，回家购置田园。
>
> 长蓬公，往返新加坡拉车，开脚车店。
>
> 长高公，往返新加坡拉车，回家购置田园。
>
> 长聚公，往返新加坡拉车。
>
> 长寿公，新加坡拉车，1948 年开设华美脚车店，全家定居马来亚芙蓉坡。
>
> 寿麟公，往返新加坡拉车。
>
> 长存公，新加坡谋生，病逝，1982 年安葬故里。
>
> 长峰公，新加坡谋生，全家定居新加坡。

---

① 黄黎强：《在新加坡拉人力车的一段回忆》，载《莆田文史资料》第 21 辑，1996：111。

② 严仁山：《郡人事业发展史概述》，载《新嘉坡兴安会馆五十周年纪念特刊》，新加坡兴安会馆，1972：34。

③ 《石庭黄氏顶旧厝族谱》抄本，1989。

长镇公，往返新加坡拉车，回家修建坟墓。

长亲公，新加坡谋生，病逝新加坡，安葬故里。

长德公，往返新加坡谋生，回家建房、修墓。

在 20 世纪 50 年代以前，顶旧厝黄氏族人大多有下南洋谋生的经历。他们在一生中多次往返于原乡与南洋之间，而家人则留居原籍，形成了典型的跨国生存状态。上述 12 人中，除了 2 人定居海外、2 人病逝海外，其余 8 人皆终老故里，落叶归根。

所谓"跨国生存状态"，是一种与往返式移民密切相关的侨乡生活方式。这种为生计所迫的跨国生存状态，在很大程度上是由家族群体和社区生活的基本结构所决定的。如顶旧厝黄氏的早期移民，他们到海外谋生的主要目的是赡养留在家乡的亲人，一旦有积蓄就会回家做四件事情：娶妻生子、购置田园、修建房屋和营造坟墓。对他们来说，海外只是暂时栖息地，原乡才是最后的归宿。

在侨乡的跨国生存状态下，留居原籍的家庭成员和旅居海外的亲人，共同维持以故乡为基础的家庭经济与家族组织，海外的事业与收益是本土的主要经济来源。刘志伟曾以广东顺德县的《沙滘楚旺房陈氏族谱》为例，说明华人的海外商业活动与故乡的联系。陈氏家族的后代，曾在毛里求斯、留尼旺一带经商，在南洋的霹雳、邦加岛等地开采锡矿。他们在海外的收益，一直是原籍家庭的主要经济来源。[①] 在这种跨国生存状态中，海外移民始终是侨乡社会的有机组成部分。

在 20 世纪 50 年代以前，兴化人到海外谋生，主要是通过信件、汇款同故土保持联系。在南洋立足之后，为了抚养双亲、照顾妻儿、偿还债务、投资置产，他们常常需要汇款回家。伴随海外乡亲源源不断的资金流入，本土社会形成了特有的"侨批"行业。在沿海闽语中，"批"即书信，"侨批"就是海外乡亲附带家书的汇款凭证。在民信局和汇兑局出现之前，早期华侨汇款主要由牵头人、走水客帮忙捎带，他们不但引导乡亲出洋谋

---

① 刘志伟：《海外商业活动与乡族纽带：以〈沙滘楚旺房陈氏族谱〉为例》，收入纪宝坤、崔贵强、庄国土主编：《族谱与海外华人移民研究》，新加坡华裔馆，2002；陈杰：《两头家：华南侨乡的一种家庭策略——以海南南来村为例》，载《广西民族大学学报（哲学社会科学版）》，2008（3）；陈瑛珣：《近世闽南"海内外两头家"女性财产继承模式》，载《泉州师范学院学报》，2009（3）。

生，还负责捎带信件、财物回乡，再带老家亲人的家信、物品出洋。前人记述：

> 民国时期及以前，华侨寄信汇款，均通过委托捎带方式进行。后来，由一些老番客（即走水客）专门经营解送侨汇生意。最后走水客逐渐发展为民信局（俗称侨批局）。1919 年，涵江先后有美兴、聚会、通美、义德等 4 家民信成立。1936 至 1940 年，境内民信局扩大到 10 多家，其海外收汇代理店多达 50 多家，分布在今新加坡、马来西亚、印度尼西亚尤其是南婆罗洲的 26 个埠头。是时，涵江与新加坡之间，形成闽中侨汇业收汇与解付主线。涵江各民信局收汇解付范围涵盖莆田、仙游及福清、平潭、惠安、长乐、永泰等县部分侨汇工作。①

在民国时期的兴化侨汇业中，新加坡始终居于枢纽地位，而涵江则成为福建中部沿海的侨汇中心。"由于新加坡开发最早，在地理上和商业往来上和我县较为密切。因之，涵江的侨汇总机构除'裕丰'设在吉隆坡外，其他各局均设在新加坡。"② 新加坡作为东南亚的商贸枢纽，自然成为侨汇机构的首选地。

走水客与侨批业构成了早期海外移民与侨乡联系的主要桥梁。那么，为什么海外移民会长期维持这种跨国生存状态？除了当时的历史环境，华南侨乡的家族主义传统才是决定性因素。葛学溥在《华南的乡村生活：广东凤凰村的家族主义社会学研究》中，认为家族"作为社会组织的一种形式，其所有价值都是由家庭群体的生计、延续、功能所决定的"。③ 正是在这种家族主义传统的支配下，原乡与海外移民才具有不可分割的内在联系。

第二节　落地生根：同乡同业的商业网络

早在 20 世纪初期，有些较为成功的兴化移民已经在海外成家立业，入

---

① 朱维贤：《莆田涵江侨批简史》，收入中国银行泉州分行行史编委会编：《闽南侨批史记述》，厦门：厦门大学出版社，1996：111—132。

② 伯诗、锡其：《解放前的涵江侨汇业》，载《涵江文史资料》第 2 辑，1993：15—19。

③ ［美］葛学溥（Daniel H Kulp）：《华南的乡村生活：广东凤凰村的家族主义社会学研究》，周大鸣译，北京：知识产权出版社，2006：148。

籍定居。但兴化移民在东南亚大规模入籍定居是在二战以后，尤其是在 20 世纪 50—60 年代。

一、定居创业

笔者于 2009 年 3 月到石庭华侨黄文兰先生家访问，他谈及早期兴化人下南洋的艰苦经历和少数人的成功经验：

> 下南洋俗称走番，一般搭帆船前往，约一个月才能抵达。兴化人最早在新加坡，后来扩展到今马来西亚和印度尼西亚，最初通常拉车，以出卖劳力为生。住宿条件艰苦，上下铺月租费 1 块 8 毛。有点文化的人，就去店铺做财务，店主觉得他值得信任，就会赊欠一些货物给他卖，月底还钱。

> 当年兴化人最初在新加坡主要从事人力车行业，据说有一本车夫夜间休闲的唱诗本，里面有句"过番诗"描述早期兴化移民的情况："道光年干旱无收成，纷纷打算过番平"。我童年时代（20 世纪 30 年代），就知道新加坡有两位兴化人黄包车大王：一为后坊蔡四先，拥有 400 多辆黄包车；二为后坊方亚使，拥有 200 多辆黄包车。两家还结为儿女亲家。[①]

由此可知，在 20 世纪 30 年代，新加坡已有较为成功的兴化移民，开始控制人力车行业。经营交通行业形成的资本积累，为后来兴化人转向其他行业奠定了基础。30 年代以后，随着交通工具的发展和交通设施的改善，新马地区的人力车逐渐为三轮车取代，兴化人也从人力车夫逐渐转变为三轮车夫，后来又转而经营巴士、计程车、轮胎、加油站和汽车电池等行业，成为东南亚华人社会中人数不多却引人注目的方言群。

1949 年以后，受国内政治环境和国际形势的影响，早期的往返式移民开始大规模定居海外，即通常所谓的"从叶落归根到落地生根"。如石庭黄氏顶旧厝支派第四世 22 人中有 12 人到新加坡，其中有 8 人回乡终老；而在第五世 54 人中，共有 27 人出境，其中仅 8 人终老故里：

> 有衡，新加坡脚车店做工，后开设裕隆脚车店，1973 年回国开设脚车店。

---

① 黄文兰访谈笔记：2007-6-5，新加坡黄文兰公司；2009-3-9，莆田石庭桥头外黄家。

有财，新加坡谋生，回家结婚，新加坡再婚，全家定居新加坡。

有瑞，新加坡谋生，回家结婚，1946 年再往新加坡，全家定居新加坡。

有源，新加坡谋生，1951 年回家结婚，定居新加坡。

九尾，新加坡谋生，后回国。

有义，新加坡谋生，和春元、亚玉、栋梁合开脚车店，病逝新加坡，1951 年移葬故里。

亚毛仔，印度尼西亚丁宜埠谋生，后迁居棉兰，全家定居雅加达。

亚森，往返新加坡谋生，后回国，建房修坟。

下南兄，印度尼西亚棉兰谋生，开诚丰脚车公司，定居雅加达。

有铨，印度尼西亚棉兰谋生，1948 年回国结婚，开诚丰脚车公司，回家建房修坟，病逝吧城。

天赐，印度尼西亚棉兰谋生，开诚丰脚车公司，定居雅加达。

有镰，新加坡谋生，后回国，1964 年建房修墓。

有祥，新加坡开脚车店，老家、海外各一妻子。

有贵，1948 年往新加坡谋生，开脚车店。

中容，1973 年往香港谋生。

中谨，香港谋生。

有魁，新加坡谋生，定居新加坡。

文顺，新加坡谋生，1951 年回家。

亚降，新加坡谋生，死于日军屠杀。

金瑞，新加坡谋生。

有仁，新加坡、吧城谋生，两边都有妻子。

有樽，新加坡谋生，后回国。

亚白，明安殿教下，新加坡谋生。

亚瑞，新加坡谋生，后回国结婚，1947 年再往新加坡，1965 年回家建房修墓。

有铄，新加坡谋生，1952 年回家结婚，1981 年往香港。

有福，1947 年往新加坡，后去椰城。

有钟，新加坡谋生，后回国。[①]

上述顶旧厝第五世族人的出境时间，大多是在 1950 年之前，有不少在原籍已经结婚生子，因而仍然维持往返式移民或两头家生存方式。到了第六世，则大多为海外出生或出国团聚的新移民。据族谱记载，黄氏第六代共有海外男丁 72 人，其中 34 人出生于新加坡，12 人出生于印度尼西亚，3 人出于南洋；另有 23 人虽出生于原籍，但 20 世纪 40 年代后陆续移居新加坡、印度尼西亚等地，其中仅一人"1985 年回国建房，病逝故里"。[②]

50 年代以后，在兴化移民大量定居南洋的同时，兴化本土的出国人数逐年下降。由于西方世界对中国长期实行封锁禁运，东南亚各国亦对中国移民予以限制，有的甚至采取了排华措施，海外移民与侨乡的往来极为不便。在此期间，华南地区的对外交往和海外移民，陷入半停滞状态。据《莆田县志》记载，1950 年以前莆田县每年出国人数最多为 5000 人，而 50 年代年均只有数百人（图 1）。[③]

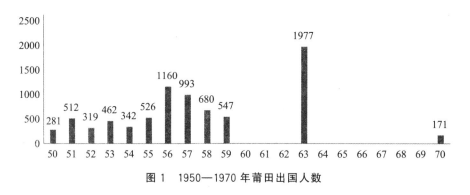

图 1　1950—1970 年莆田出国人数

60 年代停止办理海外移民业务，其间出国者主要是以继承家产或夫妻团聚的名义进行申报，鲜有无海外直系亲属关系而获准通过者。

50 年代以后，也有不少海外移民回乡定居，或是其家庭成员留居原籍，他们一般被划分为"归侨"和"侨眷"。1956 年莆田县侨务办公室统计的部分侨乡归侨和侨眷人数如图 2。[④]

---

① 《石庭黄氏顶旧厝族谱》抄本，1989。
② 《石庭黄氏顶旧厝族谱》抄本，1989。
③ 《莆田县志》，北京：中华书局，1994：891。
④ 莆田市档案馆：《莆田县各区华侨基本情况表》，1956，全宗号 35，案卷号 10：1—6。

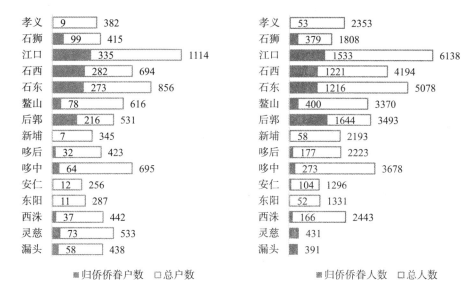

图 2　1956 年莆田县各区华侨基本情况表

如前所述，在 1950 年以前，兴化侨乡的生计模式十分依赖侨汇；1950年以后，由于大量侨眷滞留，侨汇仍是侨乡社会的重要收入来源。（表1）①

表 1　1950—1975 年涵江侨汇情况表

（h：港币，r：人民币，d：美元，单位：万元）

年度	收汇	解付	年度	收汇	解付
1950		257 r	1963	732.9 h	271.2 r
1951	1034.8 h	555 r	1964	922.2 h	334.2 r
1952	1315.6 h	583 r	1965	975.4 h	347.6 r
1953	991.5 h		1966	857.9 h	293.4 r
1954	770 h	117.6 d	1967	738.2 h	280.9 r
1955	806.6 h	115.4 d	1968	762.6 h	294 r
1956	932.1 h		1969	851.4 h	
1957	920.5 h	168.2 d	1970	924.3 h	327.1 r
1958	674.4 h	96.9 d	1971	388.4 r	312.1 r
1959	563.5 h	71.6 d	1972	417.6 r	355.2 r
1960	1132.2 h	93.7 d	1973	511.1 r	421.1 r
1961	279.1 h	40.2 d	1974	350.2 r	532.2 r
1962	198.2 h	28.7 d	1975	406.4 r	540.8 r

①　转引自朱维贤：《莆田涵江侨批简史》，收入《闽南侨批史记述》，厦门：厦门大学出版社，1996：127—128。侨批是海外移民与故乡联系历史的真实见证，有着深刻的文化内涵和较高的研究价值。

可以看出，即使是在华南侨乡与海外的直接联系一度中断的时期，侨汇仍然是侨乡社区的重要经济来源。正是这些源源不断的侨汇，维系着归侨与侨眷的生活。

值得注意的是，1950 年后留居侨乡的归侨和侨眷，同样面临对土地资源和其他相关权益的重新分配。在莆田市档案馆有不少关于归侨和侨眷要求分配土地、房屋的报告，如：

《归侨许文荣请求分配土地的报告》

据第六区卓峰乡苍口村归侨许文荣来会称"我原在新加坡充当补胎工人，于一九五二年三月廿九日返国，家庭贫农成分，全家人口六人，土改时每人应分土地八分，在家五人已分到田地四亩。我归国后即向乡政府要求分配土地，曾答应分一份，但至今尚未见分配，请转报政府，准就乡内机动田划出一份，借以劳动生产，而示照顾"等语，兹特报请。

[批示:]察核了解属实后予以照顾。

公元一九五三年四月十一日。

《归侨张仁治请求分配土地的报告》

兹有本乡华侨张仁治（女），现年 38 岁，家庭成分贫农，人口七人（包括丈夫蔡炳章，现在新加坡谋生），在一九四八年前往新加坡，一九五二年回国，故土地改革时，只分配在家二口田（共二亩），回国后人口增加四口，田地不够生活，向乡申请给予分田。查以上属实，请区查核，给予转县处理为荷，谨呈。

《侨眷杨文满请求分田分屋报告》

中国人民银行涵江镇办事处便函

收文者：莆田县人民政府侨务科

事由：函为四区侨眷杨文满请求分田分屋由

据四区东福乡太白村侨属杨文满来行称"其子杨天禄在新加坡建隆行为店员，薪水有限，家中十余口生活困难。家中评为贫农身份，且有剩余劳动力，迫切需要耕地。但土改分田时，村政府工作队未按本乡每人五分五厘七之比例，全家十余口仅得三亩四厘，系丙田。经再三要求，于一九五一年九月村政会议特别照顾，呈县请求合理增加，迄今未承批示。又全家十余口，仅有住屋三间，要求将公妈厝壹厝改造民房,一九五二年三月间已承该乡准许,六月又被收回,深感目前无法栖身。请体念侨眷实际困难情形,予以照顾"等语。查该侨眷所称需田需屋情形甚为迫切,特函请答洽为荷。

一九五三年七月十五日。

附件:杨天禄申请书及家信各一封①

以上三封报告都包含了以下基本信息:海外亲人的职业状况和收入情况,家中亲人的人数与劳动力状况,现已分配到的土地和房屋的数量。要求分配田地和房屋的理由,主要是人多地少屋小,请求政府照顾。其中,海外亲人的经济状况决定了故乡亲人的成分划分与土地分配额,在很大程度上影响了故乡的土地改革进程。

海外移民的落地生根,使异国成为家园,祖籍成为他乡。在大历史的支配下,两边亲人无法正常往来,个人经历和家庭命运也发生了戏剧性的变化,演绎了一幕幕悲欢离合。《西刘刘氏族谱》记述:

> 重洋远隔,当年许多侨胞都惦记故乡苦守的眷属,夫盼妻,妻盼夫,各自信守,眼睛发潮。想起穿短裤、扎腰带,空手出洋,心情沉重,但"志在千里,老婆不离",中间多少伤心事。人生易老天难老,十五、廿年的分离,苦尽甘来,国门终于开放,倚门悬望终于等到。②

而在南洋彼岸,随着现代交通行业的发展,东南亚兴化人从早期出卖体力的人力车夫,逐渐转变为经营人力车维修、脚车修理与批发,乃至销售汽车零配件、承包公路工程,以及生产儿童玩具车、自行车、婴儿车等相关制造业。在相当长一段时间内,新加坡出租车司机清一色都是兴化人。在1973年以前,他们还同时拥有或控股众多巴士公司,直至新加坡政府对公共交通行业实行体制改革。据《石庭黄氏族谱》记载,早期旅居新加坡的族人,几乎都是以拉人力车起家,随之有脚车修理、脚车批发、摩托车营销、合股经营巴士公司等业务,至后期逐渐多元化,转向房地产和其他零售行业。

而且,兴化人在新加坡站稳脚跟后,逐渐转移到马来西亚、印度尼西亚、文莱等地,利用亲属关系和家族组织的网络,实现了对东南亚各国交通行业的控制。如《西刘刘氏族谱》记载:

---

① 莆田市档案馆:1953,全宗号25,案卷号1。

② 《西刘刘氏族谱·侨乡人文》,2002:159。

刘鸿池，1949 年前随叔父到南洋谋生，先在新加坡，后转沙捞越。1949 年定居文莱，在文莱自创建成公司，先经营自行车生意，后转入代理日本 SUBARU 汽车，成立刘摩托公司，继而取得日本 ISUZU 汽车代理权，又创立和平摩托公司，成为文莱著名的汽车代理商。为了不局限于汽车代理业务，刘先生自 1978 年起开始多元化发展，既参与地产置业，又在香港注册成立"刘鸿池父子企业有限公司"，开辟海外市场。1989 年与兄弟鸿攀合资在莆田创建腾芳大厦，开办豪华酒店及腾芳金刚石公司。①

出海经商的西刘乡贤们，大多是依靠家族关系发家致富：

刘鸿攀，旅居海外，先到新加坡谋生，后转至文莱，白手起家，起初经营自行车生意。随着时代发展，后期经营汽车零配件及修理业务……1989 年，刘先生与乃兄鸿池投巨资在莆田涵江合建腾芳大厦，创办豪华酒店和腾芳金刚石公司，还经常回国亲自指导管理。

刘天福，1940 年南下马来亚彭亨州文德甲区，当修理轿车学徒。50 年代回乡完婚，1955 年再去马来亚巴生港口，设立脚车公司，自创事业。1958 年扩充营业，兼售电器用品，发展多元化事业。

刘永龙，幼年时随令兄刘永美远渡重洋，在马来亚万津顺万兴公司协助令兄经营，其后与令兄合创巴生顺万兴公司，经营批发脚车。

刘天寿(1957—)，12 岁赴马来西亚巴生谋生，在兄长天福的脚车店学习修理和经营脚车。②

其实，兴化人交通业始祖姚为祺的创业史，也是姚氏宗族海外商业网络的发展史。据《江口镇志》记载，姚氏发迹之后，"大力扶持宗亲、族亲乃至乡亲，通力合作，苦心经营"，如：

姚万丰(1878—1947)与姚丰隆(1875—1958)及其二弟姚文瑞、三弟姚文麟等，早在 1902 年到新加坡开始经营脚车……创办万丰隆公司。

姚五哥(1870—1952,姚万丰的叔父)及其长男姚友谅、赘男关亚莺、次男姚国霖、孙侄姚来德来福兄弟等从万丰隆公司分支，在锡江

---

① 《西刘刘氏族谱·乡贤简介》，2002：70。
② 《西刘刘氏族谱·乡贤简介》，2002：75—85。

独家经营南洋汽车有限公司。①

与其他方言群一样，兴化人的商业联络网建立在地缘渊源与亲属关系之上。新客抵达南洋后，一般投亲靠友谋求生计，最初在亲戚或同村人的脚车店里当学徒，学到一定的技术后，许多人会自立门户。除了前述姚为祺事例外，石庭黄氏顶旧厝支派中，"五世庆树、有铨、春霖，六世焕九，在印度尼西亚棉兰合开诚丰脚车公司；五世天赐，与堂亲合开诚丰脚车有限公司；五世有衡、有铸兄弟，合开裕隆脚车行"。② 可见东南亚兴化人的商业经营与乡族关系相互交织，形成了特色鲜明的同乡商业网络。

二、同乡同业

傅利曼在《新加坡华人的家庭与婚姻》中指出，新加坡华人的家庭传统源自闽粤侨乡，与祖籍社会既有联系又存在差异③。华琛研究香港沙田文氏家族时，发现文氏族人利用家族组织在欧洲成功创办连锁饭店。他探讨了祖籍的文化传统和社会组织如何为海外移民所利用与巩固，为他们的海外拓展提供帮助④。那么，海外华人是如何利用原籍的社会文化传统来发展商业网络的？

在当代中国，"莆田人"总是被与医疗保健、黄金珠宝、木材、加油站等行业联系在一起。其实，在中国历史上，同乡同业是相当普遍的社会经济现象，对中国传统工商业和近代城市的发展都有深刻的影响。所谓同乡同业，主要是指在城市工商业经济中，来自同一地区的人群经营相同的行业，利用同乡或同族关系建立商业网络，实现对市场和资源的垄断。⑤中国传统社会中的同乡同业传统，与民间乡族组织的发展密切相关，其集

① 《江口镇志》，北京：华艺出版社，1991：102—103。

② 《石庭黄氏顶旧厝族谱》抄本，1989。

③ ［英］傅利曼（Maurice Freedman）：《新加坡华人的家庭与婚姻》，郭振羽、罗伊菲译，台北：正中书局，1985。

④ James L Watson. *Emigration and Chinese Lineage：the 'Mans' in Hong Kong and London*. Berkeley：University of California Press，1975.

⑤ 参见：谭同学：《亲缘、地缘与市场的互嵌——社会经济视角下的新化数码快印业研究》，《开放时代》，2012（6）；吴重庆：《"界外"：中国乡村"空心化"的反向运动》，《开放时代》，2014（1）；郑莉、郑林晨：《莆仙地区的油画产》，《开放时代》，2020（4）；夏循祥等：《同乡同业专题》，《开放时代》，2020（4）。

中表现为地域性商帮或族工族商。著名历史学家傅衣凌教授曾经指出，明清时期的地域性商帮与族工族商等现象，反映了"乡族势力对中国封建经济的干涉"，是中国资本主义萌芽不能顺利发展的主要原因之一。① 傅衣凌的学生陈支平、郑振满、王日根等教授，对明清以来的乡族经济与地域性商帮做了深入的研究，揭示了同乡同业传统与乡族组织的内在历史联系。② 在中国近代城市史研究中，同乡会馆与同业组织的关系受到了广泛的关注。例如，中国近代商会、同业公会与明清时期会馆、公所的联系与区别；在中国近代城市社会变迁中，同乡团体与同业组织的分化与重组，商会与同业公会中的同乡与同业关系；这些都是中国近代城市史研究的基本课题。③

  下面以马来西亚芙蓉坡兴化人为例，考察这种同乡商业网络的形成过程与运作机制。芙蓉坡兴化人的移民过程和聚居形态，始终受到原籍村社和家族关系的制约；而他们的生计模式和经营策略，也是尽可能利用同乡、同族、姻亲和师徒关系，建构以分工协作为基础的商业网络。在这种同乡商业网络中，私人企业之间的信用关系是至关重要的，而这种信用关系主要依托于原籍乡土社会文化网络。因此，芙蓉坡兴化人创建了各种不同形式的同业组织、同乡会、宗亲会和宗教仪式团体。

---

  ① 傅衣凌：《论乡族势力对于中国封建经济的干涉：中国封建社会长期迟滞的一个探索》，载《厦门大学学报（社会科学版）》，1961（3），收入《明清社会经济史论文集》，北京：人民出版社，1982。此文最初题为《论乡族集团对于中国封建经济之干涉》，载福建永安《社会科学》，1946（3—4）。

  ② 陈支平、郑振满：《清代闽西四堡族商研究》，载《中国经济史研究》，1988（2）；王日根：《乡土之链：明清会馆与社会变迁》，天津：天津人民出版社，1996；郑振满：《明清时期闽北乡族地主经济》，载《清史研究》，2003（2）。其他相关研究参见范金民：《明代地域商帮兴起的社会背景》，载《清华大学学报（哲学社会科学版）》，2006（5）。

  ③ 参见［日］幼方直吉：《帮、同乡会、同业公会和它们的转换》，载日本《近代中国的经济与社会》，1951（3）；徐鼎新：《旧上海工商会馆、公所、同业公会的历史考察》，载《上海研究论丛》第5辑，上海社会科学院出版社，1990；吴慧：《会馆、公所、行会：清代商人组织演变述要》，载《中国经济史研究》，1999（3）；朱榕：《上海木业同业公会的近代化：以震巽木商公所为例》，载《档案与史学》，2001（3）；马敏：《中国同业公会史研究中的几个问题》，载《理论月刊》，2004（4）；高红霞：《同乡与同业、传统与现代：上海糖商业同业公会的历史考察》，载《中国经济史研究》，2006（1）。

芙蓉坡（Ujong）是马来西亚森美兰州的首府，也是享受特殊政策的"自由市"。[①] 在马来语中名"双溪乌绒"（Sungai Ujong），与闽粤方言"芙蓉"谐音，中文名由此来。[②] 芙蓉地处西马交通要冲，为铁路和公路的枢纽，南下马六甲和北上吉隆坡仅需 1 小时左右的车程。兴化人最早抵达芙蓉坡的时间，目前尚无确切资料，但不会迟于 20 世纪初。1923 年，兴化人已经在芙蓉创办了"九州岛自由车商会"，据说此前还创办了"三轮车公会"。早期兴化移民大多是经由新加坡和吉隆坡等口岸，辗转抵达芙蓉坡。因此，芙蓉坡的第一代兴化人移民一般都有在新加坡和吉隆坡等地谋生的经历。

在芙蓉坡，兴化人最初主要是做苦力，因此大多聚居于今日火车站附近的巴刹尾一带，后来才逐渐扩散。据说，在巴刹尾一带，原来有三间兴化人的"苦力间"，是新移民的主要落脚点，一般楼下为店屋，楼上为住所。黄传兴、欧珍珠夫妇经营的仁心点心店，就是芙蓉坡的早期苦力间之一，其后人回忆：

> 以前我家在巴刹尾，开点心店。兴化人刚来没有钱的，都可以先住我家楼上，是打通铺，可以住 60 多人。拉车的人，钱放在枕头底下，常常怀疑被人拿了，相互之间常打架。没有钱付饭费和住宿费的，用香烟盒子记账。但是后来我父母吩咐，这些债不要去讨，现在我们几个兄弟都做得很好。[③]

苦力间是早期移民的主要居住场所，也是基本的生活单位，一般是同乡同族的移民住在一起。例如，黄家来自莆田石庭村，他们的住客主要是石庭黄氏族人。在同乡会馆和宗亲会形成之前，这种苦力间是同乡同族的主要认同标志，对早期同业公会的形成也有重要的影响。

芙蓉坡的早期兴化人，主要来自莆田江口的石庭、坂尾、东亭等村和莆仙交界的"溪顶"即木兰溪上游的莆田华亭和仙游榜头、赖店一带。这些来自不同村落的兴化人，最初为了争夺地盘与客源，经常发生纠纷，甚

---

① 丘盛添：《芙蓉开埠史》，载《森美兰自由车摩哆汽车电器商会成立六十四周年纪念暨新会所落成开幕纪念特刊》，1987：154—159。

② 陈志安：《芙蓉市的名称来历浅谈》，载《森美兰自由车摩哆汽车电器商会成立六十四周年纪念暨新会所落成开幕纪念特刊》，1987：164—169。

③ 黄玉璋访谈笔记：2011-8-28，马来西亚芙蓉坡福莆仙联谊社。

至爆发过械斗。据 20 世纪 30 年代出生的刘文彬老先生回忆，当时因为石庭黄氏人数较多，控制了火车站、巴士车站一带的地盘，所以东亭、坂尾二村移民结成联盟，与石庭人抗衡。至于"溪顶人"，主要是为英国政府从事搬运工作，"早期他们人很多，而且高大粗鲁，而石庭人则比较文一些，都怕他们"。[1] 在成立同业公会和同乡组织之后，这些矛盾纠纷才趋于缓和。

芙蓉坡的兴化人家族，大多形成于二战前后，目前已繁衍至第三代或第四代。[2] 2011 年 8 月，笔者在芙蓉坡观看了福莆仙联谊社举办的中元普度仪式，收集了较为完整的仪式文献。其中有一本《普度名册》，详细记载了参加普度的每一家族的祖先名讳，从中可以大致了解当地兴化人的聚居形态。超度对象都是在本地去世的祖先，而参加超度仪式的家族代表都是年事已高的家长，因此这些家族至少在本地传历了三代。从这些家族的籍贯看，来自莆田江口的移民最多，其中有石庭黄氏 61 家、坂尾许氏 7 家、西刘刘氏 1 家、梁厝梁氏 4 家、下孤关氏 3 家、东亭欧氏 2 家、庙前林氏 2 家，前面李氏、后埕张氏、后董白氏各 1 家；其次为来自"溪顶"的移民，有华亭徐氏 3 家、仙游杨氏 1 家、仙游彭氏 4 家，仙游苏氏、邱氏、蔡氏、萧氏、林氏各 1 家；其他乡镇的移民有涵江苏氏、加口林氏、东尾郑氏各 1 家和云峰王氏 4 家；此外，兴化方言群还有来自福清的江兜王氏 1 家、磁灶陈氏 7 家。据不完全统计，目前芙蓉坡兴化人有 3000 多人，森美兰全州约有 1 万人，来自莆田、福清、惠安的数十个村社，每一村社的移民多则数百人、少则数十人，聚居的规模都不大。但在这些移民群体之间有着相当密切的社会文化联系，为维持同乡同业传统提供了必要条件。

芙蓉坡兴化人的生计模式，最初主要是当人力车夫或三轮车夫，以出卖劳动力为生，后来逐渐有点积蓄，开始转为开脚车、电动车修理店，接着经营脚车行、摩托车行、汽车行，直至经营汽车保险、汽车贷款等相关业务。

在芙蓉坡和森美兰州，兴化人不仅控制了交通行业，也涉足电器业、

---

① 刘文彬访谈笔记：2011-8-23，马来西亚芙蓉坡东天宫。

② 马来西亚芙蓉坡福莆仙联谊社：《盂兰胜会普度寄牒总簿》，2011 年农历七月廿七日。

家具业、餐饮业、旅游业、建筑业、制造业等许多行业，在当地工商业界举足轻重。1990 年编印的《森美兰兴安会馆四十周年纪念暨新会所落成开幕纪念特刊》，共登录当地兴化人企业 124 家，其中经营交通行业的约 67 家，电器业约 20 家，其他行业约 37 家，同乡同业的特色相当明显。这种特色的形成，与其经营策略密切相关。

芙蓉坡兴化人的经营策略，主要是利用同乡同族和姻亲关系，不断扩大经营范围，建立商业网络。在芙蓉坡兴化人中，流传一个故事：马来西亚的总理曾经表扬兴化人，说他们支撑了全马的交通行业，然后问兴化人的经营秘诀是什么？兴化人回答说：我们的秘诀是会培养学徒；如果有好的学徒，我们就要他当上门女婿，然后他才可以出去开分店。这也许是个笑话，但也生动地反映了兴化人利用学徒、家族和姻亲关系建立商业网络的经营策略。石庭黄氏族人告诉笔者：

> 为什么石庭人后来开那么多脚车店？因为很多老板招了学徒做女婿，等过了一段时间，让他们去更偏远的小镇开脚车店，很快就有了大量连锁的店铺。①

石庭人脚车店中的学徒，原来都是兴化同乡，一旦成为老板的上门女婿，也就变成了家族成员。在这里，同乡、同族和姻亲关系有机结合，三位一体，可以最大化地利用来自原籍的社会文化资源，因而也就成为兴化人最重要的经营秘诀。不过，芙蓉坡兴化人企业的组织形式，主要还是家族企业。例如，当地著名的侨领黄志萍、关凤声等，都是以经营家族企业致富的。

三、家族企业

黄志萍为莆田石庭人，历任芙蓉坡兴安会馆、自由车摩哆汽车电器商会、培华学校的主席，同时担任芙蓉坡东天宫与森雪隆甲江夏堂的主席，先后荣膺马来西亚政府授予的太平局绅（PJK）与拿督（DSNS）头衔，在莆田原籍也受聘为石庭学校董事会名誉董事长等职务。

黄志萍出生于 20 世纪 20 年代初期，他的父亲和叔叔、姑姑都曾经下南洋谋生，而他和母亲、两个妹妹留在老家，抗战前到南洋与父亲团聚，

---

① 黄玉坤访谈笔记：2011-8-25，马来西亚芙蓉坡福莆仙联谊社。

就学于芙蓉坡培华小学。他 13 岁时，父亲去世，他被迫辍学到吉隆坡姑丈家的脚车店中当学徒。两年后，太平洋战争爆发，马来半岛沦陷，他回到芙蓉坡开设脚车修理店，旋即被日军强征入伍，当了几年"治安军"。二战后，他回到莆田老家，娶妻生子，然后再次南下谋生，先到香港、后来转去新加坡开的士。1953 年，他"得到新加坡观音庙灵签的指示"，返回芙蓉坡开设"万利兴"车行，成为小业主。

在黄志萍的子女成年之后，万利兴的经营规模不断扩大，从销售脚车、摩托车转向以销售汽车为主，逐渐发展成为西马地区最大的本田（Honda）代理商。黄志萍生育三子二女，长女在老家出生，其余均为侨生，都在家族企业中任职。第三代大多出国留学，回来后也是到家族企业任职，目前公司中的维修部经理和营销部经理都是黄志萍的孙子。万利兴的董事会由会长黄志萍、董事黄德兴、董事黄伟俊、会员黄德源组成，其中德兴、德源为志萍之子，伟俊为志萍之孙，可见这一企业组织实际上是家族组织。

万利兴作为日本著名摩托车、汽车品牌的代理商，其商业网络遍布西马各地，与许多兴化人企业建立了密切的合作关系。1987 年，在黄志萍荣膺拿督勋衔之际，联合送匾道贺的有义兴摩托、尚和摩托、立生企业、尚荣企业、新隆兴、瑞兴、五和、顺利、荣和摩托、联邦摩托、信发摩托、义隆摩托、黄摩托、马六甲车行、义发、茂兴等外地企业。这些都是兴化人企业，也都是与万利兴有长期合作关系的交通企业。

关凤声是芙蓉坡兴安会馆和福莆仙联谊社的发起人之一，历任兴化人佛寺紫竹林的理事、福莆仙联谊社的永久普度主，与兴化名僧释寂晃有深厚的友谊。他和兄长合办的福源隆脚车行一度是西马最大的脚车行，而他的儿子创办的马来西亚链条厂也曾经是西马最大的链条厂。

关凤声祖籍江口石怡，他从小就跟长兄到南洋谋生，于 1919 年在西马创立福源隆商号，长兄及其后代在吉隆坡经营，自己南下芙蓉坡开设分号，专营脚车批发与链条生产。关凤声的妻子陈瑞莲为福清磁灶人，其内弟陈有美是福源隆脚车行的主要帮手，实际上也是商业合伙人。他一共生育了六子六女，其中一女送与原籍亲戚家，其余均在南洋定居；六子先后在福源隆任职，参加家族企业的管理；女儿大多嫁给从事交通业的兴化人，先后与芙蓉的石庭黄氏、怡保的江兜王氏、关丹的磁灶陈氏结成了儿女亲家，这些都是他的主要商业伙伴。

　　福源隆主要经营脚车的代理和批发业务，早期的货源大多来自英国、日本和德国，从巴生港运进来后，要先开箱组装，再批发转运到邻近的吉隆坡、马六甲、彭亨和森美兰各地，是西马进口脚车的主要批发商。据关风声之子关光龙回忆，在他们少年时代，生意特别繁忙，他们都需要到店里帮忙，所以很早就参加了家族企业的工作。他说：

　　　　我哥哥光华读到初中就（退学）回来帮忙了。我们虽然还在读书，也要在一起帮忙。每天都要忙到晚上十一二点，因为脚车需要开箱组装。我们是西马最大的脚车行，雇佣的工人有 10 个，有印度人、闽南人。开始老大、老六没有回来做，后来也都回来了。[1]

　　福源隆作为批发中心，主要的业务都在外地，因此需要许多推销和管理人员，便于发挥家族企业的优势。1979 年，关氏六兄弟利用脚车行的盈利，成立了马来西亚链条厂，主要生产脚车与摩托车的链条，仍然请舅舅陈有美担任主要管理人员。关氏六兄弟在长期的合作过程中，为了避免财务纠纷，专门设立了家族基金，用于资助各家购买住屋与子女教育，其他私人开支则不得从公司挪用资金。关光龙认为，这项基金是兄弟之间可以和睦协作的重要原因："别人都问，你们兄弟怎么那么好，也不争吵，到底是怎么处理的？秘诀就在这里。"他还特别谈到，在经营批发生意的过程中，同乡之间的信用关系至关重要：

　　　　各地的商店，我们兴化人的占多数，可以赊账。如果资金缺乏，可以向朋友借，信用很重要。因此，我们同新加坡的推销员，也都有各种业务联系。[2]

　　有个早年从事汽车配件推销的兴化人告诉我："其实你没有资金是不用怕的，因为大家都讲一样的话，办一样的事，所以最重要的是要有信用。只要你有了信用，就可以空手套白狼。我把第一批货给你，你不用给我钱，到后来你就可以利用这一笔货款，不断地进货来赚钱。"所以，干他们这一行，"靠的就是同乡信用"。[3]

　　同乡企业由于存在着较为稳定的信用关系，可以在资金、技术、劳动

①　关光龙访谈笔记：2011-8-29，马来西亚芙蓉坡关光龙家。
②　关光龙访谈笔记：2011-8-29，马来西亚芙蓉坡关光龙家。
③　方国兴访谈笔记：2011-11-14，莆田江口石庭宫。

力、商品供应、信息交流等领域互相支持，从而形成了各种形式的分工协作关系。1987年编印的《森美兰自由车摩哆汽车电器商会成立六十四周年纪念暨新会所落成开幕纪念特刊》，共登录当地的交通企业98家，其中大多数也出现在同乡会刊中。这些兴化人的交通企业，经营范围不尽相同，分别涉及品牌代理、批发、零售、维修、回收、出租、贷款、保险等不同环节，每个商号不可能同时经营所有的环节。因此，同乡企业只有通过分工协作，才有可能形成行业垄断和竞争优势。

在芙蓉坡同乡会馆和同业公会的企业名录中，还有不少外地的兴化人企业，从中可以看到跨地域与国际性的同乡同业网络。例如，同业公会的企业名录共登录马来西亚其他地区的交通企业约250家，分布在沙捞越、柔佛、马六甲、雪兰莪、霹雳、槟城、吉打、吉兰丹、丁加奴、彭亨等9个州。此外，还收录了来自新加坡、泰国、文莱的交通企业40家。新加坡是东南亚国际贸易的中心城市，许多新加坡企业是周边地区的主要商品供应商与品牌代理商。因此，新加坡兴化人企业与芙蓉坡兴化人企业之间的联系也尤为密切。祖籍莆田江口西刘村的新加坡兴化人刘玉书先生，曾在芙蓉坡同业公会的纪念刊与芙蓉坡兴安会馆纪念刊中登载了贺词。他说：

> 我14岁下南洋，20岁开始推销脚车配件。1962年以后，主要在马来西亚推销，几乎跑遍了全马，各主要港口的兴化人我都很熟悉。过两天，我还要去怡保，参加一个兴化老板儿子的婚礼。我们公司代理的品牌，从台湾的到日本的都有，现在主要是大陆的产品。①

可见，东南亚兴化人的商业网络是超地域、跨国界的，这种国际性的商业网络同样是建立在同乡同业传统之上，依赖于同乡企业之间的分工与协作。

四、离散社群

在海外兴化人中有成功的商业精英，但更多的是自食其力的雇工和小业主，如的士司机、脚车摩托车修理工、推销员或废旧轮胎回收者。他们在同乡商业网络中看似处于依附地位，实际上则是同乡同业传统的存在基础和运作主体。对于这些普通大众来说，同乡同业传统究竟有何意义？下

---

① 刘玉书访谈笔记：2011-11-14，莆田石庭九鲤洞总镇。

面以 1929 年出生的黄元勋老先生为例①，对此略加探讨。

　　黄元勋出生于莆田江口石庭村的纸扎艺人世家，早年在家乡念过私塾，写得一手好字。17 岁时，黄元勋跟随族人下南洋谋生，到新加坡族人黄春寿的脚车店当学徒。23 岁回乡结婚，回南洋后从新加坡转来芙蓉坡，在堂兄黄文松的轰隆摩托车店做帮工，后来又在族人黄新球的万成摩托车店做帮工，据说一直收入微薄，"过年一个红包都没有"。1957 年，黄元勋的妻子到南洋团聚，随后儿女出生，家庭开支日增，生活难以为继，遂在同乡和族亲的资助下，在吉隆坡创办了自己的万荣成摩托车维修店，成为独当一面的小业主。该店至今仍在营业，现在由其子接手经营。

　　黄元勋在南洋生活 60 多年，从当学徒、帮工到自己经营小店铺，基本上局限于兴化人聚居的地区，从事脚车、摩托车维修。据说，他至今只学会几句广东话日常用语，平常都是讲兴化方言。我们对此很好奇，曾问及当地兴化同乡："元勋只会讲兴化话，那平时生活怎么办？"他们打趣说："所以他一辈子只跟太太交流，天天讲兴化话。你看，他们夫妻多么恩爱！"其实，黄元勋性格开朗，人缘很好，在当地兴化人的社交圈中相当活跃。他 15 岁时就在原籍古迹明安殿参加过"持戒"仪式，精通坛班组织的内部事务，又粗通文墨，来芙蓉坡后长期担任东天宫的"戒师"，是当地著名的仪式专家。

　　黄元勋的生平经历，在当地的同辈人中屡见不鲜。由于早期兴化移民的文化水平不高，语言能力单一，他们到南洋后很难独立谋生，一般只能先跟同乡族人当学徒、帮工，学会一技之长，然后再寻机会创业。例如，黄元勋的堂兄黄文松，最初是跟随他的舅舅林奕到南洋，在舅舅的尚和摩托车店里当了很多年的学徒和帮工，后来才自立门户，创办了轰隆摩托车店，并把元勋找来当帮工。② 元勋的妹夫白文凤，祖籍江口后垄，15 岁到新加坡，最初在同乡的脚车店当学徒，后来到芙蓉坡跟同乡学理发，最后开设了自己的理发店，至今仍然以理发为生。③ 由此可见，早期兴化移民的同乡同业传统，主要是经由师傅带徒弟的途径，在新老移民的代际交替

---

　　① 黄元勋访谈笔记：2011-8-22、2012-9-9，马来西亚芙蓉坡。

　　② 黄元勋访谈笔记：2011-8-22、2012-9-9，马来西亚芙蓉坡东天宫。

　　③ 白文凤访谈笔记：2011-8-11，马来西亚芙蓉坡东天宫；黄元勋访谈笔记：2011-8-22、2012-9-9，马来西亚芙蓉坡东天宫。

中自然形成的。对于新一代移民来说，这种传承途径为他们提供了在当地安身立命的唯一可能。

如上所述，东南亚兴化人的生计模式和经营策略，依赖于同乡商业网络的有效运作。对少数商业精英来说，同乡商业网络为他们提供了资金、技术、商品、信息等全方位的支持；对大多数边缘人群来说，同乡商业网络为他们提供了就业机会和技能培训，使他们在异国他乡得以安身立命乃至发家致富。因此，海外兴化人无不致力于维护同乡商业网络，同乡同业传统历久弥新。

东南亚华人的同乡同业传统，在各大方言群中普遍存在。例如，福州人开理发店，海南人开咖啡馆，闽南人开五金店，兴化人做交通业，这些都是众所周知的同乡商业网络。以同乡同业为基础的华商网络，其实就是国际移民社会中的"贸易离散社群"（trading diaspora）。

所谓"离散社群"（diaspora），最初是指漂泊在世界各地的犹太人，后来泛指散居于异国他乡的移民群体。人类学家柯恩（Abner Cohen）使用离散社群的概念，研究非洲撒哈拉沙漠周边地区的贸易网络，提出了"贸易离散社群"概念。他认为，同一群商人在从事远距离贸易时，必须在贸易路线上建立大大小小的离散社群，进而联结成贸易网络。因此，研究国际移民社会中的贸易网络，实际上就是研究贸易离散社群。①

在离散社群中，原籍社会文化传统是不可或缺的联系纽带。美国历史学家菲利普·柯丁（Philip D. Curtin）在《世界历史上的跨文化贸易》一书中指出，早期商人到外地经商，必须先学会当地的语言、习俗和交易方式，成为跨文化交流的媒介；后来的新移民，通常必须依附于早期的同乡移民，才有可能进入当地的商业领域，逐渐获得独立谋生的能力。因此，在聚居于异国他乡的同乡移民之间，必然形成有别于当地社会的离散社群，共享原籍的社会文化传统，建立相对稳定的人际关系与贸易网络。随着客观历史条件的变化，这些离散社群经历了不同的演变过程：有的融入当地社会，有的发展为殖民帝国，有的继续经营商业贸易并维持社会文化

① 参见陈国栋：《贸易离散社群：Trading Diaspora》，载台北《"中央研究院"周报》，2006-6-22。

的相对独立性。①

在东南亚历史上，华侨华人是"没有帝国的商人"②。他们不像西方商人到处建立殖民地，也不像马来人尽量融入当地社会，而是借助于遍布各地的离散社群，建立以同乡同业为特征的华商网络。从芙蓉坡兴化人的例证可以看出，东南亚华人的离散社群，继承了华南原籍的社会文化传统。兴化的传统社会组织主要是宗族和宗教组织③，它们在海外兴化人中得到了新的发展，逐渐形成了跨越国界的家族网络、同乡网络和教派网络。芙蓉坡兴化人的社团组织，最初主要是交通、电器等行业的同业组织，后来陆续建立了各种同乡会、宗亲会和宗教仪式团体。这些以同乡同族关系为基础的社团组织，对于维护芙蓉坡兴化人的离散社群与同乡商业网络，发挥了至关重要的作用。

芙蓉坡兴化人的同乡同业传统，与其移民过程和谋生方式密切相关。东南亚兴化人的早期移民过程，主要是经由同乡亲友或"牵头"的介绍，前往南洋寻找谋生机会。他们在南洋的谋生方式，最初大多是出卖苦力，聚居于同乡移民开设的"苦力间"，从事拉车、搬运等相近的行业。在同乡亲友创业有成之后，他们开始转而当学徒、帮工，逐渐累积资金与技能，力争成为自立门户的小业主。这种依托于同乡关系的移民过程与谋生方式，直接导致了同乡同业传统的形成。

芙蓉坡兴化人的商业网络，主要建构于同乡、同族、姻亲、师徒关系之上。芙蓉坡兴化人大多经营交通业与电器业，其中少数商业精英开设工厂，或是担任国际品牌代理商，而大多数兴化人从事销售和维修，在同乡企业之间存在着密切的分工协作关系。在新、马、印各地的兴化人企业之间，都存在着资金、技术、商品、信息等多层次的合作与交流，从而构成了国际性的同乡商业网络。同乡企业之间的商业信用关系，有助于降低交

---

① ［美］菲利普·D·柯丁：《世界历史上的跨文化贸易》，鲍晨译，济南：山东画报出版社，2009。

② Wang Gungwu. "Merchants without Empire: The Hokkien Sojourning Communities". in James D Tracy, ed. *The Rise of Merchant Empires: Long-Distance Trade in the Early Modern World*, 1350—1750. Cambridge: Cambridge University Press, 1990: 400—421.

③ 郑振满：《莆田平原的宗族与宗教：福建兴化府历代碑铭解析》，载《历史人类学学刊》，2006，4（1）。

易成本，形成市场竞争优势，实现对特定商业领域的垄断与控制。

第三节　20世纪80年代以来的新移民

1979年中国改革开放以后，华南侨乡与海外的联系全面复苏，海外乡亲掀起回乡探亲的热潮。截至1990年，莆田接待的海外乡亲逾30万人次①。与此同时，莆田侨乡的传统谋生方式逐渐恢复，海外新移民成为近年来引人注目的社会现象。

近年来，学界用"新移民"一词来称呼1979年以后中国向海外的移民，以区别于此前的老移民。一般认为，新移民的提法出自全国政协办公厅1996年发布的《改革开放以来我国公民移居海外情况的调查报告》："所谓新移民，系指改革开放以后移居国外的我国公民"②。具体而言，新移民移居国外有四种类型：一是合法出境、合法入境、合法定居的，二是合法出境、合法入境、非法居留的，三是非法出境、非法入境、已取得合法身份的，四是非法出境、非法入境、未取得合法身份但已基本立足并等待合法身份的。相比老移民，小木裕文认为："新移民的形态主要有专业技术移民、投资移民、留学生移民、家庭团聚移民及非法移民。以前的华侨移民是以劳工移民方式为主，但现在这种方式已被专业技术移民和留学移民所取代。"③

据笔者实地调查，兴化侨乡的新移民大致可以分为四种类型，其中劳务输出型和"跑街"型移民占比较大。

一是出境与亲属团聚或继承遗产的移民。自1979年以来，兴化地区早期出境定居者，绝大部分是以亲人团聚或"统战对象"的名义办理出境手续，先赴香港或澳门，再转其他国家和地区。如石庭黄氏顶旧厝支派，其七世族人"金文，1979年往澳门，1988年全家往台湾；齐寿，前往澳门，

---

① 《莆田县志》，北京：中华书局，1994：890。

② 转引自庄国土等：《菲律宾华人通史》，厦门：厦门大学出版社，2012：18。参见张秀明：《国际移民体系中的中国大陆移民：也谈新移民问题》，载《华侨华人历史研究》，2001（1）；赵红英：《近一二十年来中国大陆新移民若干问题的思考》，载《华侨华人历史研究》，2000（4）。

③ ［日］小木裕文：《新加坡的中国新移民》，刘晓民译，载《南洋资料译丛》，2003（1）：22—23。

后非法移民香港；玉荣，前往澳门；齐宝，1988 年往香港；齐发，1980 年往香港；齐盛，1982 年随母往澳门；齐寿，1986 年初中毕业后前往香港定居；玉辉，初在澳门做工，后赴法国务工；天金，1982 年往香港定居；天美，原任雕刻厂厂长，1988 年往香港定居""齐武……1979 年夫妇前往澳门，生三子……1988 年全家前往台湾"。[1]

二是偷渡或非法居留海外的移民。非法移民的人群多是"乌人"身份（黑户），且无一技之长，语言上仅限于方言交流。为了立足谋生，他们大多在菜市场、餐馆等地方做工，处于底层的廉价劳动力阶层。他们大多经过数年辛勤劳作，偿还本钱，积攒足够的路费，有了一点小积蓄，就打道回府。兴化地区非法移民的人数无从统计，但非法移民的目的地已经覆盖东南亚和欧美地区。非法移民是当代兴化地区出洋不可忽略的形式，亦是国际人口流动的一种重要形态。[2]

三是作为劳务输出的短期移民。兴化劳务输出国以新加坡为主，"新加坡劳工"占兴化新移民很大的比重，他们大多在新加坡电子厂做工，月收入新币 1000 元左右，住宿由厂方统一安排，三餐自理。劳工群体通常省吃俭用，每月积攒 500 元以上的新币汇回老家。这些合法出入境的劳工，在经过若干年的务工生涯之后，可以申请作为永久居民定居，最终加入新加坡籍。

四是俗称"跑街"的商贸性移民。他们持旅游签证，持续往返于老家和马来西亚的街市，兜售各类从国内带去的日用小商品，跑街路线遍布马来西亚各州。其售货对象因地而异，有人专门同马来人做生意，有人主要面向华人；有的面向个人，有的面向店铺，后者需要较多资金，月提货金额可多至数万元。据说跑街最初出现在香港和澳门，后来转向新加坡，但由于新加坡的法律过于严厉，难以应付，最终转向马来西亚和印度尼西亚，目前在马来西亚仍有较大盈利空间。[3]

例如，江口石东村铁灶自然村现有 1000 多人，200 余户，海外乡亲也有 1000 人左右。本村居民原有黄、李、张、郭四姓，黄姓占 80% 以上，

---

①　《石庭黄氏顶旧厝族谱》抄本，1989。

②　王黎晨：《1990 年以来新加坡的中国新移民》，厦门大学硕士学位论文，2008；黄英湖：《福建新移民的移民模式和结构分析》，载《亚太经济》，2008（6）。

③　调查笔记：2009-4-2，莆田石庭铁灶显烈社。

属石庭黄姓后亭甲；部分李姓与郭姓已经迁往下铁灶村，留居本村的郭姓已改为黄姓。铁灶村的老华侨主要分布在新加坡、马来西亚、印度尼西亚，新移民也主要集中在东南亚，也有若干人前往阿根廷经营超市。其中在东南亚的新移民可以分为三类：

第一类是于1997—2000年间通过非法途径前往新加坡的，其路线是先飞往马来西亚，后乘船前往新加坡，费用约人民币1.5万元。入关手续由"蛇头"安排，入境后自谋生路，生活状态比较艰难。据估计，全村约有80人经此途径前往新加坡。2005年左右，新加坡政府开展严查非法移民行动，此类新移民目前大多已经返乡，并因此无法再次前往新加坡。有些村民妻女已经入籍定居，本人也被禁止前往新加坡探亲。

第二类是正式办理出入境手续前往新加坡的劳工，全村约有40人。通过正规途径办理劳工手续，在2010年左右约需人民币5万元。

第三类是在东南亚从事"跑街"，全村约有100人，不少是夫妇一同在东南亚跑街。[①] 他们一般是通过合法途径办理旅游签证，持续往返于老家和马来西亚之间，足迹遍布马来西亚各州。

在兴化侨乡，目前新移民的比重不断增加，逐渐成为海外移民的生力军。江口《西刘刘氏族谱》对西刘人"走向世界"的历程概述如下：

> 走向世界的西刘人，可分为三期。早期是十九世纪末至二十世纪三十年代，先驱前辈（第一代、第二代）侨居东南亚等地，从苦力谋生到创业经商，此时侨民总人数约三百多。第二期是二十世纪五十年代移居东南亚诸国，有夫妻团聚，有父子兄弟接班或合伙，共约五十多人。第三期是二十世纪八十年代至今，中国实行改革开放，我村多出境移民、留学或劳务人员，移居香港十多户、澳门十多户（有的从澳门转迁台湾）、新加坡七八户，有留学美国、加拿大、澳大利亚、新西兰，及劳务出国赴意大利、南美洲等定居，总人数约三百多。[②]

如上所述，西刘族人在第一、三阶段都有300多人出境，可见在海内外自由往来的历史时期，兴化侨乡一直保持着大量的人口输出，新移民正是本土出洋传统的接续。其实，无论在官方允许还是禁止海外移民的年代，兴化侨乡的生计模式都与海外活动有着千丝万缕的联系。

---

① 调查笔记：2009-4-2，莆田石庭铁灶显烈社。
② 《西刘刘氏族谱·侨乡人文》，2002：159。

1979 年改革开放以后，兴化侨乡的侨汇收入也不断增加。《涵江区志》记载："1981 年，随着侨汇市场的开放，民间侨汇数量不断增多。1984—1994 年，中国银行涵江支行共受理侨汇 3378.7 万元和 765.7 万美元。"具体数字见表 2。

表 2　1984—1994 年中国银行涵江支行受理侨汇统计表①

年份	1984	1985	1986	1987	1988	1989	1990	1991	1992	1993	1994
金额	858	747.6	101.4	603	1086.7	51.3	105	130	90.1	176.7	212.6
单位	万元					万美元					

上表中的侨汇资料，仅为官方银行的统计数据，不包括通过地下钱庄流通的资金，实际金额应该远远超出以上数字②。应该指出，80 年代以来的侨汇收入不仅限于老华侨的汇款，新移民同样也有自己的贡献。他们出国谋生的目的，与早年的先辈一样，也是为了衣锦还乡，改善家人的生活。因此，他们在海外稍有一些积蓄就会汇款回家，为本土社会送来相当可观的收入。

新移民大多来自传统侨乡，在海外一般都有亲属，初到时短暂寄居在亲属家，以适应新的社会环境，并较快找到工作机会。但他们在海外终究是无家可归的漂泊之人，同乡的庙宇是他们工作之余最常去的公共场所。因此，新移民与海外兴化人庙宇与仪式的关系相当密切。不断吸引新移民参加仪式活动，是近年来新加坡兴化人庙宇发展的重要动因。新移民的参与，不仅为庙宇的仪式活动注入新生，而且使新老移民之间实现了跨越民族国家的祖籍认同。为了深入了解新移民的生存状态，笔者曾在兴化侨乡做过相关调查，试举二例：

黄某某，1961 年生，为铁灶显烈社坛班成员。他家从他的祖父开始就下南洋谋生，父辈三个兄弟两个姐妹都在马来西亚；他的伯公、舅公、姑姑均定居马来西亚金马伦，最小的姑姑在马来西亚出生。他曾到东马来西亚跑街，向华人群体兜售日用品，目前主要在金马伦一带跑街，根据当地需要组织货源，以销售农业用品为主。

---

①　转引自：《涵江区志》，北京：方志出版社，1997：695。

②　[日] 山岸猛：《侨乡与海外华侨华人：以对外开放后侨汇与新移民为中心》，乔云译，载《南洋资料译丛》，2009（1—2）。

叶某某，40 年代生，江口山兜村人。他父亲共有四个兄弟，其中三个在南洋谋生，一个留在原籍照顾老人。他自己在老家出生、长大，曾经去新加坡旅游，住在山兜人的青云庙内。目前，他有五个孙子在新加坡做劳工。他有个 13 岁的外孙，最近"得到神明的批示"，从深圳小学请假回老家，参加本村青云庙的"关戒"仪式，出戒后成功"降神齐天大圣"，正式参加了坛班组织。

新移民在居留海外期间，大多会投靠同乡的庙宇，但庙宇是否可以留宿新移民？在执法严明的新加坡，非法入境的新客来投宿，会给庙宇带来麻烦。笔者在新加坡崇福堂和仙宫堂，都见过禁止留宿同乡新客的通告。例如，崇福堂的通告称：

> 敬启者：兹接慈善注册局来信，崇福堂已注册为崇拜神明参拜之场所，如非本堂之理事皆不得在本堂住宿过夜，若是违例被查获可被控诉至法庭，敬请贵堂理事合作，特此通告，谢谢。①

仙宫堂的通告：

> 本宫乃为一合法注册社团，几经前辈们千辛万苦、重重波折建立起基业。除庆祝酬神圣典事务外，也作为众乡亲歇脚联络站，促进彼此间的亲情。
>
> 众所皆知，新加坡是法律严格的国家，对违法者实施严厉的惩罚。逾期居留或非法入境者，一旦被捕，将面对严刑。非但如此，还会牵连本宫受到严厉的法律制裁。
>
> 最近，常有一批非法入境者出入宫中，并作长时间逗留及占用电话，给本宫带来极大的不便与威胁。本宫董理事部察觉事态严重，为坚守前辈们千辛万苦建立起来的基业，商议后，谨此恳请：对前来拈香膜拜者，无任欢迎，但切勿在宫中作长时间逗留或使用电话，以避免节外生枝或无谓的事故发生。敬请多多合作。冒犯之处，还望海涵。谢谢。②

笔者在仙宫堂还看到了一份措辞非同寻常的重要声明、严厉警告：

> 本宫欢迎众善信前来拈香膜拜，祈求神明庇佑。悉闻近日来常有非法居留者（乌人）前来膜拜后，在本宫聚集闲谈及作长时间逗留或

---

① 新加坡崇福堂：《通告》，年代不详。
② 新加坡仙宫堂：《通告》，2001。

烹煮，乘机借故与本宫庙祝搞好关系。本宫董理事部察觉事态严重，为了维护艰辛建立的基业，认为有必要再次发出严厉警告，希望非法居留者（乌人）明白，新加坡政府的条例严明，法律更是无情，这是众所皆知的。本宫董理事部屡次发出通告警戒，尔等乌人却视若无睹。在此奉劝非法居留者（乌人），须顾全大局，尽快离开，勿一时贪图个人利益，影响本宫基业受到牵连及法律的制裁，敬请合作。

坦白从宽，抗拒从严。

新年快乐，万事如意。①

从 2001 到 2004 年，新加坡仙宫堂一再发布禁止非法入境的乡亲在庙里逗留的警示，可见在此期间问题并未得到解决。在新加坡仙宫堂的理事们看来，新移民来庙宇拜神的权利是不可剥夺的，他们所担心的是容留非法移民对庙宇构成的违法风险。

大量新移民的不断涌现，为侨乡和海外的文化联系注入了新的活力，日渐成为促进海内外乡亲相互沟通和互动的中坚力量。2009 年 2 月间，笔者到江口西刘村新灵宫访谈，得悉许多新移民作为坛班弟子回乡参加元宵仪式，被乡亲们称为爱国华侨。他们大多是少年时代随父母到新加坡，并已取得当地的居留权和国籍，现在回国除了参加社区仪式外，还有办理结婚、考驾驶执照等私人事务。他们同老华侨一道，热心捐助家乡的公益事业，尽自己所能贡献绵薄之力。

自清末以来，一代又一代的兴化人走向海外，形成了典型的跨国生存状态。对侨乡而言，海外移民始终是原籍家族与村社的成员，他们无论到天涯海角，都只是一种谋生方式；对海外移民而言，侨乡始终是他们的家园，他们即使在海外定居入籍，也离不开侨乡的社会文化网络。那么，兴化侨乡的社会文化传统，对海外移民究竟意味着什么？在海外移民中是如何传承的，又是如何发展的？这就是下文将要探讨的主要问题。

第四节　同业公会与同乡组织

源自华南原籍的祖籍认同、方言群、社团组织和仪式传统，深刻地影

---

① 新加坡仙宫堂：《重要声明》，2004。

响了东南亚华人社会的人际关系与社会文化网络。海外兴化人为了凝聚群体认同、提高竞争能力、解决内外争端，协调与其他方言群的关系，先后建立了多种形式的同乡会馆和同业公会。在从移民社会向定居社会转变的过程中，这些基于祖籍认同和业缘关系的社团组织，对于乡土社会文化的传承发挥了重要的作用。本节考察新加坡与芙蓉坡的兴化人同业公会与同乡组织，探讨同乡同业传统对海外华人社会的影响。

一、同乡会馆与同业公会

1920年创建的南洋兴安会馆，是新加坡最早建立的兴化人同乡会馆，由兴化同乡陈耀如、林志成、陈宗藩、李好、郑显斌、关富、戴尊、薛文斌等共同创立。同年创办宏文学校，培养兴化人后裔，陈耀如为首任董事长、宋少濂为校长。会馆初设于奎因街（Queen Street）133号的租赁屋，后三迁至三龙街35号现址。宏文学校也三度迁址，从只有一间教室发展成为今日维多利亚街规模宏大、设备完善的现代化特选小学。1973年兴安会馆内成立互助部，旨在推进同乡之间的互助合作。

1970年，兴安会馆创始人之一陈耀如先生撰写《新加坡兴安会馆史略》一文，将兴安会馆的发展分为创办时期、中兴时期和全盛时期：

创办时期：吾郡乡人鉴于邻郡同乡纷纷创设会馆或同乡会，爰集合同志若干人，于一九廿年间发起组织兴安会馆。初赁屋于本坡桂英街一百卅三号，同时开办宏文学校，教育本郡子弟，彼时因同乡人数不多、经济力又薄弱，所以一切设施因陋就简……厥后同乡经济渐入佳境，佥认租赁会所终非长久之计，遂决议筹募捐款，购置会所于哇打鲁一百八十九号，此一九卅年间事也……不幸数年后，世界二次战争爆发，新加坡沦陷，人民逃难离散，本会馆公务暂停顿，几达四年之久。

中兴时期：光复后，诸同乡非常兴奋，加之青年踊跃参加，鉴于会所狭隘，未能容纳许多学生，爰再筹集巨资，购买力山街二号大厦，作宏文学校校舍，大事扩充，彼时学生增至千余名，教师四十多位，学生成绩为本坡冠，可谓极一时之盛！

全盛时期：如是延续二十余年，乡人各行业大大进步，经济更加富裕，于是有心之士倡议购建一幢四层楼大厦，估计约需五十余万金。在筹备募捐及择地创建中，适哇打鲁旧会所一带系在改造市容之列，政府征购，不得已暂就峇托卢律五十五号购买一间二层楼住屋，购价及修理等共费十余万金，比之旧会所长宽多数百尺，且又高仰壮观，同乡观此，无不啧啧称善。至购建四层楼大会所事，亦正积极物色适当地点，并预先向政府发展部申请接洽等事宜，望能早日完成为幸。①

陈耀如描述的兴安会馆发展过程，与兴化人在新加坡的创业、定居和发展过程吻合。大致说来，大量同乡移民在本地落地生根尤其是在经济上立足，以及同乡商业精英的倡导，都是会馆发展的先决条件②。随着战后兴化人大规模定居新加坡，会馆发展迎来了繁荣时期。

1947 年 10 月 10 日成立的新加坡莆中高平会馆，既是同乡社团，也是同业组织。该会馆最初设在吉兰丹巷 7 号，1995 年搬到芽笼 25 巷 22 号，2007 年迁吉真那路（Kitchener Road）157 号。"莆中高平"是指莆田忠门、北高、平海（包括埭头），这三个乡镇在兴化历史上属于"界外"地区，被称为"界外底"。③ 界外人在原籍大多以航海为生，在东南亚沿海各地也是从事渔业捕捞为主。1987 年编撰的《莆中高平公会简史》，对该会馆的缘起有如下记述：

> 本会会员由莆田市属下忠门、北高、平海、埭头四个地区的同乡组成。同乡散居南洋各地：前英属沙捞越、古晋、盼甲；马来西亚麻坡、马六甲芙蓉市；印度尼西亚廖内、咔呵、峇来（巴厘）及新加坡

第二章　东南亚兴化人的移居过程

---

① 陈耀如：《新加坡兴安会馆史略》，载《新嘉坡兴安会馆五十周年纪念特刊》，新加坡兴安会馆，1972：25。

② 康永福：《马来西亚、新加坡侨团简介》，载《莆田文史资料》第 21 辑，1996：140—147；刘金林、郑伯祥、郭立红：《新加坡兴安会馆与涵江籍主席简介》，载《涵江文史资料》第 12 辑，2004：32—37。

③ "界外"源自清朝政府"截界"的历史事件。清顺治十八年（1661 年）八月诏谕户部"福建濒海地区，逼近海岛，郑氏时有侵犯，致民不宁守。冬十月遣满员前往设界督迁，凡有官兵民等，违禁出界盖房居屋、耕种田地者，但以通敌处斩，务使片板不许下水，粒货不许越疆。"从此，莆阳境内便按清廷规定的界线，"筑墙垣，立界石，设堡垒，布营哨，凡界外居民，尽往界内迁徙"，其所废田地山计 4774 顷 47 亩多。关于"界外"的地域全境有不同说法，北起兴化湾、南至湄洲湾的大片土地都属于"界外"。在很长一段时间里，"界外"是贫穷落后的代名词，与"金覆平畴碧覆堤"的兴化平原有着天壤之别。

等地。分布地区虽广，因受居住地环境所限，除新加坡同乡多经营交通业外，其他各地同乡多以海为田，捕鱼为生。

第二次世界大战后，为避战祸而逃难的人们纷纷返回本坡，开始重操旧业。与此同时，我同乡也由家乡大批南来，定居本坡，同乡人数骤增。当时本坡各方言地区人民思想守旧，乡土观念极重，聚族而居，形成帮派。且常因争夺谋生地盘或语言不通引起误会，甚至集体殴斗也时有所闻。我郡同乡不能例外，觉得若不团结，很难在此谋生，孤独无援，常受欺凌，长此以往，再不组织起来团结自救，我同乡在本地将无立足之地……①

由此可知，来自界外的兴化人在东南亚主要以捕鱼为生，在新加坡的同乡则大多从事交通行业。在帮派林立和同业竞争的社会环境中，海外界外人为了自立门户，选择了同乡会馆作为结盟形式。

成立于1948年的福莆仙会馆，由原籍福清、莆田、仙游三县的移民组成，主要创始人为郭可模、郭可济、余长贵、陈耀如、陈慎余等。新加坡学者钟临杰认为，福莆仙会馆的建立是在兴化人和福清人的激烈对抗中形成的，在会馆建立后再未发生福清人和兴化人之间的流血冲突。② 福莆仙会馆或可理解为一种跨地域的同业组织，是不同地域从事同一行业人群整合的产物。福清人在新加坡奎因街聚居的路段俗称"小福清"和"江阴巷"，而奎因街同时也是大量兴化人的聚居地区；福清人中的兴化方言群如江兜王氏家族从事脚车业和汽车配件业，乃兴化人中翘楚。业缘与地缘的邻近，使定居于新加坡的福莆仙人士逐渐联合起来。1989年，会长王福顺积极支持马来西亚福莆仙文化出版社编辑出版《福莆仙乡贤乡物志》，收录了散居于东南亚诸国的福莆仙名人，不限于兴化方言群，还包括说福州话的福清人。

成立于1957年的南洋莆田会馆，于2004年改名为新加坡莆田会馆，内有荔城俱乐部、兴安天后宫和佛教团体结缘会。会馆原址在奎因街，80

---

① 新加坡莆中高平会馆：《莆中高平会馆简史》，载《新加坡莆中高平会馆庆祝四十周年纪念特刊》，1987：27—28。

② Cheng Lim Keak. "The Xinghua Community in Singapore：A Study of The socio-economic adjustment of a minority group". in Leo Suryadinata, ed. *Chinese Adaptation and Diversity：Essays on Society and Literature in Indonesia, Malaysia & Singapore*. Singapore：NUS Press，1993：28-56.

年代初搬迁到竹脚马德拉斯街（Madras Street），1994年迁至现址芽笼33巷25号。莆田会馆是从供奉天上圣母香火的兴安天后宫演变而来，经历了从庙宇、俱乐部到会馆的发展历程。早期借神明庙宇团结互助，后期成为社团会馆组织，这是海外华人社会中普遍存在的现象。从兴安天后宫发展到莆田会馆，是兴化人群体壮大和商业精英推动的结果，天后宫仍然是这个会馆的主体。莆田会馆现在的主体建筑维持了庙宇建筑的特色，一楼为天后宫，二楼为荔城俱乐部活动场所，左侧附属建筑为办公地点。莆田会馆在20世纪70年代还组织本馆戏班举行演出，在新马兴化人中引起强烈反响：

> 1974年会馆组织"莆仙业余剧团"，并在1975年的妈祖寿诞演出，很受乡亲欢迎，本地的其他莆田人宫庙也都争相聘请剧团去演戏酬神，每年最高峰能演60多场，甚至邻国马来西亚莆田人宫庙也来邀请演出，剧团兴旺了十多年。①

其实，莆田会馆的戏剧演出在新加坡兴化人戏剧演出中并不出彩，但神明信仰与戏剧演出是莆田会馆有别于其他三个兴化人会馆的突出特色。在一般情况下，"如同为满足更广大同乡群体的需求而扩大会馆的宗教功能一样，地方戏剧在会馆作为都市机构的变迁中也是后来发展起来的"②，但对于莆田会馆这类由庙宇转型而来的会馆，情况并非如此——演戏酬神不是会馆为了吸引更多人群而追加的宗教功能，这种会馆原本就是以信仰与酬神为基础的。

此外，在兴化人内部还存在以祖籍村落为认同的互助组织，如原籍梧塘林外社的移民创建的建泰楼，实际上就是同乡互助组织。《林外境志》记录了建泰楼的创办、运作和相关功能：

> 姚毛和苏志宣共同倡议成立同乡会，按股东筹集资金二三十股，购买了一幢"建泰楼"。凡有股东的乡亲白天都外出打工，晚上回会馆食宿。剩余的房间出租给在外做工的劳工。有了会馆，乡亲有股份，年终有分红，各乡亲有了一定的余款，逢年过节寄回家乡帮助亲

---

① 新加坡莆田会馆：《新加坡莆田会馆五十周年、兴安天后宫八十六周年、荔城俱乐部五十五周年：三庆纪念特刊》，2008。

② ［美］顾德曼（Bryna Goodman）：《家乡、城市和国家：上海的地缘网络与认同，1853—1937》，宋钻友译，上海：上海古籍出版社，2004：72。

人解决生计问题。有些侨胞遇到困难，或家乡亲人遇到天灾人祸，姚毛、苏志宣就以会馆的积余或个人存款暂贷给侨胞解决困难。①

建泰是林外境旅居新加坡的侨胞集资创建的。林外诸多侨胞中的贤能高瞻远瞩，审时度势，认为乡亲"独在异乡为异客"，况且"天有不测风云，人有旦夕祸福"，大多防不胜防，同是天涯沦落人，理应亲帮亲，邻帮邻，亲不亲，故乡情！前贤倡议，自愿集资，富有的多出，困难的少出，按金额参股，买地盖起"建泰"楼房，廉价租给到叻谋生的林外籍侨胞，特别是无处栖身的单身汉，困难的还可酌情优惠收留。乡亲住入建泰，休闲时可以促膝谈心，病痛可以互相照顾，遇难可以及时排解……减少思乡之苦，侨胞住建泰如家，人称"林外会馆"。②

如上所述，建泰楼既是契约式的合股产业，也是以祖籍村落为基础的同乡组织。股东可以在年终提成分红，会馆的余款也会成为为乡亲排忧解难的救济金。1965 年以前，由于兴化人垄断了新加坡和马来亚的交通行业，在兴化人内部形成了各种同业组织，以行业为基础的同乡网络是早期兴化人社团的基本特征。

新加坡兴化人创建的同业公会主要有 1932 年的车商公会、1946 年的交通的士公会、1947 年的载客三轮车车主公会、1952 年的汽车胶轮商会、1952 年的自由车商会、1955 年的车业职工联合会、交通特示公会等，都与交通行业密切相关，成员大多为兴化人。除了车商公会创立于 30 年代，其余都是在 40—50 年代创立，这与兴化移民在新加坡的定居过程一致。这些交通同业公会是否直接隶属于同乡组织，目前尚不得而知，但无疑体现了兴化人在新加坡交通行业中的绝对优势，反映了早期移民社会地缘、业缘和方言群结合的特征，是早期移民的商业利益与地缘组织叠加的明证。《新嘉坡兴安会馆五十周年纪念特刊》收录了几乎所有新加坡交通行业公会，如车商公会、汽车胶轮商会的成员以公司名义入会，而自由车商会、载客三轮车车主公会、交通特示公会的会员以个人名义参加。这些兴化色彩鲜明的同业公会，按照其成员身份又可分为商家组织和工人组织两大类，其中绝大多数为商家组织。由于早期许多作坊以亲属关系、家庭组织

---

① 《林外境志·杰出代表》，2002：135。
② 《林外境志·侨居地点》，2002：97。

为基础，老板与伙计之间的密切关系不言而喻，这或许是雇工组织数量甚微的原因。

早期新加坡的同业公会，大多深深地打上了地缘的烙印。施坚雅曾经研究过中国城市"劳工的族群分类"，指出来自某地的移民集中在同一或若干个行业当中，使得早期的同业公会和同乡会所难以完全分开。日本学者也曾经指出，地缘因素在中国行会中相当重要，兴化人内部的家庭式作坊和家族式提携是新加坡交通业起步的基础，导致了新加坡交通业中血缘、地缘和业缘三者的有机结合。①

地缘关系与行业利益相结合的社团组织，并非完全排他，也不是故步自封或缺乏适应能力。相反，传统的社团组织在新的环境中具有很强的适应能力，在组织形式与功能上都不断调节、创新。新加坡立国以后，对包括交通行业在内的多种行业进行了重新规划和改造，兴化人同业公会进入了一个新的发展时期。与此同时，由于交通工具的不断进步，许多同业公会相继完成了历史使命，如载客三轮车车主公会和车业职工联合会等随之解散或并入其他相关公会。一般认为，在1965年新加坡立国以后，当地的华人社团已经不能单纯用地方主义的族群意识来归类，源自祖籍的族群认同与新加坡的国民认同并不矛盾。新加坡政府对社团的引导和控制使之日益趋于本地化，成为民族国家建构的有效成分。在新加坡兴化人的庙宇系统和仪式组织的发展中，同样可以看到类似的历史过程。

二、芙蓉坡的兴化人社团

在马来西亚，几乎每个市都有兴化人会馆，其中最古老的是太平兴安会馆，原名福兴仙会馆，主要为当地从事锡矿开采的仙游籍兴化人发起创立，初设有崇圣宫，为同乡施药救济、解决后事。随着矿区开采罄尽，兴化人逐渐离开太平谋生，该会馆组织与活动也相对萧索。② 首都吉隆坡的雪兰莪兴安会馆创建于1935年，被称为母会、总会，目前有成员约1800

① ［日］仁井田陞：《北京工商行会的宗教及同乡结合》，载日本《近代中国研究》，1948：53—86；［新加坡］麦留芳：《新加坡华人传统民间社团的发展趋势：联合还是分化》，谧谷译，载《南洋资料译丛》，1989（3）；《十九世纪海峡殖民地华人地缘群体与方言群体》，周翔鹤译，载《南洋资料译丛》，1999（4）。

② 《太平兴安会馆一百周年特刊》，1999。

人，由理事会、青年组、妇女组组成，由全国十三个州的兴安会馆主席轮流担任主席；会馆主体建筑出租，所得租金作为会馆运作的基金。整体而言，马来西亚境内会馆活动十分活跃，有妇女组活动、青年团活动、寻根之旅、兴化方言补习班等。芙蓉坡是马来西亚境内较早的兴化人聚居地，下面对芙蓉坡兴化人的社团组织略加分析。

在芙蓉坡兴化人中，目前大致有三种类型的社团组织：作为同业公会的自由车摩哆汽车电器商会；作为同乡组织的兴安会馆、石庭黄氏江夏堂与东天宫等；作为仪式组织的妙应寺、紫竹林、志元堂、福莆仙普度联谊社等。这些社团组织虽然各有不同的历史成因和社会功能，但实质上都是同乡组织，也都与同业公会密切相关，可以说是同乡同业传统的外在表现形式。

芙蓉坡的"森美兰自由车摩哆汽车电器商会"，始于 1923 年创立的"九州岛自由车商会"，此后历经改组，演变为涵盖交通业和电器业的同乡同业组织。1987 年，商会在新会所开幕暨创会 64 周年纪念之际，对"会史"有如下简介：

> 本会创办于公元一九二三年，至今已有六十四载矣！回顾当时，一批离乡背井南渡谋生的福莆仙同乡披荆斩棘，为联络乡谊及谋求自由车同业间之福利，在由先贤陈其联、陈宜录、黄志成、林奕、关文声、关龙金、陈鸣枝、黄天保、黄德标、黄炎、黄坤珠等人为首之兴化同乡领导下，租用当时芙蓉市大街门牌一〇一号之三和宝号楼作为临时会所，并在卅年代初期李三律附近购置日后用于兴建会所的一块地皮。

> 由于会务组织扩大，旋于一九二五年将临时会所迁至芙蓉东姑哈山街门牌卅一号的新会址。当时本会不但尽量照顾同业的福利问题，联络分布于本州各地的兴化同乡，更为百年树人大计、发扬中华文化、教育同业同乡子女而在同年假本会所楼上正式创办培华学校。因此本会与培华学校源自一体，关系密切，可以说没有自由车商会的成立也就没有今日之培华学校。①

如上所述，这一同业公会成立之初，就是以维护同乡和同业利益为宗

---

① 《会馆简史》，载《森美兰自由车摩哆汽车电器商会成立六十四周年纪念暨新会所落成开幕纪念特刊》，1987：22—25。

旨，可见当时在芙蓉坡兴化人中已形成同乡同业传统。所谓"自由车"即人力车，也包括三轮车。至于1925年"扩大会务组织"，可能是指吸收了电动车业者，更重要的举措是创办了培华学校，目前是当地华人社会中享有盛誉的"贵族学校"。1941年底，日军占领马来半岛，同业公会和培华学校都被迫关闭，至战后逐渐复兴。60年代以后，由于交通事业的迅猛发展，芙蓉坡兴化人的经济实力不断增强，同业公会的发展也进入了新阶段。会志记载：

> 一九八三年，黄志萍局绅众望所归，继承本会会长，在理事会议中，计划在卅年代初购置的位于李三律的空置地段上兴建一座四层楼之新会所，以供应同业日益增加的需求，扩大会务组织。同年在全体理事一致决定下，将芙蓉东姑哈山街门牌卅一号之旧会所售出，随即成立以关光辉为首之建委会。……同年也一致同意将本商会组织范围扩大，改名为"森美兰自由车摩哆汽车电器商会"，融汇本州福莆仙同乡所经营之上述行业于一体，同时也欢迎及接受不同籍贯之同行加入阵营，共同谋求会务之发展，争取共同之利益。①

1983年的会务改革，重点在于吸纳了电器业者，扩大了同业公会的势力范围。与此同时，也开始接纳其他方言群的同行，这似乎使同乡同业组织的性质发生了变化。不过，在此次改组之后，又把本会会员分为"永久会员"和"附属会员"两大类，前者必须是兴化人企业，后者则为非兴化人企业。② 在此情况下，即使有其他方言群的企业加入这一同业公会，也不可能完全改变其作为同乡组织的性质。

从历年的会务记录看，芙蓉坡的"自由车摩哆汽车电器商会"的年度例行活动，主要有以下几项：一是协助政府执行行业管理，如代办摩托车执照、组织摩托车驾驶培训等；二是与其他地区的同行保持联系，参加他们的联谊活动，邀请品牌商代表洽谈业务等；三是组织年度会员大会，商定各项会务议程；四是组织新春团拜会，发放培华学校奖励金；五是参加会员家庭红白事、企业的礼仪活动，协调会员之间的关系。③ 这一同业公

---

① 《会馆简史》，载《森美兰自由车摩哆汽车电器商会成立六十四周年纪念暨新会所落成开幕纪念特刊》，1987：22—25。

② 此为访谈所得，未见于正式的商会章程。

③ 森美兰自由车摩哆汽车电器商会2007年度会务报告。

会涵盖了数个不同的行业，实际上很难建立统一的行业管理制度。据说，目前商会中的不同行业大多各自为政，其中最为活跃的是摩托车商。不过，在对外联谊和维护同乡同业利益等方面，这一同业公会仍有不可替代的作用。

芙蓉兴安会馆成立于 1950 年，其主要宗旨是联络乡谊、维护同乡利益、促进同乡团结。1990 年，兴安会馆在成立 40 周年之际，对创会缘起有如下记述：

> 当时，本州同乡人数较少，又因平日甚少联络，不能发挥团结精神，以谋同乡之福利。有鉴于此，芙蓉埠兴化同乡关凤声、林清霖、林鸿源、金宣、黄亚虹、龚寿庆、林奕、刘佑、黄钦、郭启芬、黄信德、刘天嘉及林清泉等人，为了联络并照顾日益增加之同乡，毅然发动筹办森美兰兴安会馆，并假芙蓉自由车商会召开筹备会议。当时，获得同乡热烈响应，又得林鸿源先生代为起草简章，向社团注册官申请批准。①

值得注意的是，1950 年有很多新移民来到芙蓉坡，立足未稳，生活相当贫困，自然还不可能参加同业公会。因此，当地事业有成的老移民发起筹办同乡会馆，主要是为了救助新移民，解决其当务之急。不过，当时获准成立的兴安会馆，实际上是附属于自由车商会的临时性机构，直至多年之后才开始独立运作。馆志记载：

> 一九五六年二月九日，自由车商会举行成立典礼。是日出席会员及嘉宾济济一堂，盛况空前。为了让所有会员及兴化同乡拥有一固定之联络处及活动地点，在关凤声之大力支持下，于一九六三年向当时兴化同乡创办之芙蓉培华学校董事部购买位于芙蓉怒尼士路门牌卅一号之双层店屋作为会址，展开各项会务活动。

> 一九六六年十二月十一日，公请当时森州州务大臣寒益医生主持开幕典礼，出席观礼之同乡及嘉宾可说是冠盖云集。②

在新会所建成之后，兴安会馆将楼下的店铺全部出租，将楼上多余的

---

① 《森美兰兴安会馆史略》，载《森美兰兴安会馆四十周年纪念暨新会所落成开幕纪念特刊》，1990：87—89。

② 《森美兰兴安会馆史略》，载《森美兰兴安会馆四十周年纪念暨新会所落成开幕纪念特刊》，1990：87—89。

房间作为旅社营业，每年都有相当可观的收益，可以维持会馆的日常费用。兴安会馆的例行事务，除了联络乡谊之外，还有一系列奖学助学的活动。例如，1966年启动大学贷款金计划，1975年创立会员子女奖励金制度，1986年推出培华学校建校基金彩票。[①] 当然，这些活动大多是与商会共同举办的，二者相得益彰。

芙蓉坡兴化人的社团组织曾经有一个所谓的"黄志萍时代"。80年代中期，拿督黄志萍同时担任会馆、商会和培华学校的主席，促成了这三个兴化人社团组织的互动和整合。我们现在看到的会馆和商会，在人员配备、机构运作和空间布局等方面，都是颇为雷同的。当地兴化人告诉我："这两个会所差不多，都是黄志萍时代的样子。"[②] 不过，毕竟会馆和商会还是有各自不同的服务对象，具有不同的社会功能，因而至今仍相对独立，并未合并。

前已述及，无论同业公会还是同乡会馆，实际上都是富人俱乐部。当地普通的兴化人尽管也在同乡同业组织之中，但只能处于依附地位，并无话语权。因此，他们更愿意参加的社团组织，主要是源自祖籍的仪式团体。这些仪式团体各有不同的活动场所，如东天宫主要是石庭黄氏族人的仪式中心，志元堂主要是坛班的仪式中心，福莆仙联谊社主要是中元普度的仪式中心。

在东马诗巫，兴化人有两个同乡公会：创建于1958年的诗巫兴化莆仙公会、成立于1978年的诗巫场边公会。前者目前吸纳所有兴化后裔参加；后者仅限灵川场边村后裔参加，有萧、林二姓，目前会员有300多人，也可以说是一个同乡组织。

东南亚华人社会中的同业公会和同乡组织，对于维持和强化同乡同业传统，曾经发挥了重要的作用。同时，这些同业公会与同乡组织的运作，又大多依赖于源自华南原籍的宗教信仰与仪式传统，这应该就是东南亚华人庙宇长盛不衰的内在原因。

---

① 《森美兰兴安会馆史略》，载《森美兰兴安会馆四十周年纪念暨新会所落成开幕纪念特刊》，1990：87—89。

② 谢德铭访谈笔记：2011-8-24，森美兰自由车摩哆汽车电器商会。

第 三 章

东南亚兴化人的庙宇系统

东南亚各地都有兴化人创建的庙宇，其中大多是同乡组织的庙宇，也有不少民间教派或仪式团体的庙宇。东南亚兴化人的早期庙宇大多与特定的民间教派密切相关。20世纪50—70年代，由于海外移民与侨乡的联系一度中断，东南亚兴化人开始创建各种原籍地方神庙的分庙。自80年代以来，因受到城市化进程的冲击，兴化人庙宇经历了分化与重组过程，有少数庙宇被迫退神回原籍，但多数庙宇采取新的发展策略，强化了庙际与国际联系。本章拟先考察不同类型的兴化人庙宇，再分析兴化人庙宇的庙际联系与国际联系。

第一节　教派组织的庙宇

东南亚兴化人的早期庙宇，一般都是由神坛演变而来的。所谓神坛，是指在民居或公共场所中奉祀神像、举行降神扶乩等仪式活动的场所。从19世纪末到20世纪初，来到东南亚的兴化人大多是往返式移民，他们从家乡带来的神明，最初都是立坛奉祀于聚居之所，后来随着信众日益增多，才逐渐移入公共场所，最后正式建庙奉祀。这种由神坛演变而来的庙宇，与兴化坛班、三一教等民间教派密切相关。

一、坛班组织的庙宇

一般认为，在东南亚兴化人的庙宇中，创建年代最早的是新加坡的江兜王氏昭灵庙和石庭黄氏九鲤洞。不过，根据相关文献记载和口述资料，不难发现这两座庙宇原来都是坛班组织的神坛，到二战以后才演变为独立的神庙。

1. 昭灵庙

原籍福清新厝镇的江兜王氏族人，早在 19 世纪中期已经抵达南洋，是较早在新加坡谋生的兴化人。根据 1998 年竖立的《新加坡昭灵庙重修碑记》，大约在 19 世纪 50 年代，南下新加坡的王氏族人已经带来昭灵庙柳金圣侯的香火，供奉于住所之内，将近 100 年之后，王氏族人才正式建昭灵庙分庙于新加坡：

> 清末海禁初解，里人陆续漂洋过番，凭勤劳智慧，披荆斩棘，结草为庐，餐风露宿，栉风沐雨，含辛茹苦，始创基业。前贤不忘故本，日夜思念兴庙建宇。一八五三年，前贤自故里祖庙，历经坎坷，带回南宋雕塑柳金圣侯宝像，于梧槽路附近地租房供奉，宏开道法，度师拯民。岁月悠悠，物换星移。随着到番里人渐多，香火旺盛，原址遂不敷用，而迁往峇律二楼，时亦称"江兜馆"，为抵境番客暂栖之处，更为离乡族人解忧排难，声名远播。随事业发展，神灵显赫。尤在二次大战中，日军南侵，本岛沦陷，虽遭浩劫，幸柳金圣侯显灵佑民，御灾捍患，我子民始免遭其难，故信男信女倍增。[1]

如果上述年代可信，那么早在 19 世纪中叶，新加坡已有昭灵庙柳金圣侯的神坛。此后虽然移入"江兜馆"，仍是设于公共场所的神坛，而不是独立的庙宇。由于缺乏相关的实物与文献记载，我们现在还不了解当年神坛活动的具体情况，但所谓"宏开道法，度师拯民"，实为降神扶乩仪式，无疑与新加坡王氏族人中的坛班组织密切相关。至 1955 年，始由一些同村移民"合力发起，按祖庙神像重新金塑，并开光晋殿"，演变为原籍村庙的分庙。60 年代以后，昭灵庙又历经多次搬迁和重建，如今已成为新加坡常见的由政府规划的联合大庙中的一间庙宇。[2]

2. 九鲤洞

目前由江口石庭黄氏族人主导的新加坡九鲤洞，以十年一度的逢甲普度和目连戏表演享誉新加坡，也是国外学者较为关注的新加坡兴化人庙宇。九鲤洞源自江口石庭村的仙圣楼，隶属琼瑶教派，是当地坛班组织的庙宇。关于琼瑶教派的由来，据说可以追溯至汉代：

> 秦末汉初，吾邑忠门镇莆羲卢武强（尉武）、林秋娘伉俪之第三公子，因厌倦当时社会，从小就勤修于道教。年仅十二岁，便同好友齐入紫霄洞，修身炼性，生活清苦，但意志坚强，从不退缩，终成正果，羽化升天，号士元。后因不忍目睹苍黎劫难横生，上喻元始天尊，乞成立匡扶正教，以方便度醒迷津，普济群生，免受轮回之苦，大开方便之门。天尊教主敕命士元卢仙长，领元晖谢真仙、成光王真仙、善德陈真仙，阐开琼瑶法教。[1]

这里有价值的信息是教主卢士元与好友谢、王、陈等人原在莆田忠门半岛"修炼"。其实，琼瑶教派在兴化本土的发展，始自石庭仙师楼的坛班组织：

> 最早是谢仙长于石庭以符水丹药治病救人，占卜算卦，堪称无不精验，乡民深蒙其惠。后他又当空请来卢士元仙长除妖灭怪，保境安民，群众信奉，琼瑶法教尤见风行。清宣统三年（一九一一年，辛亥岁），世乱民艰，瘟疫肆行，石庭六生还往九鲤湖，奉请何氏九仙，来境大开法坛，以助卢仙长等四仙长，消灾救人，香火大兴。[2]

上述"石庭六生"，实为清末民初石庭村的六位乱童，包括私塾先生荷丹生、药铺老板梅生、中医师牡丹生、地理师元生，以及两位富商。他们原在当地"七境总宫"上方宫中降神扶乩，奉祀诸仙，至 1916 年，"乡民深感仙恩浩荡，在宫对面另建双层洞宇，号称仙圣楼，又名九鲤洞，专奉四大仙、何氏九仙及上阳卓晚春真人。香火鼎盛，万民瞻拜，琼瑶法教于此大兴"。1979 年的重建碑记记载：

> 仙圣祀典宫殿，遍建华洋，后传入石庭村。乡中前辈先贤，遂宣传开教，初设上方宫，集资建一座洞宇于上方宫对面，而名九鲤洞琼瑶法教，崇奉卢谢王陈四大真仙、何氏九仙翁、卓真人、文武列圣，扶乩救世，威灵感应。仙圣香火灵乩，自岁次甲戌年由黄文经从家乡航途奉请仙驾南来，宏开法教，今遍分印尼，丕著声灵，万古长流。

---

① 莆田石庭九鲤洞总镇：《九鲤洞总镇重建碑记》，2002。
② 莆田石庭九鲤洞总镇：《九鲤洞总镇重建碑记》，2002。

上述资料表明九鲤洞源自石庭的坛班组织。石庭是江口第一侨村，据说明代已有石庭黄氏族人移居日本，清末以来则主要移居东南亚地区。目前在海外定居的石庭人总数近 10 万，大约相当于原籍人口的 5 倍。据 1990 年编《石庭黄氏大族谱》记载，石庭黄氏的开基祖黄虎，"自元末因设帐九里洋永丰里牌黄宅村，置田一埭，就田起屋，为黄氏石庭始祖。近百年来，莆田旅居东南亚的姓黄华侨多出于石庭，为东南亚兴化华侨第一巨姓"。[①] 20 世纪 50 年代，莆田地方政府将石庭列为重点侨乡，对留居村内的居民进行分层调查，发现当时有侨户 1143 户，占当地农户的 41.2%，其中上中下层各占 25.4%、55.7%、18.9%。[②]

石庭村内有大量地方神庙，俗称"九宫十八洞"。在神庙祭典中，石庭主要按聚落分为大门甲、中华甲、后厝甲、后亭甲四甲。大门甲下辖三张厝、中央厝、桥头外、田中央、顶西坡、下西坡、半圭、后埕等聚落；中华甲下辖顶旧厝、下旧厝、吴墩洋、小沟尾、旗杆厝等聚落；后厝甲下辖寨里、鸳鸯厝等聚落；后亭甲下辖后亭、铁灶等聚落。本地居民绝大多数姓黄，原有刘、方等姓大多已迁走或改姓黄。位于石西村下旧厝的石庭宫总宫，主祀昊天帝子、尊主明王、后土夫人，陪祀法主仙妃、三殿真君、柳公圣侯、金公圣侯、惠济圣侯、白牙将军、风火二郎。石庭宫有董事会和侨建会，另有坛班 50 多人，已关戒多次。每年元宵节期间，各甲轮流请社炉行道；六月初一，四甲共同举办三殿真君、白牙将军诞辰庆典，其余神诞辰由各甲分别主办；每逢闰四月，石庭宫的昊天帝子（田公元帅）巡游各甲。除总宫外，石庭各甲各聚落普遍存在隶属于坛班组织的庙宇，在当地一般称为"洞"。[③]

九鲤洞位于石庭后亭甲，原名仙圣楼，相传始建于 1916 年，现名为"福莆仙九鲤洞总镇"。主祀何氏九仙翁、士元卢仙长，陪祀二殿真君、尊主明王、后土夫人、元晖谢仙师、成光王先师、善德陈长者、华佗大仙、卓真人、欧氏仙妃、田公元帅、司马圣王、齐天大圣、罗天大将、通天圣

---

① 黄宗科：《石庭黄氏大族谱·莆阳石庭黄氏重修谱序》，1990：81。

② 莆田市档案馆：《莆田县石庭重点侨乡生活情况调查表》，1957-4-25，全宗号 35，案卷号 9：95—96。

③ 郑振满：《神庙祭典与社区发展模式：莆田江口平原的例证》，载《史林》，1995（1）。

侯、护国王郎君、刘公元帅、惠济圣侯、柳公圣侯、金公圣侯。每年五月初五和九月初九，分别举行大规模的卢仙长、何氏九仙诞辰庆典，聘请道士主持仪式，请莆仙剧团演戏酬神。

新加坡九鲤洞的创始人，主要是原籍石庭村的神童，他们最初都是来新加坡拉人力车，有自己的同业公会。据说，早在1927年，石庭的黄姓神童已在新加坡自行车公会中设立乩坛，至1948年才集资创建了独立的庙宇，1979年再次扩建。目前，九鲤洞不仅是新加坡规模最大的兴化人庙宇，而且在印度尼西亚的雅加达、丁宜埠、奇沙兰和马来西亚的亚依淡等地都建立了分庙，与原籍的九鲤洞系统也有密切关系。自1944年以来，每隔十年新加坡九鲤洞都要举行大规模的逢甲普度仪式，每年也要定期举行各种神诞庆典，在新加坡兴化人中具有广泛的影响。

1943年竖立的《恭塑九鲤洞仙神碑》，对新加坡九鲤洞的由来有如下记述：

> 大汉敕建琼瑶法教，本教崇奉诸仙师神圣。溯仙踪南渡多年，始于丁卯年设立乩坛于星洲。复蒙卢仙长示谕，法现金容，恩准玉映，又由祖国恭塑仙尊与像南来。嗣因教下佥议高建洞宇，是以……乐捐雕塑仙师神圣宝相，爰勒碑永志不忘云尔。
>
> 中华民国卅二年岁次癸未春，本洞董事部财政处刘元舞公立。[1]

此碑是已知的关于新加坡九鲤洞与神明来历的最早记载，其表明：九鲤洞仙圣随兴化移民南渡；九鲤洞的前身为神童的乩坛；仙师塑像来自故里；参与建庙与塑像的包括"教下"的仪式团体和"庇下"的普通信徒。

1979年与1998年的碑刻记述了更多细节，如："仙圣香火灵乩，自岁次甲戌年由黄文经从家乡航途奉请仙驾南来"[2]，"仙圣也由信徒请香护乩，南渡狮岛，初设坛于峇律路，后迁址到亚峇街"[3]。由此可见，新加坡九鲤洞早期的扶乩和建坛活动，是直接从原籍承继而来的。

新加坡九鲤洞号称"琼瑶仙教"，其"教下"为崇拜九鲤洞诸仙圣的仪式团体，即以降神扶乩为主要仪式活动的坛班。在九鲤洞的祖籍地江口一带，历来流行着以神童扶乩的形式出示告谕、主持或协调社区性事务的

---

① 新加坡九鲤洞：《恭塑九鲤洞仙神碑》，1943。

② 新加坡九鲤洞：《重建立碑》，1979。

③ 新加坡九鲤洞：《重修告竣立碑志》，1998。

做法。新加坡九鲤洞的仪式传统，显然导源于祖籍地的神童降乩习俗。1948年竖立的《公建九鲤洞碑记》，记述了教下门人在星洲沦陷期间的仪式活动：

> 仙圣祀典宫殿，建遍华洋。仙驾南来，多历年所，宏开法教，丕著声灵，度世拯民，御灾捍患。当甲申星洲沦陷中，建五年普度，肃八次法坛，德被远近，功遍阴阳。同人等筹兴土木，未竟全功。遂于乙酉秋抗战胜利时，完成洞宇，并定例逢甲普度，以资纪念耳。门人与善信侨胞，在浩劫之中踊跃乐缘，集巨金四十余万，成万年宝盖，祀百代馨香，报德崇功，勒碑永垂云尔。
>
> 莆阳锦江受教关琼开撰述，盥沐书篆，时年六十。
>
> 中华民国卅七年岁次戊子元春毂旦，发起助建董事等、财政受教刘元麟同门人立石。①

由此碑可知，1948年公建庙宇的缘起，与新加坡沦陷期间九鲤洞"建五年普度，肃八次法坛"的仪式活动关系密切。可以想象，在沦陷期间举办超度亡灵的普度活动，对于安抚人心具有重要作用，九鲤洞因而"德被远近，功遍阴阳"。至于"肃八次法坛"，是指九鲤洞训练神童的"关戒"活动，可见其仪式团体在沦陷期间也有较大发展。当时九鲤洞的信众已经超越兴化方言群，涵盖了共同参加普度活动的人群。这从一个侧面反映了不同方言群在移民社会进程中的互相影响，为日后九鲤洞成为南洋知名华人庙宇奠定了基础。

自1944年以来，新加坡九鲤洞十年一度的逢甲普度逐渐形成了独树一帜的仪式传统。1954年碑记记载：

> 琼瑶法教，史碑已详述过矣。当甲申年第一届普度，大兴土木，阻于昭南，洞宇未竟。叩仙师预示，乙酉秋中国胜利，果尔洞宇建成，宏愿十年一度大开法门。今岁举聘教内外董事，训练三教经师，召集旧目连剧员，征募福缘，完成普度道场，建铁柱拜亭一座，屏史全堂；石碑一面，载明董事及贰拾元以上乐缘人芳名；铜牌二面，列载经师、剧员全体及五元以上乐缘人芳名，总计费需坡币贰万陆仟余元，俾勉励将来，永留纪念云尔。

① 新加坡九鲤洞：《公建九鲤洞碑记》，1948。

琼开又撰并书，时年六十六。①

一九五四年甲午年七月甲午日公立。①

由此碑可知，在星洲沦陷期间形成的普度仪式，在战后演变为十年一度大开法门，即举行逢甲普度和目连演出的新传统。从第二届逢甲普度开始，九鲤洞致力于"训练三教经师，召集旧目连剧员"，逐渐成为新加坡兴化人仪式专家和表演艺人的培训场所。

20世纪50年代以后，新加坡九鲤洞的仪式团体开始分化，逐渐形成了一些新的分庙或分支机构。1952年从九鲤洞中分出"琼瑶教邸"，后来又分出"琼瑶仙教"和"琼三堂"。1961年，在九鲤洞内又建立了以"柳金会"②为名的石庭黄氏同乡组织。不过，在东南亚兴化人的庙宇中，至今仍然存在着以"琼瑶法教"为名的庙宇系统，可见九鲤洞的仪式传统影响之大。笔者在九鲤洞访谈时，庙里的主持人告诉我：

> 我们九鲤洞的这些材料你看了就好，不要给别色人看，不要给其他兴化庙的人看。因为在新加坡，我们九鲤洞算是老大。③

其实，新加坡九鲤洞的地位与琼瑶法教的分香系统是密切相关的，其派下分庙包括琼瑶教邸、琼瑶仙教、琼三堂和马来西亚柔佛亚依淡的琼瑶分镇，以及印度尼西亚的奇沙兰九鲤洞、丁宜埠九鲤洞、雅加达九鲤洞等。笔者曾问及琼瑶法教分化的原因，有关人士不愿详述，但特别强调了目前各庙之间的密切联系。如云："那是老人家的事情了，我们就不清楚了。不过我们现在都是来来往往，很友好。"④ 这就是说，琼瑶法教作为坛班组织的庙宇，至今仍然是自成体系的。

3. 九鲤洞-琼瑶教邸

1952年创建的琼瑶教邸，主要开创人为九鲤洞弟子石庭人黄亚彬，其他发起者有的士司机与理发师，他们的居住地都集中在裕廊的教邸原址附近。1997年的碑记概述了琼瑶教邸的发展过程和主要活动：

---

① 新加坡九鲤洞：《九鲤洞甲午第二届逢甲大普度纪念碑》，1954。

② "柳金会"始于1961年，名义上是专门崇拜柳圣侯和金圣侯的神明会，实际上是原籍莆田江口石庭黄氏族人的同乡会，其成员按照原籍的聚落分为四甲（后厝甲、后亭甲、大门甲、中华甲），每年各甲选出两位炉主，负责主办每年元宵庆典、农历四月十五的昊天帝子诞辰庆典和十月十一的柳、金圣侯诞辰庆典。

③ 李毅民访谈笔记：2008-8-8，新加坡九鲤洞。

④ 李毅民访谈笔记：2007-5-31，新加坡琼瑶教邸。

琼瑶教主敕令：为琼瑶法教大开法门事。本教邸成立于天运壬辰年八月廿七日吉时(1952-10-15)，由下列开教功臣：黄亚彬、卢亚鸿、陈锦良、林亚荣、朱仙珠女士、梁文忠、陈世良、邱金炼、陈绍裘、翁钟棋、林辉煌、姚春芹（排名不分先后），开教于陈锦良先生旧居，新加坡裕廊律十条石门牌八十六号，崇奉教主士元卢仙长、主教元晖谢仙师、护教成光王先师、持教善德陈仙师、扶教晚春卓真人、何氏九仙翁、护法雷声普化天尊暨文武列圣。

仙师批示，取名"裕廊岐山琼瑶教邸"，即真宇为供奉师像、受万民香烟之处。

仙师另批谕，指点建设琼瑶教邸总殿于新加坡裕廊律十条石门牌八十六号 A。总殿竣立处之地，乃陈锦良先生于甲午年二月初一日(1954-3-5)立献地契约书献出，并总殿于甲午年五月初五日吉时(1954-6-5)举行金身开光盛典暨进殿仪式之后，启用于甲寅年五月初五日吉时(1974-6-24)，继为何氏九仙塑造金身，并举行开光盛典，及取供奉之处为九华山。

于公元一九七九年八月，裕廊岐山总殿之地被政府征用后，则向建屋局购买地皮，另建总殿。地有一千平方米，地契编号 96-27 pt Mukim Ⅵ Peng Kang，期限卅年，由一九八一年元月一日算起。故本教邸于庚申年五月初十日吉时(1980-6-22)移至裕廊西第四十二街门牌七十四之一号。且本教现大殿告竣后，于乙丑年五月初三日吉时(1985-6-20)，举行进殿仪式，此大殿即沿用至今。

重要纪事：

第一届肃坛持戒，于乙卯(1975)年五月初三至初五日举行。

第二届肃坛持戒，于丙辰(1976)年五月初一至初五日举行。

第三届肃坛持戒，于丁巳(1978)年四月廿至廿六日举行。

预修功德，于戊午(1978)年十月初六至初九日举行。

目连下元公建大普度，于戊午(1978)年十月初六起，赓演白雪和平五天。

已故弟子姚亚恭、陈能信、郭玉珍、黄泰丰、章金山、陈付千、陈恢绪、卓添焘、王文朝、梁泰香、余梦维等，为本教服务，作出巨大贡献，特此记载，以资表扬。

本教邸承蒙各界人士、虔诚善信、诸教友等同心合作，努力支持，慷慨解囊，俾得玉成，其事则功德无量，永垂不朽，特立此以留纪念云尔。

天运丁丑年五月初五日，公元一九九七年六月九日立。

资料源自旧文件档案及口述。

琼瑶真经曰：信奉琼瑶仙教，务宜广度世人，春风桃李，霖雨苍生。①

在琼瑶教邸开创中，陈锦良先生发挥了主要作用。他自述道：

溯良十余年前，拜奉卢仙长，恪守教规，竭诚为徒。不料天旋地转，教主卢仙长奉天敕令，开琼瑶总教，救世度人，恩泽扬溢于天下。迨自择良住之地建造大殿，仙长批示取名裕廊岐山，即真宇光拱师像，受万民香烟。设立办事处基础后，本邸教下及信士来临，果有开教之灵。病者到邸，有求必应，仙师恩泽，咸称实真仙也。诸教下及信士等，乃提倡发送募捐，建设琼瑶教邸，办理事务。嗣仙长批示，教内设立董事部、正副主席、正副财政、正副查账及监察员，由董事部授权多寡与教务，不得超过其额。各部职员分负责任，各无私心，义务效劳。每届年终，董事部召集选举一次，中选者再请仙师扶乩批准为效，不得争先恐后，各宜大公无私。有益于教，不可私议之心。良心信口愿，献出坐落于裕廊律十条石车间后之地，以供建造琼瑶教邸足用，永无翻心。诚恐儿孙是非，特立献地契约叁纸存照。良收藏一纸，其余贰纸由仙师指派人保管，每届年终，旧职员应将该契约交出，由仙师指名□员收藏，不得借端霸占。此规则列入铸成沙铁之中，立基时砌于墙壁之上，永无失落之虞，实立万古之基也。是为序。

公元一九五四年二月初二，陈锦良序于裕廊岐山。②

在琼瑶教邸中，至今还保存着陈氏当初的《献地契约字》：

立献地契约字人陈锦良，自创园邸壹所，坐在裕廊十条石车间后落，有贰依格之谱，东至K729，南至K519，西至大路，北至政府地，西至分院石界，并地契号码7677号为证。因锦良拜奉卢仙长，正心奉

---

① 新加坡琼瑶教邸：《琼瑶教主敕令》，1997。

② 陈锦良：《创建裕廊岐山序》，1954。

祀，故以仙长择在该地建造琼瑶教邸。因仙长托梦指点锦良友家眷，故以锦良自愿献地，建造琼瑶教邸总教足用，余者未用之地，仍归锦良管掌。倘后来教邸再扩充建造，锦良子孙不得拒绝，须供足用之地。此系锦良之心愿，献地于琼瑶教邸建功，绝无反悔，任何人亦无权干涉。恐无凭，特立献地契约叁纸，永远为据。

公元一九五四年三月五日，农历甲午年二月初七日，立献地契约字人陈锦良，代书人（略），中间人（略）。①

琼瑶教邸神明谱系与九鲤洞大同小异，供奉士元卢仙长、元晖谢仙师、成光王先师、善德陈长者、上阳卓真人、何氏九仙翁、监御章圣侯、护坛康中军、侍卫郭大人、教驿郑老爷、欧氏仙妃、琼瑶教务真仙、琼瑶办事神将、雷声普化天尊、王母娘娘、都天元帅、刘大将军、南斗星君、北斗星君、五路财神、当年二部、朱熹夫子、华佗仙师、鲁班先师、福德正神、青紫二童子、柳叶二童子、虎爷。不过，在琼瑶教邸的神谱中，雷声普化天尊从陪神成为主神，成为道士呼神簿上琼瑶教邸的代表性神明，并被赋予各种灵验故事，形成了开教史中的新神话。庙中主事人告知：

为何我们的主神与九鲤洞不同？有一个传说，在前辈开教之初，遇到突发火灾，就扶乩问神，后来是雷声普化天尊护法显灵批示，才使得火势缓和，转危为安。②

对于开教时化险为夷的经历，琼瑶教邸的弟子显然乐意将其归功于雷声普化天尊，至于众人如何消除火患，讲述者则轻描淡写。这个被琼瑶教邸弟子当作一段庙宇历史来讲述与回忆的灵验故事，产生于琼瑶教邸开教初期，在后来的庙宇发展和仪式活动中又不断得到丰富与传承：

另外，我们女弟子首次关戒，雷声普化天尊批示：总共会有50名弟子参加。到了临近之际，果然总数由49人变成50人。③

琼瑶教邸的弟子正是通过此类"神明灵验"故事来区分他们与九鲤洞的差异，强化自身的认同，其深层意义在于身份象征的表达与延续。同时，这个灵验故事也传达了琼瑶法教系统的多元性与层次性，即并非所有弟子都奉同一个主神，除了士元卢仙长，还有雷声普化天尊。当他们以不

---

① 新加坡琼瑶教邸：《献地契约字》，1954。
② 访谈笔记：2007-5-31，新加坡琼瑶教邸。
③ 访谈笔记：2007-5-31，新加坡琼瑶教邸。

同庙宇的名义参加活动的时候，这种差异性就会不断呈现，从而显示了各自的主体性和相对的独立性。

随着琼瑶教邸的发展，教下弟子与信众已经超出兴化方言群。2007 年农历三月十二，笔者在新加坡灵慈行宫偶遇 30 多位琼瑶教邸弟子，其中有相当一部分不是兴化人，但母系多为兴化人。他们之所以皈依琼瑶法教，据说是由于卢士元仙长显灵救世：

> 我家从我外公开始就加入教邸。传说日本沦陷期间，卢仙长显灵，用仙丹救了很多人，我外公就是在那个时候加入的。所以有很多人加入这个教，成为弟子。①

琼瑶教邸目前共有教下弟子 170 多人，其中女弟子约 70 人。1975 年，琼瑶教邸首次举行训练新神童的关戒仪式。2005 年，琼瑶教邸效仿印度尼西亚丁宜九鲤洞的女子肃坛持戒，首次为女弟子举行关戒仪式，在新加坡兴化人庙宇中开了先例。琼瑶教邸通过仪式创新，不断扩充其教下弟子队伍，从而获得更大的生存发展空间。

琼瑶教邸的大规模仪式活动，主要是在农历四月十五为成光王先师、虎爷（玉封南巡将军）、华佗举行诞辰庆典，五月初六为士元卢仙长举行诞辰庆典，七月中元举行普度仪式。这些仪式活动都要聘请戏班演戏，同时请道士三人举行法事。此外，琼瑶教邸还积极参加其他兴化人庙宇的仪式活动，扩大自己的影响。2007 年农历三月十二，灵慈行宫举行妈祖诞庆典，琼瑶教邸派了 30 多位弟子参加。他们身着印有琼瑶教邸字样的统一服装，在当晚的仪式中表演降神的舞蹈。晚上 9 点左右，先后有 9 个神童降神，其中独特的女神童（欧仙姑青紫两童子）令人耳目一新。②

4. 九鲤洞-琼瑶仙教

琼瑶仙教是另一个从九鲤洞分出的庙宇，但据说早在 1998 年就没有兴化人参加了，目前教下弟子均为闽南人。笔者到访时，庙中主持人告知：

> 我们这里已经没有兴化人了。可是我们都是早年在兴化朋友的介绍下加入这个庙宇的，我们是从琼瑶教邸再分出来的，大约是在 40 年前建立的。发起者都是兴化的的士司机，最早是在四马路，后来迁到三巴旺芽笼 8 巷，现在在芽笼 22 巷。我们都想去兴化看一下，看看我

---

① 访谈笔记：2007-4-28，新加坡灵慈行宫。

② 调查笔记：2007-4-28，新加坡灵慈行宫。

们的老板（指仙长）什么时候批示，我们都在等他的批示。希望早日可以去你们兴化看看。①

琼瑶仙教大约创立于20世纪60年代，当时琼瑶教邸已经建庙10多年了。发起人为当时的一批兴化人出租车司机，可是40多年后派下已经没有兴化人弟子了，其中原因尚不得而知。随着兴化人的淡出，琼瑶仙教的神明谱系已带上浓厚的闽南色彩，增加了城隍伯主、大伯爷和二伯爷，但仍然保留了琼瑶法教的四大神，即教主卢仙长、扶教卓真人、护教王先师、主教谢仙师。而且，琼瑶仙教的门人仍然强调自己与兴化人的渊源，主持扶乩问事的吴先生告诉我：

> 我们琼瑶仙教的人，现在虽然都是福建人（指闽南人），但是我们扶乩是说话的，不是写字的，而且我们老板（指卢仙长）开口的时候，是说兴化话的，不信你等下可以听一下。②

我在新加坡兴化人庙宇访谈期间，受访者都强调降乩开口要说兴化话，因为神明都是从兴化来的。虽然有些乩手从小接受英语教育，但是在被神明"附体"开口的时候，还是要说兴化话的。从语言上强调神明的来源，显然是为了证明仪式的灵验。琼瑶仙教的降乩神明为五位仙长、通天章圣侯和张公圣君。每逢周二、周五和初一、十五，琼瑶仙教都会举行扶乩问事。每年农历五月和十月，琼瑶仙教都要举行大规模的神诞庆典，一般是请道士主持仪式，但不演戏。

5. 九鲤洞其他分支

新加坡的琼三堂和亚依淡的琼瑶分镇，据说原来都是从九鲤洞分出来的，但似乎发展并不顺利。目前琼三堂已经停止活动，唯一的一尊卓真人神像也已经退回原籍。琼瑶分镇在1992、2005年重修，设有历代古坛所奉灵位。从现存重修碑刻可知，分镇与新合兴摩托、新加坡琼瑶教邸理事会有密切关系。琼瑶分镇曾经举办持戒仪式，在琼瑶法教的神明谱系上加入了大伯公与虎爷，教下排行辈分为"琼瑶聚群仙仙真降临邪丧胆，分镇源柔佛佛界独立民安心"。琼瑶分镇虽然香火尚存，但只是一座路边小庙，不再举行大规模的仪式活动，也没有相关的坛班组织。

实际上，20世纪60年代以后新加坡九鲤洞坛班组织的发展，主要表

---

① 访谈笔记：2008-7-25，新加坡琼瑶仙教。
② 访谈笔记：2008-7-25，新加坡琼瑶仙教。

现为向周边地区的兴化人庙宇扩散，与金轮派、闾山派、三一教等教派相结合，而不是局限于琼瑶教派的传承谱系之中。这也曾引起一些纠纷，如丁宜九鲤洞持戒风波，即源于三个教派的分歧：2010年丁宜九鲤洞从新加坡九鲤洞聘请的戒师，谨遵琼瑶教派内部传承，只让琼瑶教派分香系统进庙持戒，招致开放派的攻击；2012年持戒一改前次作风，又遭到保守派的反对。

二战以后，在原属荷兰殖民地的苏门答腊岛等地，九鲤洞系统的坛班组织也得到了迅速的发展。印尼北苏门答腊省的首府棉兰市，为海外兴化人的主要聚居地之一，尤其以来自莆田江口的移民人数居多。据说最初移居棉兰的兴化人主要经营人力车、计程车及汽车配件等交通行业，后来逐步转向棕榈油种植园等行业，现有3000多人。1946年，家住棉兰的兴化人吴元礼到新加坡九鲤洞参加持戒仪式，求得符箓和法器，"向仙师宣誓，赴印度尼西亚棉兰开教"。归途中，因荷印开战，交通受阻，暂住丁宜埠佛堂"练习乩鸾"。当地兴化人慕名而来，有求必应，遂恳请仙师留住丁宜埠开教。当年创建丁宜埠九鲤洞分镇的发起人主要是石庭黄氏族人，目前当地的黄氏族人几乎都是九鲤洞的教徒。1955年，九鲤洞门人又到距离丁宜埠约80公里的奇沙兰开教，最初暂借当地的福莆仙会馆练乩；1957年，在当地黄氏、关氏族人的支持下，建成了奇沙兰九鲤洞分镇。

在印度尼西亚棉兰市，九鲤洞教派的发展经历了较为曲折的过程。据说，吴元礼回到棉兰后，最初是在当地的一座土地庙设坛起乩，到1963年才正式建庙。由于当地兴化人以江口人居多，遂决定沿用江口锦江东岳观的庙名，而在庙中另设"琼瑶宫"，奉祀九鲤洞诸仙师及护法神。

棉兰市的两座东岳观，实际上都是坛班庙宇，其主要仪式传统是"降鸾问卜"暨扶乩和持戒。锦江东岳观自1964年迄今已持戒12次，共招收教徒100多人；汉都亚路东岳观自1966年迄今已持戒11次，现有门人90多人。这两座东岳观的"坛主"目前都是石庭黄氏族人，其教徒除黄姓之外另有陈、蔡、刘、关、方、郑等姓。

这两座东岳观的传法系统，目前已不限于琼瑶法教，而是吸收了其他教派的传统。例如，汉都亚路东岳观的持戒仪式同时请金轮教主玄天上帝、琼瑶教主卢士元仙长、仙姑教主欧氏仙妃降神主持，锦江东岳观也设立了金轮教主玄天上帝、三一教主林龙江的神位。

20 世纪 60 年代初，由于印度尼西亚政府不允许华人在县级以下地区经商，许多兴化人不得不迁居至雅加达等大城市，九鲤洞教派也随之传播到雅加达。1962 年，雅加达兴化人建成了九鲤洞分镇，并于次年春举行首届肃坛持戒仪式，广收门徒。据说，当年到雅加达传教的主坛师，主要是来自丁宜埠和奇沙兰的乩童，而当地九鲤洞曾为此"临时授教新十二门人"。到 2010 年，雅加达九鲤洞分镇已举行 8 次持戒仪式，共招收教徒 120 多人。教下男子排行辈分为"启创法坛宣正教，慈行大道受真传"，女子辈分为"法受庐山辉祖庙，饴怀瓠胤现金身"。每个月的初一、十五举行定期问事，并在雅加达当地的慈善事业中表现活跃。早期主持创建雅加达九鲤洞的教徒，主要是江口关氏（关祈源、关亚标、关文通）和陈氏族人，关亚标为首任洞主，目前的坛主、董事长等主持人主要是石庭黄氏族人。

随着持戒仪式在东南亚的传播，其传承与影响不仅局限于兴化人内部，也渗透至其他方言群，并创造了一系列的分香系统。印尼奇沙兰兴化人黄玉璋，祖籍江口孝义，在 20 世纪 50 年代末将奇沙兰九鲤洞旧址开辟为福兴殿，目前福兴殿由黄玉璋侄子何嘉顺提供财力支持。此后在棉兰分出的福镇殿，逐渐成为福州人庙宇，但是仍然参加九鲤总洞的仪式活动。后在棉兰又分化出福凌殿。[①] 2015 年，在丁宜九鲤洞参拜已久的福建人蔡振顺，在棉兰开辟琼瑶殿，聘请奇沙兰老乩手关德利加盟。[②]

东南亚的坛班最初主要是教派组织，其典型代表是琼瑶法教的传承谱系。不过，为了适应二战前后的特殊历史环境，九鲤洞坛班组织很快就趋于多元化发展。首先，在二战期间开始举办的普度仪式，实际上并非兴化坛班的原有仪式传统，而是吸收了三一教和其他方言群的仪式传统；其次，九鲤洞在早期发展过程中，曾经吸收了其他方言群或教派的信徒参加坛班组织，后来他们由于各种原因离开九鲤洞，另外组建琼瑶教邸、琼瑶仙教等坛班组织，这一分化过程也扩大了琼瑶教派的影响；最后，早期兴化移民通过"寄香火"的形式，参与九鲤洞的仪式活动与坛班组织，实际上也引入了各种不同的仪式传统，促成了九鲤洞坛班仪式的多元化发展。

---

① 调查笔记：2010-6-9，印度尼西亚棉兰福凌殿。
② 关德利访谈笔记：2016-11-29，莆田江口侨联。

二、三一教系统的庙宇

三一教是兴化地区特有的地方教派，崇拜教主林龙江，其仪式专家称为经师，一般也会举行降乩仪式①。三一教的庙宇通称"三教祠"，又有各自不同的庙名或堂号。在东南亚地区，三一教的庙宇主要集中于新加坡和马来西亚。

1. 天性祠和兴胜宫

新加坡最著名的三一教祠是天性祠，现址在宏茂桥第十道四十四街 8B 号。天性祠的祖庙在莆田涵江，目前有 10 位经师，其仪式传统师承马来西亚居銮的珠光书院。天性祠崇拜的主神为三一教主，另有太乙真人、灵官大帝、张公圣君、观音大士、齐天大圣、都天元帅、临水夫人、田公元帅、玄天上帝、玄坛元帅、孔圣大人、谢府大爷、金府二爷、当年太岁、金齿龄、玉齿龄等。其中玄坛元帅、都天元帅、齐天大圣、张公圣君、田公元帅都有乩童。每年正月十一至十五举行元宵庆典，七月十六举行三一教主诞辰庆典和中元普度，十二月十六至二十三演戏酬神。目前天性祠也受到了坛班的影响，举行"赐功曹"仪式，隶属于"庐山大法院"系统。

新加坡有两个兴胜宫，据说都是仙游移民创建的。创始年代不详，据说原是崇祀三一教主的庙宇，后来因派下不和，部分弟子出走创立了新的兴胜宫，并另立张公圣君与玄天上帝为主神。笔者曾走访过位于芽笼（Geylang）路 14 号荣丰轮胎公司楼上的新兴胜宫。此庙除了奉祀主神张公圣君和玄天上帝，还配祀齐天大圣、观音大士、福德正神、马府大爷、李府大爷、四殿大爷、东使者、西使者等神明，其中玄天上帝、张公圣君、

---

① 三一教研究参见陈职仪：《林龙江与仙游地区的"三一教"》，载《东南文化》，1996（1）；Kenneth Dean. *Lord of the Three in One：The Spread of a Cult in Southeast China*. Princeton：Princeton University Press，1998；禺心：《"三一教"的创立者：林兆恩》，《莆田高等专科学校学报》，2001（2）；刘晓东：《"三教合一"思潮与"三一教"：晚明士人学术社团宗教化转向的社会考察》，载《东北师大学报（哲学社会科学版）》，2002（1）；何善蒙、王廷婷：《福建省莆田市仙游县三一教信仰状况田野调研》，载《世界宗教研究》，2007（2）；林俊雄：《独具特色的民间信仰"三一教"》，载《中国宗教》，2007（2）；林国平：《林兆恩与三一教》，福州：福建人民出版社，1992；林国平：《福建三一教现状的调查研究》，收入《福建省宗教研究会论文集》，1995；石沧金、欧阳班铱：《马来西亚华人的三一教信仰考察》，载《东南亚研究》，2012（3）：63—69。

虎爷、大爷、二爷都有乩童，每逢初一、十五降乩问事。除乩童之外，每年以投标方式选出福、禄、寿三个炉主，主持正月十三至十五、七月十四至十五的仪式活动，并聘请木偶戏班演戏。由于此庙并无三一教经师团，其仪式活动与其他兴化人庙宇颇为相似。

2. 马来西亚的三一教祠

在马来西亚各地，据说现有20多座三一教祠，但其中有些附设于会馆中，有些并非以三一教主为主神。兴化人的独立三一教祠，主要有：吉隆坡的三教堂、宗圣堂、三圣堂、宗贤堂，雪兰莪州的珠兴祠、宗孔堂、宗兴祠，霹雳州的普仙书院、金宝宫、普金祠、普金庙，森美兰州的志元堂，柔佛州的珠光书院，等等。创建于1894年的巴生港珠兴祠，可能是现存最古老的海外兴化人三一教祠。该祠创建人张启，原为仙游榜头珠光祠的门人，因而珠兴祠亦被视为珠光祠的分庙。其后不久，来自莆田华亭的郭和等人，又在巴生创建了宗孔堂。这两座三一教祠都有自己的经师团，至今仍是巴生兴化人的中心庙宇。吉隆坡的三教堂始建于1916年，后来分出了三圣堂、宗圣堂等，成为吉隆坡兴化人的中心庙宇。创建于1919年的霹雳州实兆远普仙书院，先后分出了爱大华的金宝宫和柔佛州的珠光书院。此外，马来西亚各地的兴化会馆大多也奉祀三一教主。例如，霹雳州的太平兴安会馆，据说在1899年创立之初，即已设立供奉观音、天后、三一教主的崇圣宫。近年马六甲、怡保、金马仑等地创建的兴安会馆，也都设立了三一教主的神龛。这说明，在马来西亚兴化人中，三一教始终保持着影响力。

马来西亚三一教祠的仪式活动，主要是每年农历上元节的元宵庆典、中元节的教主诞辰和普度仪式、下元节的平安醮仪。这些仪式一般必须由三一教经师主持，依据三一教的传统科仪举行。因此，规模较大的三一教祠通常都有自己的经师团。如巴生的珠兴祠和宗孔堂，目前都有经师30多人，可以同时承办数场仪式。居銮珠光书院原无经师团，后来请巴生珠兴祠和槟城玉山祠的经师前来传授科仪，先后培养了20多位经师，经常应邀为其他三一教祠和华人庙宇主持仪式。此外，各地三一教祠大多设有乩坛，定期为信徒扶乩问事。一般认为，三一教祠的中元普度和扶乩问事最有特色，这可能是其吸引信众的主要原因。

近年来，马来西亚三一教祠出现了一些新的发展态势。其一，其信徒已不局限于兴化人，而是逐渐向其他方言群开放。例如，槟城的玉山祠原是兴化人庙宇，现在的理事会成员主要是潮州人，只有主坛师还是兴化人。雪兰莪双溪比力的宗兴祠，现任理事会主席是永春人，而经师班中既有闽南人，也有海南人。其二，仪式活动与其他庙宇相结合，偏离三一教主流。例如，霹雳州实兆远的普仙书院，目前已和当地的九皇大帝庙合并，每年的仪式活动以九皇诞庆典为主，而不再举办三一教特有的中元普度法会。霹雳州爱大华的金宝宫，目前也主要是举办每年一度的九皇诞，而不再举办原有的上元、中元、下元法会。其三，三一教经师的仪式活动，不断吸收其他教派的仪式传统。据珠光书院的主坛师杨文进先生告知，由于经常应邀主持各种地方神庙的仪式活动，他的经师团已经学会了不少其他教派尤其是闾山派的科仪。因此可见，为了适应当地复杂的社会生态环境，三一教的发展必然走向开放，而不可能故步自封。①

地处森美兰州首府芙蓉坡的志元堂，是近年来马来西亚发展最快的三一教祠之一，其发展策略颇具典型性。志元堂源自莆田江口石庭村，据说始建于明万历年间，在清初迁界期间一度毁弃，至光绪八（1882）年易地重建。1947 年，旅居海外的志元堂门人黄文行、黄亚梓等人，在马来西亚芙蓉坡创建了分庙。不过，后来据说因主持人经常索要财物而导致分裂，1957 年部分教徒在芙蓉坡拉杭建立了新志元堂，而旧志元堂也依然存在。为了适应当地的社会环境，新、旧志元堂都接受了坛班的仪式传统，通过举行肃坛持戒仪式，吸收新的门徒。2005 年，由于当地修建铁路，拉杭志元堂易地重建，于 2008 年落成。这一新庙规模宏大，除正殿之外，又有文昌阁、观音阁、放生池等附属建筑，在芙蓉坡的华人庙宇中首屈一指。近年来，新志元堂不仅继续举办传统的肃坛持戒仪式，还聘请西藏喇嘛到庙中举办祈福仪式。2011 年，新志元堂举行首届中元普度仪式，从莆田聘请 7 位道士到芙蓉坡主持法事。新志元堂派下弟子目前不仅有兴化人，也有不少其他方言群的人士。不仅如此，新志元堂还设立了"观音慈善基金会"，举办义诊、捐血、派米等慈善活动，还创办免费补习班、电脑培训班、弟子规班等文教事业。由此看来，新志元堂已经不是传统的三一教庙宇，而是具有多元发展面向的宗教社团。尽管如此，新志元堂仍是以三一

---

① 杨文进访谈笔记：2008-8-22、2016-11-21，马来西亚居銮珠光书院。

教主林龙江为主神，在传法系统中也是以三一教自居。目前志元堂开放其他方言群参与，但主席、副主席仍然必须由兴化人担任，以保持兴化人庙宇的属性。

毗邻新加坡的居銮珠光书院，也是目前较为活跃的三一教祠。据调查，珠光书院兴修于20世纪40年代，香火源自巴生珠兴祠，发起人为电器商黄文盛，聘请当时巴生、怡保、槟城的三一教门人教授科仪，1963年搬迁至现址，目前神明谱系仍然以三一教神明系统为主，崇拜玄坛元帅、三一教主、卓真人、护道将军、文昌帝君、护法龙天、谢府大爷、金府二爷、田公元帅、观音大士，还加入了本地安溪人的神明清水祖师。农历七月教主生日，若蒙批示，会举行超度仪式。书院第一代经师是仙游榜头人林庆洽，第二代主坛经师杨文进是目前大马资历最老的经师，目前有经师20多人，吉隆坡三教堂主坛经师王清发就是师承珠光书院。另有乩手一对，起乩神明为卓真人。珠光书院经师的仪式活动范围，不仅局限于居銮本地，还涵盖了实兆远、吉隆坡、彭亨州、吉打州、丰盛港等地的庙宇。其中丰盛港的林大伯公庙族群归属不清，杨文进经师接手举行仪式后，认为"问清楚，我们仪式才好做"。[1] 这说明，不同方言群仪式专家既互相渗透与影响，又力图与原有的仪式传统相结合。早在20世纪60年代，珠光书院就组建了福莆仙舞狮队，由福清磁灶兴化人陈先生发起，后一度解散，1988年重建。他们也曾经到新加坡天性祠招募年轻人前来学习。今天的居銮福莆仙舞狮队在当地已小有名气，经常参与各种活动。

吉隆坡的三教堂是新马兴化人的仪式中心。新加坡兴化人木偶剧团解散后，将全部的演出用品存放至三教堂。三教堂对面是雪兰莪兴安会馆，附近还有许多兴化饮食商店。三教堂农历七月十六至十八日会举行盛大的超度仪式。

在马来西亚沙捞越的诗巫地区，兴化人主体是于100年前由蒲鲁士牧师带来垦荒的兴化人后裔，其后更多兴化居民自发来到诗巫垦荒，亦有从事交通行业与捕鱼的兴化人定居于此。他们来自兴化地区的灵川张边村、江口陈氏、平海石城周氏、西刘刘氏、郊尾杨氏、溪埔郑氏。现有两座兴化人的基督教堂，即天锡堂和天道堂，也是教派组织的庙宇。这两座教堂

---

① 杨文进访谈笔记：2016-11-21，马来西亚居銮珠光书院。

的信徒，主要是来自仙游县的垦荒移民，他们定居不久即创建教堂，至今已有 100 多年的历史。海外兴化人基督教会的发展历程较为复杂，不同于其他民间教派，本书暂不展开讨论。

第二节　同乡组织的庙宇

在东南亚兴化人的定居过程中，逐渐形成了各种同乡组织的庙宇。早期的同乡庙宇，以新加坡兴安天后宫为代表。到了 20 世纪 50 年代，东南亚各地的兴化移民陆续入籍定居，开始创建各种原籍村庙或区域性庙宇的分庙。这些同乡庙宇的形成与发展过程，集中反映了东南亚兴化人同乡组织的演变趋势。

一、兴化人的早期庙宇

1. 兴安天后宫

兴安天后宫创建于 20 世纪 20 年代，据说原来也是神坛，后来改建为南洋莆田会馆的庙宇。兴安天后宫供奉来自兴化湄洲岛的海神妈祖，即天后（天上圣母）。早期兴化移民下南洋，大多先在新加坡居留，为了答谢海神庇佑，就在新加坡设坛祭拜。1920 年，新加坡兴化人发起创建南洋莆田会馆，同时集资筹建兴安天后宫，宫中仍存有 1926 年的瞻拜牌。[①]

兴安天后宫的主神为天上圣母和谢大爷，陪神为瘟部大神、陈氏真人、瘟府姨妈、灵宫天君、张公圣君、观音大士、田公元帅、柳金圣侯。传说谢大爷塑像是当年天后宫演出目连戏时，由剧团演员从老家带来的，后来成为兴安天后宫的主要护法神。莆田会馆有了自己的庙宇后，其仪式活动有别于其他三个兴化人会馆。除每年一度的新春团拜、端午节、中秋节之外，莆田会馆每逢农历二月初的头牙、三月二十三的天上圣母诞、五

---

① "三庆大典"纪念特刊编委会：《莆田会馆兴安宫荔城俱乐部史略》，载《新加坡莆田会馆兴安天后宫八十六周年荔城俱乐部五十五周年三庆纪念特刊》，2008：14—15。

月初九的谢大爷诞①、七月的中元节、十二月十六尾牙，都要邀请兴化木偶戏班"新和平"演戏助兴。此外，兴安天后宫常年对外开放，经常有各地信徒前来烧香、占卜，也有不少家族在此举行法事。

每年中元节的"莆田公建普度"，是兴安天后宫最为重要的仪式活动。每次公建普度都要组织专门的理事会，使莆田会馆具有仪式团体的特点。笔者曾看到如下公告：

> 本宫一年一度循例，谨订农历七月十八、十九日为中元普度日，欣逢地宫赦罪之辰，特备举行，恭请道士宣经，启建道场，虔修蒙山胜会，敬演木身目连，宣扬善恶，超荐十方水陆孤魂及内外一切幽魂，宏施大愿，普济贫穷，脱离苦海，拔度同登乐境，共赴超升。
>
> 凡欲超荐过往始祖考妣、内外亡亲等魂信士者，即可向本宫理事报名，以便登牒，是为至盼。
>
> 各界四方仁人善信，热心赞助，慷慨乐捐，功德无量。
>
> 合郡平安，生意兴隆，特修布闻。
>
> 天运丁亥年六月初一日，莆田普度理事谨告。②

一年一度的"莆田公建普度"已经成为兴安天后宫特有的仪式传统，为此而组成的"莆田普度理事"是相对独立的仪式团体。除此之外，莆田会馆中还长期存在荔城俱乐部、佛教团体结缘会等社团，这些也具有仪式团体的性质。

其实，东南亚各地的兴安会馆都会附设有天后宫或其他教派庙宇，主祀兴化地区的代表性神明。例如太平兴安会馆二楼为三一教崇圣宫、芙蓉兴安会馆二楼为天后宫；霹雳兴安会馆二楼为天后宫，并祀三一教主，农历三月二十三聘请居銮珠光书院五个经师举行仪式，并定期开坛扶乩。③东马古晋设有兴安天后宫大厦，毗邻兴安会馆，共享一套祭祀公业。④ 麻

---

① "三庆大典"纪念特刊编委会：《谢府大爷与弘仁祠》，载《新加坡莆田会馆兴安天后宫八十六周年荔城俱乐部五十五周年三庆纪念特刊》，2008：112；王金棋访谈笔记：2007-6-2，新加坡兴安天后宫。据传说，1954年以来新加坡演出目连戏的演员（旦仔春），从涵江下坂的弘仁祠（供奉黄李谢三位大爷）带来谢大爷的神像，后来就供奉在兴安天后宫。

② 新加坡兴安天后宫：《莆田天后宫公建普度》，2007。

③ 调查笔记：2008-8-14，马来西亚太平、霹雳。

④ 调查笔记：2008-8-18，马来西亚古晋。

坡兴安会馆三楼设立天后宫，并祀三一教主，农历三月二十三由本坡兴化净业寺僧人主持仪式。[①] 太平兴安会馆四楼设有崇福宫，崇奉观音大士、天后、三一教主诸神。[②] 此类会馆与附属庙宇的关系，有待另文探讨。

2. 福莆仙联谊社

芙蓉坡的福莆仙联谊社，全称为"福莆仙普度联谊社"，又称观音亭。此庙平常不对外开放，但每年七月都要举办中元普度仪式，据说从日据时代至今从未间断。不过，福莆仙联谊社最初可能只是临时性的办事机构，近年才发展为正式的同乡组织。1999年编撰的社史记载：

> 本庙原系板屋搭建而成，至今已有二十余载，年久失修，兼蚁虫侵蛀，东补西漏，破烂不堪。同乡有鉴于此，特成立委员会，召集筹募重修基金。承蒙诸商家热心，及善信人士出钱出力，重新就地改建成双层楼洋灰砖壁庙宇，庄严巍峨，美丽雅观，确实可喜可贺。[③]

此次重建观音亭的捐助者，主要是当地的36家兴化人企业，其中福源隆、德兴工业各捐2.5万元，复喜新合记、金福机械各捐7000元，万祥家具、瑞发家私、合益贸易、长山电器各捐5000元，胜丰摩托捐3000元，忠和摩托、南发脚车、万发机械、瑞裕摩托、万成、万盛胶轮、美新兴摩托、联合摩托、机发摩托、顺利发家私、胜利摩托、庆丰电器各捐2000元，丰隆摩托、王振逊公司、利和摩托、成兴摩托、丰美电器、南方公司、城发汽车、寰球电器、新华合摩托、荣美摩托、合兴汽车、三和汽车、振兴摩托、黄摩托、德胜号等各捐1000元。这些企业主后来都成为联谊社的普度主席、福缘主、功德主、虔诚主、理事主、董事长、董事、名誉社长等，甚至在观音亭的建筑上也有署名权，例如"普度主席关凤声礼堂""福缘主黄传新佛堂""功德主黄南兄功德堂"等。在这里，我们似乎又看到了同业公会的翻版。

此次庙宇重建工程历时两年多，至1999年底完工，建成了如下庙宇格局：

> 底楼中厅奉观音佛祖暨诸仙佛普度堂，两边供奉文殊、普贤、南北都星君诸神，前厅左右监斋王、招面佛菩萨，后厅左右阎君、库

---

① 调查笔记：2008-8-21，马来西亚麻坡。
② 新加坡兴安天后宫：《莆田天后宫公建普度》，2007。
③ 马来西亚芙蓉坡福莆仙联谊社：《福莆仙联谊社简史》碑，1975。

官、将军等，备醮筵满堂，办中元普度。亭前拜佛诵经，以供四方善信求拜，诸神赐福。亭外有南无阿弥陀佛牌匾，左祠功德堂，供奉地藏王、目连尊者暨大伯公福德正神及古坛公妈等，供拜忏超度众生灵位之祠。墙外两边，供奉寒林所，秋祭中奉万灵公、阴阳司左右众神明，墙边供寄牒灵位，以供福莆仙子民同拜。①

联谊社还在顶楼崇祀释迦牟尼、观音大士、弥勒佛祖、韦驮神将、关圣帝君和福德正神，一楼供奉观音、韦驮尊者、关圣帝君、赵公明、张公圣君等。这些神像造型偏小，据说都是当地福莆仙弟子寄放于此的家神。在每年的中元普度仪式之前，各弟子会把神明请回家中，之后再送回庙中供奉。

福莆仙联谊社的庙宇建筑，主要用于中元普度仪式。尤其是一楼的功德堂作为"供拜忏超度众生灵位之祠"，供奉地藏王、目连尊者、古坛公妈暨历代祖先，突出了该建筑作为超度场所的主要功能。二楼专门安排了木偶戏艺人和仪式专家的住所，这也是为每年的中元普度仪式设计的。不过，当地的兴化同乡对联谊社的现有建制和规模并不满意，他们表示还要继续扩建和改建，使之发展为更具开放性的正规庙宇。

在芙蓉坡兴化人中，一年一度的中元普度是最为隆重的节日，因为这是敬奉神明、普度孤魂、祭拜祖先的综合性节日。在普度仪式中，不仅要请"和尚师傅及木偶戏班"等仪式专家，而且每家每户都要携带供品到此祭拜。因此，福莆仙联谊社既不同于同业公会和同乡会馆，也不同于宗亲会和教派团体，可以最大限度地联络同乡的感情，强化兴化人的文化认同。当地商业精英积极参与福莆仙联谊社和普度仪式，自然有助于扩大其社会影响，消弭与普通民众之间的隔阂。

二、原籍村庙的分庙

东南亚各地的兴化人庙宇，大多是由同村移民创建的。这些庙宇主要供奉原籍的神明，甚至沿用原籍的庙名，可以视为原籍村庙的分庙。例如，新加坡现存的兴化人庙宇，主要有原籍福清江兜村的昭灵祠、江口山兜村的青云庙、江口厚峰村的显应宫、江口石狮村的凤来宫、涵江后郭村

---

① 马来西亚芙蓉坡福莆仙联谊社：《福莆仙联谊社简史》碑，1975。

的仙宫堂、涵江田头村的重兴祖庙、梧塘漏头村的崇福堂。此外，原籍涵江洞湖村的碧云亭，于 20 世纪 90 年代并入会庆堂；原籍江口西刘村的凌霄殿、涵江埔头村的新丰南社、梧塘梧梓村的苍龙坛已退神回乡，不复存在。下文着重考察此类庙宇的创建过程，并分析其社会功能和象征意义。

1. 昭灵庙

前已述及，原籍福清新厝江兜村的王氏族人，早在 19 世纪中叶已来到新加坡，并带来村中昭灵庙的柳金圣侯神像，设立了祭拜的神坛；但直到 1955 年江兜王氏才在新加坡独立建庙，供奉原籍村庙的主要神明。碑记记载：

> 为感神灵恩德，一九五五年间，众称"五仔"前贤之荣贵（攀仔）、贤雅（妹仔）、贤凤（毛小仔）、振春（貌仔）、声攀（阿路毛小仔）合力发起，按祖庙神像重新全塑，并开光晋殿。幸得亚细、文贵、声厚、文珍、声基、栋良、亚兴、玉坤、金水诸君拥护，即有今日供奉之三殿真君、法主仙妃、宣赞元帅、达地圣侯、柳金圣侯、金韩二将、白马元帅、尊主明王、后土夫人。[1]

江兜位于兴化平原江口溪的入海口，地处福清、莆田交界地带，行政上隶属福清，但境内通行兴化方言，因而被视为兴化人。江兜村内划为福山、菜园、北片、过坑、界下、三座厝、企厝、南山、溪白等聚落，居民单一王姓，现有 2000 多人，分为五个房头。据估计，江兜村的海外乡亲有 1 万多人，主要分布在东南亚地区，近年也有不少新移民前往欧洲和美洲各地。[2]

江兜王氏的开基祖严清公，原籍南安石鼻尾（或称象鼻尾），明万历年间为避倭乱，率五子来此定居。另据传说，江兜村内原有王、林、程、欧四姓，经常发生纠纷，众姓因此捽碗打赌，约定哪一姓氏的碗捽不破，全村人就集体改用这个姓，所以现在均为王姓。[3] 除江兜外，新厝境内的钟前、加头、桥尾、大沃、峰头、东澳、海岑、下埔、磁灶、界下、双

---

① 新加坡昭灵祖庙：《重建碑记》，1998。
② 调查笔记：2009-2-18，福清市新厝镇江兜村。
③ 《韶溪江兜王氏族谱》，王声远抄本，年代不详；王瑞龙等搜集、王振南编写：《江兜严清公兴信房企座孔良、孔云昆仲世系谱简表》，1996；《江兜王氏宗祠扩建碑记》，2007。

屿、后屿、新厝、凤迹、岭边、蒜岭均属兴化方言区，同时也都是著名的侨区。在神庙祭典中，新厝兴化人有自己的千佛庵五皇大帝祭祀典礼，同时隶属更高层次的江口东岳观注生大帝巡游系统。

江兜村的主要神庙是昭灵庙，还有千佛庵、明善寺、北极殿等佛寺和神庙。昭灵庙在每年三月初九、五月十三、六月初十、八月初一和十月十一，都要举行神诞庆典，演出酬神戏。每年正月初九拜玉皇大帝；正月十四举办元宵庆典，由柳公圣侯、宣赞元帅、法主仙妃的神童表演采花仪式；正月十五封宫门。仪式所需费用按照全村丁口集资，移居海外的乡亲一般也要交丁口钱。

20 世纪 60 年代以后，昭灵庙经历了多次搬迁和重建，但都尽力维持原籍村庙的规制，使之成为海外乡亲的仪式中心。碑记记载：

> ……建委会大兴土木，并派遣代表团返回故里祖庙考究，均认为庙内神像不凡，人物、护栏、神龛精雕细刻，后悉乃出自南宋名家珍品，遂邀雕刻大师，按不逊祖庙工艺精雕细琢……，耗时四年完成……①

2. 青云庙

原籍江口山兜村的青云庙，筹建于 1950 年，建成于 1956 年，现在位于阿苏（Ah Soo）11 巷 20 号的青安锦联合庙内。此庙的创建过程，集中反映了降神传统在民间文化传承中的重要意义。1999 年编撰的庙史记载：

> 1949 年，己丑年，因莆田解放，囊山山兜村改革，众乡亲带纠察大神香火来到新加坡万山街 72 号楼上，将纠察大神香火挂在福德正神右边神台处。

> 1950 年，庚寅年，九月初九日庆祝纠察大神寿诞，初十夜纠察大神显圣附身林春烟，灵牙将军择林玉泉。卓坡村新兴社张公圣君降童批示，纠察大神要在新加坡建分庙，设坛救世，众同乡筹备建庙事宜，雕塑金身。

> 1951 年，辛卯年，租用仰光律 91-C 号为暂时庙宇。1956 年，丙申年，自建庙于碧山镇，该年 8 月搬进新庙宇。②

可见，在 1949 年以前山兜人并未在新加坡供奉村庙的神像，1949 年

---

① 新加坡昭灵祖庙：《重建碑记》，1998。
② 新加坡青云庙：《青云庙历史简述》，1999。

后才请原籍香火南下。当年的建庙发起人之一陈文龙回忆：

> 1951年，家里不能拜了，最初我们在万山街的山兜人力车工人宿舍——Rangoonr 91-C（仰光律，租房），到了1955年再建独立的庙宇于 Lorong Zaitun（刺桐罗弄，1万元）。1982年搬到这里，花费100万，其中地皮71万。最重要的是因为纠察大使降神，所以起庙。发起的11人都是从事交通行业，我当过主席，有一个黄德钰是乩童。①

从青云庙碑铭等调查资料可以发现，新加坡青云庙的创建过程，先是由同村乡亲请纠察大神的香火南下，再借助神明"显灵"附体发起塑神像和建庙宇。在庙宇建成之后，为了团结所有海外同乡，其神明谱系也不断扩充。根据我们在新加坡与兴化两地的调查资料，新加坡青云庙虽然沿用了祖籍的庙名，其神明谱系却吸纳了山兜其他村庙如庆寿坛的神明，除了奉祀祖籍青云庙的纠察大神九使爷、十使爷、十一使爷和刘氏太夫人，也奉祀庆寿坛的邱公元帅与张公圣君。农历四月二十七是邱公元帅诞辰，青云庙的弟子一般都会在庙中集合，设筵祝寿，并举行神童行傩仪式。

碑刻中还提及一个重要的细节，就是"卓坡村新兴社张公圣君降童批示，纠察大神要在新加坡建分庙，设坛救世"②。既然本村的纠察大神与白牙将军已经降乩，为何还要请示其他村庙的神明？这说明早期山兜人在新加坡与卓坡人关系较为密切，可能居住在同一个人力车夫宿舍内。在青云庙的呼神簿中，卓坡新兴社的张公圣君至今仍是必须召请的神明。卓坡原称卓埔，现有3000多人，在海外的乡亲为数不少。其村庙新兴社现存"1957仲秋全体华侨重修"和"岁次壬戌年桂月吉日华侨民众振兴"的题刻，其中壬戌年是1982年。就目前所知，卓坡在海外似乎未有自己的庙宇，但由上述题刻可见，海外乡亲在卓坡具有一定影响力。

山兜自然村又称南山、囊山，属坂梁村，现有1600余人，其中信仰基督和天主的约100多人。山兜是传统侨村，老移民主要分布在新加坡和马来西亚的巴生、吉隆坡等地，80年代以来的新移民有300多人，主要前往新加坡、以色列、意大利和英国。50年代倡议修建青云庙时，新加坡的山兜人只有18人，但他们认为建立庙宇作为同乡聚会场所是很有必要的。2008年，山兜人的乡老是103岁高龄的叶阿趓先生，他是当年建庙发起人

---

① 陈文龙访谈笔记：2008-8-1，新加坡青云庙。
② 新加坡青云庙：《青云庙历史简述》，1999。

之一。新加坡的山兜人至今仍有非常强烈的同村观念。他们曾对笔者说：

> 你们过来探亲，就在庙里住好了。你看我们村的庙，在新加坡有一个（分庙），多方便。电话打一下，大家就来这里见面了。①

在新加坡青云庙的呼神簿中，这种同村观念也表露无遗：

> 伏以青开黄道，纠察大神，菊月星辉称寿诞；云驻星岛，乡侨教庇，焚香庆赞祝嵩呼。兹据中国福建省兴化莆田市唐安乡永丰里琼山境福寿社人氏，今寄寓新加坡共和国等地各铺家居住，筵设后港五个石罗弄亚思第十一街门牌二十号……②

新加坡青云庙除上述神明外，还供奉九皇大帝、观音大士、福德正神、虎爷、值年太岁、文武中军等地方神。每年正月十五演戏庆祝元宵，四月廿七举行邱公圣侯诞辰庆典，九月初九举行九使爷诞辰庆典，演戏酬神。青云庙有坛班组织，隶属"庐山大法院"系统，于 1971、1979、1983、2002 年先后举行四次"关戒"仪式，教下辈分排行为"青气光华舒锦绣，云霞彩艳耀人文"。庙中的纠察大神、齐天大圣和张公元帅都有乩童，每月初一、十五都会为信徒扶乩问事。

3. 仙宫堂

原籍涵江后郭村的仙宫堂，始建于 1955 年，由新加坡与马来西亚各地的同村移民共同创建。新加坡仙宫堂碑文记载："一九五五年，本村华侨陈秋炎、刘珍妹两位先生，在新加坡出重金买土地，发动新、马华侨解囊捐资，建设仙宫堂分宫。"③ 东南亚的后郭人除了聚居于新加坡之外，主要分布于马来西亚的曼丹、芙蓉和麻坡。据说当年创建仙宫堂的发起人有 30 多人，其中一位重要的发起人是后郭仙宫堂敕水灵官的神童刘珍妹。刘氏也是新加坡樟宜巴士公司的大股东，有 8 个儿女，家族现有 100 多人，大多居住在仙宫堂附近，至今对仙宫堂的发展和管理都有很大影响力。其实，新加坡仙宫堂的教下和庇下弟子，大多与樟宜巴士公司有密切关系，如创建庙宇的另一主要捐助者陈秋炎家族，也是该公司的大股东。④

新加坡仙宫堂的主神为保生大帝、太乙仙姑，陪神为马公元帅、观音

---

① 陈文龙、叶金星访谈笔记：2008-8-1，新加坡青云庙。

② 新加坡青云庙呼神簿：《纠察星辉，财赐侨乡》。

③ 新加坡仙宫堂碑刻，年代不详。

④ 访谈笔记：2007-6-3，新加坡仙宫堂。

大士、玉皇大帝、显圣尊侯、齐天大圣、玄天上帝、敕水灵官、田公元帅、都天元帅、飞天大圣，堂外另有明德堂福德正神。本庙坛班现有40多人，隶属"金轮大法院"教派，至2003年已经举行6次"关戒"仪式，其教下弟子可以重复参加关戒。每年农历四月十八的太乙仙姑诞辰、六月初六的福德正神（土地公）诞辰、三月十五的保生大帝诞辰，都要聘请兴化木偶戏班演出，同时也要举行神童"行傩"表演。以前仙宫堂的仪式都是请兴化老道士余梦维主持，余道士过世后改由乡老主持，2007年的乡老为86岁的陈金秋先生。①

在原籍兴化，后郭村是较早兴起的典型侨乡，海外移民对乡族事务历来都有较大的影响力。在后郭仙宫堂中，现存有民国丁丑（1937）年的宫禁碑刻，详细记述了海外乡亲回乡倡修庙宇和制定乡约的经过。② 不过，后郭村与周边村落的关系似乎比较紧张。本村现有4000多人，海外移民与原籍人数大致相当，居民以陈姓为主，另有刘、林、曾、蔡、郑、赵、张等小姓。据村民传说，后郭原称"后郭塘"，是围海造田形成的村落，"过去是港口，东面是大海"③，海水涨潮可以直接涌至仙宫堂宫门口；后郭与石庭毗邻，过去经常有田地纠纷，后来后郭出了一位武举人，在石头上刻了"后郭塘"三字，投进两村交界的水塘中，县令审案的时候在塘内挖出石刻，遂将附近田地划归后郭。当地关于仙宫堂保生大帝来历的传说，也反映了后郭与周边村落复杂的历史恩怨。据说保生大帝原来在涵江塘头村的会庆堂，后来"托梦"说本堂神明太多，于是后郭的武举人就去会庆堂将保生大帝偷来，供奉在仙宫堂内。在晚清至民国时期的"乌白旗"械斗中，石庭和塘头都属于白旗，而后郭则属于乌旗。这种源于祖籍地的乡族矛盾，也会强化海外后郭人的同村认同意识，促成了庙宇与仪式团体的独立发展。

4. 重兴祖庙

原籍涵江田头村的重兴祖庙，创建于1957年，与仙宫堂相邻。有趣的是，田头与后郭在原籍也是相邻的村庄，属于同一个仪式联盟，即后郭四

---

① 访谈笔记：2007-6-3，新加坡仙宫堂。

② 郑振满、丁荷生：《福建宗教碑铭汇编·兴化府分册》，福州：福建人民出版社，1995：368—369。

③ 新加坡仙宫堂管理委员会：《仙宫堂·前言》，2008：1。

社。田头村现有 1200 多人，以佘姓为主，另有董、林、康、李等小姓，海外移民约 1000 人。在新加坡，田头人与后郭人在生意上有密切的合作，但重兴祖庙与仙宫堂之间的关系颇为微妙。我在重兴祖庙访谈时，庙宇主持人问我：

> 你这一本是介绍新加坡庙宇的书，他们后郭宫有没有在里面？我知道我们田头宫没有被写进去。①

新加坡重兴祖庙在建庙以前，借九鲤洞供奉本庙神明。50 年代后期，樟宜巴士公司和侨联金融的股东佘文贤出重资购买地皮，使庙宇得以顺利建成。重兴祖庙的主神为张公圣君，陪神为尊主明王、后土夫人、太乙仙姑、齐天大圣、玄坛元帅、田公元帅、法主仙妃、萧公大圣、伽罗大圣、许使者、张使者、福德正神，与原籍村庙一致。其中张公圣君、齐天大圣、玄坛元帅、伽罗大圣都有神童，隶属"庐山大法院"系统。教下弟子有 30 多人，已经"关戒" 8 次，最近的一次是 2004 年，聘请 5 个兴化本土道士到新加坡主持仪式。每年正月初四和十三庆贺元宵、七月廿三张公圣君诞辰、中元节普度，都要举行神童行傩仪式，并演戏酬神。

重兴祖庙每个周末都要举行扶乩问事仪式，一般在周六 22 点左右开始，实际上是同村人的定期聚会。大约在 20 点以后，乡亲们就会陆续来到庙里，沏茶聊天。到了 22 点，有三个乩童开始降乩：他们先听问事人讲述情况，然后吟诵咒语，把乩头在庙外和庙内的香炉上各绕一圈之后，插上朱笔，正式降乩批示。"神谕"先写在乩桌上，再记录在黄表纸上。其实，真正来庙里问事的人并不多，庙方甚至还主动问我是否需要问事。② 不过，这种每周一次的降乩问事传统，使庙宇成为同村移民定期聚会、联络乡谊的场所。③

新加坡的兴化移民在经济活动中既有长期的合作关系，也存在竞争关系。例如，新加坡樟宜巴士公司的主要股东都是兴化人，但是除后郭、田头人之外，其他兴化人鲜有机会进入公司工作。原籍涵江塘头洞庭村的刘文銮先生说：

> 1956 年，我当时 9 岁，来新加坡和阿爸团聚，读过建华小学和华

---

① 访谈笔记：2008-8-5，新加坡重兴祖庙。
② 访谈笔记：2008-8-5，新加坡重兴祖庙。
③ 访谈笔记：2008-8-5，新加坡重兴祖庙。

民小学。我是坐货船过来的，走了半个月才到。我阿爸是逃壮丁下南洋的，先坐车到汕头，几天后坐海环客运到新加坡。我16岁开始修理脚车，17岁做小孩玩具车，1969年开始做公交车检票员，工资是5元一天。当年还是用假冒亲人的方式进入樟宜巴士公司，因为他们的公司只让他们自己后郭、田头人去做，就像他们的庙宇，至今也不让我们其他兴化人参加。[①]

由于后郭人与田头人在经济竞争中处于优势地位，仙宫堂和重兴祖庙也在兴化人庙宇中划出界线，至今不接纳其他兴化人加入其坛班组织，遑论其他方言群的人。这种庙宇活动的参与权及其排他性的运作方式，是兴化人内部社会经济关系的生动写照。

5. 崇福堂

原籍莆田梧塘镇漏头村的崇福堂，创建于1961年，现址位于武士革（Wolskel）路9号。崇福堂隔壁是一个车轮公会，最初由7个兴化人发起创建，其中梁永松同时也是崇福堂的发起人。当年建庙发起人之一王金棋先生介绍：

> 我们这个庙当时有4位发起人，我们到马来西亚的北极殿问卦扶乩，批示为"三人同行见诚心，功德做成振嘉声"，果然后来一人退出。我在1964年练习扶乩，开始降乩玄天上帝。[②]

这些发起建庙的漏头人，据说每人捐献了5000元新加坡币，这在当时是很大的数目。至于建庙原因，王先生说：

> 唐山来信，我们老家的庙，解放后就被砸了，不能拜拜了。菩萨不能不拜吧，所以我们几个漏头人就想办法在南洋建庙了。[③]

王金棋既是崇福堂的发起人，目前也活跃在兴安天后宫和兴化人各大庙宇的仪式活动中。他出生在祖籍，13岁来南洋谋生，最初在叔叔的轮胎公司工作。50年代经营瑞兴轮胎，曾拥有庞大的产业，据说仅瑞兴招牌就价值50万美元。后来生意衰败了，据说是被他的堂弟挥霍殆尽。他现在活跃在兴化人庙宇之间，热衷于参与各种庙务。

在兴化原籍，漏头既是多姓村，也是自成体系的仪式系统。现有2200

---

① 刘文銮访谈笔记：2008-8-2，新加坡青云庙。

② 王金棋访谈笔记：2007-5-27，新加坡兴安天后宫。

③ 王金棋访谈笔记：2008-8-1，新加坡兴安天后宫。

多人，主要有王、梁两大姓，另有陈、刘、吴、郑、黄、许、李、林等小姓。在神庙祭典中，主要按姓氏和聚落分为首社（黄）、中社（梁、许、吴）、西社（柯、林、曾、刘）、东社（王）四社，每年元宵节都要举行联合巡游仪式，社区关系相当紧密。这种源远流长的社区认同与合作关系，在新加坡漏头人中也得到了印证。

新加坡崇福堂奉祀观音大士、齐天大圣、玄天上帝、玄坛元帅、正一灵官、张公圣君、虎爷、四圣。庙中现有玄天上帝的神童，隶属"金轮大法院"教派，教下弟子约30人，但未举行关戒仪式。每年农历二月初和八月初八演戏酬神，二月初的仪式由福禄寿三炉主主持，八月初八的仪式由福禄寿喜四炉主主持。

6. 其他村庙和祠堂

我在新加坡调查期间，未能探访少数已知的兴化人庙宇；回到兴化后，我又专程去这些庙宇的原籍地访问，间接地补充了一些基本资料，在此附带说明。

原籍莆田江口厚峰村的显应宫，主祀监雷御使张公圣君。此庙据说最初由一批的士司机发起建立，原址在樟宜8巷，后迁至三兴汽车机件贸易公司楼上。显应宫平日鲜有开门，笔者多次探访都未能如愿。在后峰村的实地调查中，我们还发现了新加坡清静坛的捐款题刻，这个清静坛是否在显应宫内，目前也不得而知。

原籍江口石狮村的凤来宫，据说始建于明代，主祀玉皇大帝，陪祀杨公太师、田公元帅、齐天大圣、天上圣母、文昌帝君、魁斗星君、白牙中军、武元帅。原籍的乡民都知道凤来宫在新加坡立有分庙，其规模较小，其他状况不明。

在东南亚各地，凡是兴化人较为集中的地区，通常都有原籍村庙的分庙。例如，印度尼西亚雅加达的汾阳庙，为福清岭边人的村庙；雪峰寺，为福清蒜岭人的村庙；巨港德敬堂，为江口顶坡人的村庙。马来西亚吉隆坡有许多来自惠安北部的兴化人，他们大多有各自的村庙，如南埔人有龙兴宫（主祀天上圣母）、南庄人有回龙宫（主祀大圣爷）、大路人有龙盘宫（主祀顺天圣母）、柯寨人有龙兴宫和永安府（主祀保生大帝、陈公爷、顺天圣母）、楼仔下有新龙庙（主祀杨公太师与金大人）；金马伦也有惠北人奋龙宫（主祀司马圣王）。吉隆坡还有枫亭三十六乡的麟山宫与华亭的安乐庙，马六甲有原籍江口刘井的崇清观（主祀朱公元帅）。① 怡保有原籍江口坂尾的显应坛，主祀玉皇大帝、玄天上帝、天上圣母、三元博济真君、张公元帅、万朝大将军、韦驮大将军、蔡府大爷、方伯二爷，其中张公元帅有乩童，农历六月二十和七月初一占卜选炉主，每周五和初一开乩问事，届时芙蓉坡兴化人会大批前来参与仪式活动。

在兴化地区，凡是海外移民较多的乡村，其村庙在东南亚地区通常有不少分庙。20 世纪 50 年代，石庭黄氏在马来亚芙蓉坡创建了东天宫和福兴南社，在印度尼西亚棉兰市创建了石庭宫；而石庭人主导的新加坡九鲤洞，原已奉祀石庭宫的神明昊天帝子和柳金圣侯，又于 1961 年创立了石庭人的祀典组织"柳金会"，实际上是石庭人的同乡会，对外则号称石庭宫②。这些庙宇每年都要定期举办各种仪式活动，对维系同乡认同发挥了重要作用。据说黄氏石庭宫在马来西亚原有四座分庙，号称东西南北四天宫，目前仅存森美兰芙蓉坡的东天宫。③ 此庙始建于 1951 年，中殿奉祀原籍石庭宫的神明，左殿奉祀原籍福兴社的神明，右殿奉祀原籍明安殿的神明，后殿供奉石庭黄氏历代祖先的牌位。自 60 年代以来，芙蓉坡东天宫已连续举办 14 届持戒仪式，现有坛班弟子 60 多人，皆为来自石庭村的黄氏族人。东天宫现存的 1980、1982、1984 年的捐款碑记，记载了来自庇胜坡、林茂、丹戎、怡保、淡水、柔河、瓜胜沙花、仁加隆、马六甲、野新、芭冬、吉隆坡、巴生、新山、槟城、安顺、新加坡等地的黄氏族人。此外，在印度尼西亚的棉兰市，也有石庭黄氏族人创建的东天宫，实际上是苏门答腊岛黄氏族人的仪式中心。

20 世纪 50 年代，芙蓉坡东天宫弟子（三轮车夫）迁往怡保，带去本宫香火；约在 70 年代，东天宫在怡保正式建立分庙。此庙目前仍然由石庭黄氏族人负责，但是已无坛班持戒传统，神明谱系也日益复杂化。怡保东天宫主祀九王爷，陪祀三一教主、法主仙妃、三殿真君、尊主明王、后土夫人、广泽尊王、哪吒、昊天帝子、灵光大帝、观音菩萨、妈祖、注生娘娘、财神爷、大伯公、关圣帝君等。九王爷反客为主，成为怡保东天宫的主神，而东天宫原有的三殿真君、法主仙妃成为陪神，并呈现了三一教化

---

① 调查笔记：2008-8-15，马来西亚吉隆坡。

② 新加坡石庭宫即附设于九鲤洞中的"柳金会"。

③ 也有一说认为安邦南天宫原属兴化山兜村，后为其他方言群接管。

的趋势。农历九月的九皇诞，庙内经师自行主持仪式，从九月初一开始抬轿接神：初一为王灵官、初三为九王爷、初六为斗母娘娘和天上圣母、初七为清水祖师、初八为文武列圣，初十抬轿送神；农历七月二十二至二十四举行张公圣君神诞与普度仪式，七月二十八、二十九举行地藏王菩萨神诞庆典。可以看出，东天宫原有的仪式传统在逐渐弱化或改变，扶乩与持戒的传统已经中断。①

在海外兴化人聚居区，还形成了各自的祠堂系统。在海外石庭人的主要聚居地，陆续建立了一些黄氏祠堂和宗亲会。1951年，聚居于马来亚森美兰芙蓉坡的黄氏族人，在创建东天宫和福兴南社之后，随即在庙宇后殿建立了黄氏祠堂，此后又建立了"森雪隆甲石庭江夏堂联宗会"，实际上是西马地区黄氏族人的宗亲会。50年代，聚居于印度尼西亚苏门答腊岛棉兰市的黄氏族人，在创建石庭宫的同时，也在庙中建立了黄氏祠堂。不过，在60年代印度尼西亚当局排华之际，棉兰的石庭宫和黄氏祠堂都被迫关闭，黄氏宗亲的牌位移入当地的千佛寺。到70年代，棉兰市的黄氏族人重建了石庭宫和黄氏祠堂，同时建立了苏门答腊岛石庭黄氏宗亲联谊会，每年清明节、中元节和春节前夕都要举办祭祖仪式。②

海外石庭人创建的黄氏祠堂，主要奉祀在当地去世的黄氏族人，同时奉祀原籍的历代祖先，因而是当地所有黄氏族人的认同标志。棉兰市黄氏祠堂的牌位上书："福建莆田石庭村始祖黄虎公、配方氏孺人，暨历代考妣祖先公妈之神"，题款为："一九六八年岁次戊申年十月初十日，侨居印度尼西亚苏岛棉兰石庭黄氏裔孙奉。"③ 在芙蓉坡黄氏祠堂的神龛正中，有如下牌位：

> 石庭始祖虎公，行八十一，郡庠生，配方氏，子逢泰。
>
> 纨绔子弟逢泰公，字存象，行五十一，邑庠生，配吴氏，子率祖。
>
> 三世祖率祖公，字克循，郡庠生，配李氏，子泳、泽。
>
> 四世祖泳公，字德裕，行七十一，配淑氏，子公著。
>
> 四世祖泽公，字德润，行七十七，配方氏，子公谟、公烈、

① 黄浩财访谈笔记：2008-8-14，马来西亚怡保东天宫。
② 印度尼西亚棉兰石庭宫：《印度尼西亚苏岛福建莆田石庭黄氏宗亲会年度仪式》。
③ 印度尼西亚棉兰石庭宫：《石庭黄氏神主牌》，1968。

公启。

五世祖公著公，字惟弘，行三十七，卫庠生，配淑氏，子良守、良弼、良佑。

五世祖公谟公，字惟显，行四十五，郡庠生，配朱氏，子山斋。

五世祖公烈公，字惟承，行四十九，郡庠生，配吴氏，子威汉。

五世祖公启公，字惟佑，行五十，配留氏，子良守。

在牌位两侧还有如下题款："石庭始祖由莆田城内东里朝请公五房派下，元朝顺帝末明朝初传至九里洋永丰里黄宅村执教，而置田盖屋居住，地名为石庭村。五世衍传，朝请五房派下子孙奉祀。"[①] 这就是说，芙蓉坡黄氏祠堂奉祀的前五代祖先，是当地所有石庭黄氏族人都要共同奉祀的祖先。这一牌位立于"公元一九八二年岁次壬戌仲冬吉日"，可能是由当时组成的"江夏堂联宗会"立的。这一联宗会由森美兰、雪兰莪、吉隆坡、马六甲等地的石庭黄氏族人组成，一般于每年冬至举办会员大会和祭祖仪式。从该会的历年会务报告看，联宗会的日常事务主要是参加当地族人的婚礼、葬礼、祝寿等礼仪活动，强化族人之间的联系与互动。联宗会的另一项重要职能，是为会员子女提供奖学金。在 2011 年的会员大会中，有人对非黄姓子女领取奖学金提出异议，经讨论议决："妇女会员的子女应有同等的权益，不需要更改原有的奖励金规则。"[②] 由此可见，江夏堂联宗会不仅是宗亲组织，也是具有基金会性质的互助组织。

东南亚兴化人为原籍村庙和祠堂创建分庙，不仅有助于传承乡土社会文化，对海外移民的生存状态也有深刻影响。这是因为，以原籍村庙和祠堂为认同标志的同乡组织，为维持同乡同业传统奠定了坚实基础。

三、原籍区域性庙宇的分庙

在兴化，普遍存在区域性中心庙宇，一般称为"七境总宫"，即若干村落的"祖社"或"祖庙"。在东南亚兴化人聚居区，也有不少原籍区域性庙宇的分庙，由来自同一"七境"的同乡共同创建，如新加坡的安仁宫、灵慈行宫、昭灵祖庙、昭惠庙、濠浦社、鲤江庙等。这些庙宇未必属于全体同乡移民，奉祀的神明与原籍庙宇也未必一致，具有相对的开放性

---

① 摄于马来西亚芙蓉坡东天宫黄氏祠堂。

② 森雪隆甲石庭江夏堂联宗会：《2011、2012 年度董事会记录》。

和灵活性。

1. 安仁宫

创建于 20 世纪 50 年代初期的安仁宫，原籍莆田涵江安仁七境。安仁村下辖北港、周墩、下江、田岑、下方、加口等村，在神庙祭典中按社庙系统分为七境。位于北港的安仁祖社是七境总宫，主神为姚公元帅（社公）、张氏夫人（社妈）、张公圣君。每年元宵节期间，七境到祖社请神。据说以前有七境总元宵即联合巡游仪式。安仁七境是一个覆盖范围很广，而内部组织较为松散的仪式联盟。

新加坡安仁宫原址在碧山山顶，现为政府组屋区，1987 年迁往阿苏（Ah Soo）11 巷 18 号，与青云庙相邻。主要奉祀正一玄坛元帅、昊天帝子、五显灵官大帝、张公圣君、黑虎大将军、观音大士、齐天大圣、吉祥马贾、吴府大爷、大伯公、都天元帅，其中齐天大圣、张公圣君、昊天帝子、玄坛元帅、都天元帅、五显大帝都有神童。现有教下弟子 99 人，于1972、1978、1982、2003 年先后举行四次"关戒"仪式。每年正月十一、十二演戏庆贺元宵，六月十一至十三演戏庆祝神诞，七月第一个周末举行中元普度。每年通过卜珓选出福禄寿三个炉主主持仪式。

新加坡安仁宫虽然是以祖籍七境命名，其神明谱系却不同于原籍的安仁祖社。不过，庙宇主持人认为，他们的菩萨都是来自涵江安仁的，而且认为他们庙的等级比较高。他说：

> 我们的庙是来自涵江安仁的，就在现在那个兴化明珠附近，是我们的老家。我们是宫，不是庙，比他们青云庙、锦福庙规格都要高的。当时建这个联合庙时，我们抽签，就是抽在中间，青云庙的人不服气，要求重新来过，我们就再抽了一次，还是我们在中间，他们就无话可说，因为我们的"宫"比庙要大。①

其实，她并不清楚安仁宫在原籍是区域性中心庙宇，即七境祖社，这才是安仁宫的层次高于其他兴化人庙宇的主要原因，而庙宇的名称并不足以说明等级或规格。安仁宫与其他村庙的不同之处，直接反映在道士的呼神簿上，其文曰：

> 伏以安镇金沙，都天御史，瓜月星辉，庆赞荔月寿；仁宫思境，

---

① 陈四妹访谈笔记：2008-8-2，新加坡安仁宫。

文武诸神，千秋教庇，焚香虔心奉。兹据中国福建省兴化莆田市华侨人氏，今寄寓新加坡共和国等地各铺家居住，莚设后港五个石罗弄亚思第十一街门牌十八号安仁宫庇下……①

其中，安仁宫的弟子没有指出明确的祖籍境社，而是以"兴化莆田市华侨"笼统称呼；而如果是村庙的分庙，祖籍地的境名和社名一般都很清楚。如青云庙的呼神簿，明确说明弟子的祖籍地为"唐安乡永丰里琼山境福寿社"。②

新加坡安仁宫的由来，据说最初是由涵江周墩乩童从老家带来张公圣君的神像，立坛奉祀，后来才正式建庙。在建庙的8个发起人中，有3人是乩童。其中吴九章在老家时是张公圣君的神童，到南洋后初以拉车为生；另一个周墩人吴永钟，在老家是田公元帅的神童，他终生来回南洋与老家之间，最后落叶归根，终老故里。周墩的村庙永兴堂供奉田公元帅、张公圣君、白牙将军、齐天大圣、左右八班和大兄、二兄，其中田公元帅和张公圣君有乩童。因此，新加坡安仁宫主要继承了周墩村庙的仪式传统。

新加坡安仁宫的旧址在兴化人聚居的碧山田记园，因而吸收了不同祖籍地的兴化移民，如界外埭头后亭村、涵江游桥头村、濠浦西洙村、江口西刘村、涵江洞庭村都曾经有人参加安仁宫的仪式团体。1946年出生的安仁宫主席沈庆麟先生自述：

我是界外后亭人，是在老家出生后来新加坡的。小时候，我们这些兴化人都住在一起，就在当时安仁宫的附近。我10多岁开始参加庙宇活动，学习敲锣打鼓念咒语，也是那个时候开始学习兴化话，（因为我妈妈是福州人，所以最初只会说福州话。）15岁参加关戒，现在已经参加过3次。1996年第一次回老家。③

受到其他方言群影响，安仁宫还引入了"大伯公"的神明称谓。在神诞列表上，大伯公的生日是六月初六，实际上就是兴化原籍的"福德正神"。新加坡安仁宫的历史，集中反映了来自原籍不同村落的兴化人在移居地的聚居形态与社会整合过程。

---

① 新加坡安仁宫呼神簿：《御史星辉，财赐教民》。
② 新加坡青云庙呼神簿：《纠察星辉，财赐乡侨》。
③ 沈庆麟访谈笔记：2008-8-2，新加坡安仁宫。

2. 灵慈行宫

1961 年修建的灵慈行宫，原籍莆田萩芦灵慈七境。灵慈七境下辖东张、洪度、九丘、后亭、南山、安君、后坑、郭厝、下厝、田厝、北埕等自然村，现分属于东张、双亭、洪南三个村。位于洪度村的灵慈宫为七境总宫，主神为天上圣母。每隔十二年，请天上圣母巡游所属各境及邻近地区。目前，东张已不参加灵慈宫的常年仪式，但仍参加十二年一次的灵慈宫大巡游。

灵慈七境中九丘、洪度和南山三个村的海外人口较多。2007 年 5 月 9日，笔者在新加坡灵慈宫观看仪式，遇到了许多九丘李姓族人，主要来自新加坡和马来西亚的吉隆坡、柔佛等地。其中有个小朋友生于吉隆坡，定居新加坡，他的祖父李亚榜是本庙发起人之一。九丘李氏代表人物李竹庵、李庆传父子在当地兴化人中具有较高知名度。[①] 灵慈宫的呼神簿宣称：

> 兹据中国福建省兴化莆田市武化乡兴教里洪亭境灵慈宫崇兴、崇隆、崇福、安福、保福各社，今寄寓南洋新加坡大小坡地……[②]

其中崇兴社属洪度村，崇隆、崇福社属南山村，安福社属九丘村，保福社属郭厝村。由此可知，灵慈宫教下主要为这四个村社的海外移民。

灵慈宫的海外分庙号称"灵慈行宫"。新加坡灵慈行宫的神像最初安置于九鲤洞旧址对面的汽车修理厂，1961 年正式建庙，为永久地皮，现位于白桥排屋区内。灵慈行宫的主神为天上圣母、昊天帝子，陪神为库司大王、齐天大圣、张公圣君、司马圣王、黑虎大神、观音大士、无极元君、释迦佛祖、林公圣侯、天蓬元帅、柳金圣侯、福德正神，其中昊天帝子、库司大王、齐天大圣、千里眼都有神童。每年农历三月二十三妈祖诞辰、七月二十二中元普度、十一月二十三库司大王诞辰，都要由神童举行行傩仪式，并聘请兴化木偶戏班演戏酬神。

3. 昭灵祖庙

创建于 1961 年的新加坡昭灵祖庙，原籍涵江鳌山七境歧头村。鳌山七境现有 8000 多人，辖后黄、澳里、下社、下柯、顶柯、歧头六村，歧头村主要姓氏为龚、黄、刘。鳌山上的昭灵祖庙为七境总宫，俗称岩浔宫，主神为三殿真君、慈感娘娘，陪神为孚善圣侯（陈应功）、黄公二使、惠济

---

① 访谈笔记：2007-5-9，新加坡灵慈行宫。

② 新加坡灵慈行宫呼神簿：《帝蓬星辉，财赐乡侨》。

圣侯、妙观大师、赵公太师。每年正月初六为慈感娘娘诞辰，由所属各村轮流演戏，顶柯村则每年都抬神像回村看戏；六月初十为三殿真君诞辰，按头境（后黄、澳里、下社）、中境（下柯、顶柯）、尾境（歧头）轮流演戏，每年至少演戏十天。此外，三月十九的惠济圣侯诞辰，四月十四的孚善圣侯诞辰，各演戏数日，由各境代表组成的董事会统一组织。昭灵祖庙有历代古坛，现有神童十几人，已经先后举行四次"关戒"仪式，每次为期至少七天，而且必须举行"爬刀梯"仪式，在当地闻名遐迩。

鳌山七境在新加坡常住人口约有 300 人，加上新来务工人员约有 1000 人。新加坡昭灵祖庙位于奎因街，与九鲤洞隔街相望，现主要奉祀三殿真君、张公圣君、慈感娘娘、金玉朱、陈靖姑。每年农历六月初十的三殿真君诞辰、十月初九的金玉朱诞辰，各演戏二天。据说该庙 30 年前有金玉朱的神童，目前尚存降神用的《金玉朱神咒》，但已经无人扶乩。

在原籍昭灵祖庙诸神中，最初来新加坡的神明是金玉朱，亦称阿爷、三舍人。《金玉朱神咒》宣称：

> 谨请内殿三舍人，兄弟职亲金玉朱。
>
> 凡间有难来□请，无愿不从降来临。
>
> 生来六岁德聪明，七岁八岁真伶俐。
>
> 直到庐山来授法，归来兄弟随娘娘。
>
> 久著昭灵威万古，多赐福禄永来临。
>
> 遍满乾坤吾兄弟，驱邪破秽镇昭灵。
>
> 男女求嗣来祈祷，护法取功救万民。
>
> 三十六宫来助法，七十二院护石麟。
>
> 百花桥上展姓名，多蒙感应抱麟儿。
>
> 走马四时多庇佑，六七八岁三舍人。[①]

据此可知，金玉朱三舍人可能是兴化民间俗称的"走马舍人"，从庐山学法归来后，成为陈靖姑的部下，与三十六宫婆和七十二护院等女神都是儿童的庇护之神。

关于昭灵祖庙的三殿真君，在当地有各种不同的传说。一般认为，三殿真君原名张赵胡，是在瓜里长成的，由张、赵、胡三户人家共同抚养长

---

① 新加坡昭灵祖庙：《金玉珠神咒》，2007-8-23。

大。① 这一传说也见于福建沿海百姓耳熟能详的通俗小说《平闽全传》。当地民间还有另一种传说，把三殿真君解释为三兄弟，即三个不同的神。故事梗概是：当年杨文广平闽十八洞，三殿真君参与收妖，后来分别定居在江口郊上、福清江兜和涵江鳌山，故今日江兜有昭灵庙，而鳌山七境有昭灵祖庙。三殿真君的传说，反映了不同社区之间通过神明谱系建立联盟关系的历史过程。在新加坡，这一神明由来的传说又被理解为分香关系。昭灵祖庙的弟子在讲述他们与江兜昭灵庙的关系时，特别强调："他们的庙是比我们的大，可是我们是祖庙，他们是我们这里分出去的。"② 其实，这两座庙宇之间并不存在分香关系，其区别在于昭灵庙是村庙的分庙，而昭灵祖庙是区域性庙宇的分庙。

4. 昭惠庙

原籍涵江哆头十五社的昭惠庙，位于跑马埔路 416 号，主祀吴圣天妃、朱公元帅，陪祀白公大人、张公圣君、田公元帅、陈康二将军、黄谢李郑四大爷。每年农历八月吴圣天妃诞辰，择周末演戏，选举福禄寿喜庆五位缘首主持仪式。本庙原有朱公元帅、白公大人的神童，现已无人降神。

涵江哆头原为盐场，清初划为界外，后来逐步围垦成田。现有 12000 多人，分哆前、哆中、哆后三个村，在神庙祭典中按姓氏和聚落分为十五社。哆前的昭利庙和哆后的昭惠庙、东岳殿为哆头十五社的总宫。每年元宵节期间，昭惠庙法主仙妃巡游各社；每隔四年，昭利庙玄天上帝巡游各社；每隔六十年，东岳殿注生大帝巡游各社。由于哆头一带生态环境恶劣，历来有不少村民出国谋生。当地村民告诉我：

> 我们哆头原名石多头，1958 年改名哆头。此地原来石多田少，清宣统时才开垦到这里，1950 年政府还组织劳改犯在此围垦造田。过去人们多以讨海为生，以养蛏为主，养蛏的旺季则留居家中，淡季则下南洋谋生。民国时期，哆头人下南洋的很多，最多一次有几百人。此地参加正式工作的人很少……来来回回在南洋和老家之间，两头家。③

可以想象，以海为生是哆头人的传统生计类型，海洋养殖与出洋谋生并重，构成了他们的多元生计模式，促成了往返于南洋与故乡的旅居状

---

① 访谈笔记：2009-2-12，莆田鳌山七境昭灵祖庙。

② 访谈笔记：2007-8-23，新加坡昭灵祖庙。

③ 郑珍云访谈笔记：2009-2-11，莆田哆头郑家。

态。在政府推行海禁的年代，他们就被推到官方体制的边缘区域。因此，哆头人在原籍经常被称为"哆头仔"，意即不安分的人。

新加坡昭惠庙的朱公元帅原来有神童，被视为保护走番人的神明。相传：

> 新加坡昭惠庙原有朱公元帅的神童，是因为民国时期，莆田一带赌博成风，朱公元帅突然显灵，告诉大家应该买哪个票，非常灵验，有买有中。大家用赚的钱作为去新加坡走番的钱，蛇头文龙收取 2 块船费。当时家家户户都有去新加坡的。①

这一传说的意义，在于强调了朱公元帅的神童和走番人的特殊关系。朱公元帅帮助了出洋谋生的人，因而他的香火也被带到海外，继续在新加坡的分庙中降乩显灵，朱公元帅的神童在海外也就成了走番人的保护神。

5. 濠浦社

新加坡濠浦社创建年代不明，笔者也未曾实地考察，只在新加坡的兴化道士家里发现了有关资料。其呼神簿宣称："濠浦社稷，忠正圣侯，星辉逢寿诞；西东村侨，工商黎庶，焚香庆千秋。兹据中国福建省兴化莆田市北门外西洙、东阳村濠浦社人氏，今寄寓南洋。"② 可知信徒主要来自莆田城郊濠浦七境的西洙村与东阳村。西洙现有居民约 4000 人，分埭内和埭外二境，多为吴姓，现存吴氏大宗祠。东阳原称东洋，现有居民约 1000 人，多为陈姓。从呼神簿中的名单看，新加坡濠浦社的弟子主要来自西洙吴氏，其次为东阳陈氏，也有一些小姓。从旁证资料看，西洙吴姓族人曾经执兴化侨批业之牛耳，在新加坡等地很有影响力。朱维贤先生认为：

> 莆田西洙村华侨吴鸿基，原系经营水客生意，经常从国内购买土特产往国外销售，顺便携带华侨的一些汇款回国分发，从中得一份利润。随着邮电、银行在各城镇普遍设立，闽南地区侨批馆相继设置，他因而兴起设立机构之念。1919 年吴鸿基、吴坤璜召集一些股东，在新加坡开设美兴信局，专门为侨胞办理寄款业务；国内在涵江宫下设立美兴机构，由吴基南、吴飞云负责，办理侨汇派送事宜。③

---

① 郑珍云访谈笔记：2009-2-11，莆田哆头郑家。
② 新加坡濠浦社呼神簿：《忠正星辉，财赐西东》。
③ 朱维贤：《莆田涵江侨批简史》，收入《闽南侨批史记述》，厦门：厦门大学出版社，1996：113。

此后，美兴信局拆股发展，分化为利侨、泉生、群大三家侨批局，仍然由西洙吴氏族人控股。1950年开业的国内利侨负责人为吴锦源，在国外名为利华侨批，负责人为吴锦航；泉生国内控股人为吴宗汉；群大国内控股人为吴启通，新加坡控股人为吴希云。

6. 鲤江庙

新加坡鲤江庙为原籍涵江城隍庙的分庙，创建年代与过程不明。涵江鲤江庙为涵江二十四铺的城隍庙，因此新加坡的鲤江庙应为涵江二十四铺移民的同乡庙宇。涵江为福建沿海商贸重镇，也是兴化地区的重点侨乡。《涵江区志》记载：

> 截至1994年底，涵江海外侨胞有5.6万人。其中，分布在新加坡2.4万人，马来西亚1.6万人，印度尼西亚1.2万人，其余分别旅居在美国、澳大利亚、加拿大、文莱、新西兰、越南、泰国、缅甸、日本、菲律宾、法国、老挝、德国和荷兰等国。[1]

涵江二十四铺包括旧街区和周边村落，现已全部改造为市区，但仪式活动仍按原来的庙宇系统组织。每年正月十九举行二十四铺总元宵，五月十九举行城隍诞辰庆典，农历七月十五和十月十五举行"祭孤"仪式。每逢闰五月，请城隍大神巡游涵江街道及附近村落，由二十四铺代表组成的董事会统一组织。据说，新加坡的鲤江庙也是在农历五月十九举行城隍老爷诞辰庆典，并演戏酬神。

7. 东岳观

马来西亚和印度尼西亚都有兴化人创建的东岳观，都是莆田江口东岳观的分庙。江口东岳观始建于元后至元二(1336)年，明万历三十七(1609)年由莆田知县何南金重建[2]，主祀东岳注生大帝，陪祀十殿阎王、文昌帝君、护卫神曹将军。自明代后期以来，江口东岳观不仅是区域性仪式中心，也是当地传统的社区权力中心。因此，东南亚各地的江口移民，往往以东岳观作为认同标志。

印度尼西亚棉兰市有两座东岳观，一是锦江东岳观，二是汉都亚路东岳观。关于棉兰两座东岳观的发展历程，碑刻记载：

---

① 《涵江区志·海外侨胞》，北京：方志出版社，1997：689；《涵江籍南侨机工简介》，载《涵江文史资料》第6辑，1997：60—61。
② 乾隆《莆田县志》卷4。

东岳观之渊源肇自中国宋朝太平兴国元年（西元九七六年），开创至今已有一千余年时间，历经宋元明清民国至今，其间虽已经历沧桑，数度兴废，然历代香火鼎盛，名扬海内外。

……我们的福建省兴化府莆田县唐安乡锦江永丰里人等，侨居印尼苏岛，秉承祖国的茂盛文化，计有年代。东岳观香火传入此地苏岛，自一九五五年太岁乙未年建，初是一座土地庙，而继后祖国寄来东岳观注生大帝，又名天齐仁圣大帝，……一九六二年壬寅年八月卅日开基兴建，至一九六五年太岁乙巳年三月廿八日正式开光告竣，金身入殿，于印尼苏岛之安镇，乃为祖国东岳观总镇首建地。印尼苏北省棉兰市苏加拉美区的分镇为锦江东岳观，创始至今已有五十余年；继后又建汉都亚路东岳观、新加坡东岳庙及马来西亚古晋东岳观，现规模甚为雄伟。

印尼苏岛之安镇，可称国泰民安，风调雨顺，于太岁乙巳年正式向印尼政府登录史志，永为纪念先贤之香火，特书以志之。

本观发起人：吴初帆（元礼）、吴庆亚（集本）、吴亚犁（允本）、关金标、关其和、吴春泉、林瑞凤、陈振东、黄盛名、黄永裕、张木生、陈德记、王明龙、何年成、侯国梁。

印尼苏岛棉兰苏加拉美、东岳泰山安镇。

主坛吴初帆敬书[1]

锦江东岳观据说原是土地庙，1956年因乩童吴初帆在此设坛起乩，吸引了许多同乡移民。1963年，来自莆田江口的同乡移民发起集资重建庙宇，供奉东岳注生大帝为主神，改名为锦江东岳观。1962年，该观乩童林天霖、黄文金等人到附近的天后宫另行设坛起乩，次年在汉都亚路建成了另一座东岳观：

本观自太岁壬寅年正月十五日开始创立，当初假座天后后殿奉祀东岳天齐仁圣大帝、北极玄天上帝暨诸仙神文武列圣，香坛为善信指迷福祸、灵丹符水愈其疾病、救其凶危，曾蒙仙圣垂佑，岂能尽述。是以各界善男信女老少为尊崇而敬奉焉。至癸卯年季春，幸得本市汉都路空地，暂盖茅屋，照旧朝夕不怠，与各善信降鸾问卜，随即集资

---

① 印度尼西亚棉兰锦江东岳观：《东岳观碑》，年代不详。

兴建。因当时屋顶照古老建设，上面用本地土产屋瓦，下面皆用木板，以致历年经受风雨剥蚀之下，朽者朽，弊者弊，渐有岌岌不能终日之势。若不早日加以修葺之，其何以永传而弗替也！乃于岁之丙辰花月初九日，爰本观诸门人和棉兰同乡善信捐资重修，然因当时购置地皮、兴建后座佛殿经费浩大，单靠本埠捐助不敷甚巨。故即议决赴椰城，向同乡诸殷商再募资而重建，幸蒙该埠同乡热心，同出募捐，出钱出力，踊跃乐助，赞襄美举，众志成城，五年建设，至庚申年桐月落成。观宇堂皇，壮丽一新，成万年宝盖，祀百年馨香，报德崇功，勒碑永垂纪念。

椰城赞助募捐人：黄文华、黄文衡、黄天竹、李文明、李文辉。

募捐董理事：林天麟、杨文龙、刘天星、陈红高、黄文金。

太岁丙寅年仲夏蒲，二十五周年纪念穀旦立。①

可知汉都亚路东岳观原在兴化移民的天后宫，1965 年建成前二殿，1976 年向门人和棉兰、雅加达同乡募捐重修扩建，至 2002 年已拥有前中后三殿和左右侧殿，规模颇为壮观。

这两座东岳观虽然都自称是江口东岳观的分庙，但原来都不是主祀东岳注生大帝，目前供奉的神明也相当庞杂，不同于原籍的江口东岳观。锦江东岳观目前主祀东岳天齐仁圣大帝、金轮教主玄天上帝、三一教主、三殿真君、田公元帅、张公圣君、齐天大圣、通天圣侯、中军朱元帅，另有温、康、马、赵四元帅和卢、谢、王、陈、卓五真人。汉都亚路东岳观还供奉玉皇大帝、北斗神君、昊天帝子、刘公元帅、司马圣王、昭灵二殿赵真君、范文公真人、何氏九仙翁、巡捕郑老爷、欧氏仙妃、金花夫人、柳金圣侯、福德正神、张公圣君、释迦牟尼、地藏王、弥勒佛、韦驮、伽蓝、曹将军、康中军、朱熹、华佗、药师、关帝，以及三一教诸先贤林贞明、张洪都、董直庵、卢文辉、陈聚华、朱慧虚，还有各姓祖先牌位、金轮法教历代古坛先位。如此庞杂的神明系统，显然是为了吸引各路兴化移民，反映了海外移民社会多元信仰的特点。

前已述及，棉兰市的两座东岳观都有坛班组织，具有不同的教派传统。锦江东岳观于 1964 年举行首次关戒仪式，请康公元帅降神主持，其教

---

① 印度尼西亚棉兰汉都亚路东岳观：《东岳观重修并扩建后殿佛座碑记》，1986。

徒排行辈分为"百年燕翼唯修德，万里鹏程在读书"。现任坛主黄金山为江口石庭黄氏族人，其父亲本是神童，于 1926 年来到棉兰；他在棉兰出生，从 18 岁开始参加锦江东岳观关戒，为第四代神童。汉都亚路东岳观于 1966 年开始举行关戒仪式，请金轮教主玄天上帝、琼瑶教主卢士元仙长、仙姑教法主欧氏仙妃共同降神主持，其后一般每 3 年关戒一次。教徒排辈对联为"百世经书传玉局，万年圣教阐金轮"，在其"历代古坛"神位中有百字辈 14 人、世字辈 15 人、传字辈 3 人、书字辈 2 人及局、教、金字辈各 1 人。现任坛主为原籍江口石庭村的黄一汉，教下弟子亦以石庭黄氏族人为主。在东岳观，同乡组织与教派组织相互交织，其庙宇性质颇为复杂。

马来西亚沙捞越的古晋东岳观，可以说是江口移民的联合庙。此庙正殿主祀东岳注生大帝，左侧殿主祀新灵宫刘公元帅，右侧殿主祀清达堂齐天大圣，此外还有名目繁多的陪神。新灵宫为江口西刘村的村庙，清达堂为江口港下村的村庙。很明显，此庙原来是西刘村和港下村的移民联合创建的，但为了吸引来自江口的其他同乡移民，借用了东岳观的名号。二楼设有"感恩堂"，用于供奉各姓同乡移民的牌位；同时还有"历代古坛"神位，奉祀已经去世的乩童。据说，此庙的乩童原来属于清达堂齐天大圣，现在已无神童，也不允许其他神童来庙中降乩。以下为古晋东岳观的仪式文书：

> 今据中国福建省兴化莆田县唐安乡兴贤里锦江兴贤坊兴贤祖社庇下下属蚁民……领同乡善信人等，寄居南洋马来西亚沙捞越古晋坡等处地方，恭逢天运岁次　年正月初八夜，爰就巴株林东路筵设东岳观，虔备香花灯烛、糕盒馔盒、寿面福饭、清茶美酒、五果六斋、寿桃、官带表里，焚化大全，万寿无疆。伏以慈尊雅鉴，俯垂默庇，聿求同乡一年光彩，祈保各户四季平安，多招海宝，进步商场，礼轻意重，伏祈少纳。
>
> 炉主同乡人叩拜稽首。①

可见，古晋兴化人主要来自江口镇的唐安乡兴贤里，而棉兰东岳观信徒则主要来自唐安乡永丰里。他们同时选择了区域性庙宇东岳观的名号，

---

① 马来西亚古晋兴化东岳观：《古晋东岳观仪式文献》，年代不详。

无疑是为了统合来自不同村落的移民。古晋东岳观中的港下清达堂与西刘新灵宫，则说明来自这两个村落的移民在古晋兴化人中占有很高的比例。

8. 其他区域性庙宇

在古晋中央路第五段，还有一座颇具影响力的庙宇皇麟庙，俗称大妈府，楼上为大妈府，楼下为诚应坛，左侧为天福宫，主祀瘤府大妈、大爷、二爷和三位小哥，农历七月初六、初七由兴化道士主持仪式。建有地方戏剧团，但皇麟剧团学习潮剧与黄梅戏，而不是兴化戏。[①]

古晋新渔村的显圣宫，代表了古晋兴化渔民中的一个群体，村民大多来自兴化江口地区。新渔村在 1949 年改良成立合作社，并在 1989、1998、2008 年扩建。显圣宫主祀天上圣母、齐天大圣、福德正神、柳金圣侯，其中齐天大圣有乩童。正月十五元宵、三月二十三妈祖神诞、六月初六大伯公神诞、七月二十六普度、十一月二十四大圣王神诞都有抹铜炉的仪式。[②]

沙捞越的民达华天后宫，是一座界内外同乡的庙宇。民达华的兴化渔民主要来自江口、黄瓜等地。莆田黄瓜为"界外"地区，与"界内"的江口人并无共同的仪式系统。但在海外，这些兴化人因共同的生计模式而形成了同业组织，并建立了同乡庙宇。民达华天后宫始建于 1924 年，庙中附设民达华渔船公会，现存 1984、1991、1992 年的修建捐款碑记，2005 年扩建。在东南亚可能还有不少兴化渔民庙宇。例如，在印度尼西亚的廖内群岛和马来西亚的马六甲、巴生都有兴化人的渔业公会和同乡庙宇。我们对此类庙宇还缺乏较为深入的调查研究，有待今后继续探讨。

综上所述，东南亚各地的兴化人庙宇大多经历了从分香到分庙的历史过程。在 20 世纪 50 年代以前，海外兴化人一般是从祖籍村庙中"请香火"，在同乡的聚居处供奉某些神明，但并未建立独立的庙宇。这是因为这一时期的海外移民大多尚未定居，经常往返于海外与故乡之间，他们与原籍的庙宇仍然保持着密切的联系。50 年代以后，海外兴化人由旅居状态逐渐转为定居，加上海外与原籍之间难以自由往来，在海外建立原籍庙宇的分庙也就势在必行。

海外兴化人在庙宇创建过程中，其祖籍认同与社团组织也发生了明显变化。在建庙以前，从原籍带来的神像一般是安放在交通行业的公共场

---

① 调查笔记：2008-8-18，马来西亚古晋皇麟庙。

② 马来西亚古晋新渔村显圣宫：《显圣宫简史》，年代不详。

所，如人力车夫聚居地、汽车修理厂、脚车修理店等，其仪式团体主要是同业公会。在建庙以后，除了少数教派组织的庙宇之外，大多数兴化人庙宇都是以祖籍认同为标志的，或者说是同乡组织的庙宇。如果同乡移民的人数较多，经济实力足够，他们一般会建立原籍村庙的分庙；如果同乡移民的人数较少，或是实力不足，他们就会扩大祖籍认同的范围，建立原籍区域性庙宇的分庙。通过策略性地运用祖籍认同与仪式传统，东南亚兴化人不仅建立了各种不同层级的原籍庙宇的分庙，还借助于相关的仪式活动建立了各种新型的同乡组织。关于东南亚兴化人的庙宇、仪式与同乡组织之间的关系，留待下章探讨。

第三节　庙际与国际联系

在经历了 20 世纪 50—60 年代的建庙高潮之后，海外兴化人庙宇于70—80 年代进入了分化与重组过程。这强化了兴化人庙宇之间的联系，也促使一些兴化人庙宇走向国际化。本节以新加坡兴化人庙宇为例，探讨其演变趋势与发展策略。

一、分化重组与互助共建

1965 年新加坡独立后，为了推行全民就业计划与居者有其屋计划，政府逐步推进市区重建与土地的重新开发利用，乡村地区陆续成为工业区、政府组屋区或新市区。这一时期，绝大多数兴化人庙宇都经历过搬迁与重建，出现了如下不同的演变趋势：

一是乡村小庙并入联合大庙，如青云庙、安仁宫并入青安锦联合庙，昭灵庙并入慈灵联合宫，天性祠并入波东拉西联合庙等。[①]

二是拆迁后易地重建，重新购买地皮，创建新的独立庙宇，如九鲤洞、仙宫堂、重兴祖庙等。

三是拆迁后无力购买地皮建新庙，只好把庙宇搬入组屋区，或是以租赁会所的方式继续存在，如会庆堂、琼瑶仙教等。

四是以"寄香火"的形式并入其他兴化人庙宇，如原籍涵江洞湖的碧

---

① 林纬毅：《国家发展与乡村庙宇的整合：以淡宾尼联合宫为例》，收入《华人社会与民间文化》，新加坡：亚洲研究学会，2006。

云亭并入会庆堂，原籍江口西刘的凌霄殿并入九鲤洞。

五是信徒人数锐减和资金筹措困难等原因，导致少数庙宇难以为继，退神回原籍。[①] 如原籍涵江埔头的新丰南社于1989年退神，原籍梧塘梧梓村的苍龙坛于1995年退神。

其中，第一种与第四种是通过与其他庙宇联合而继续发展，至少维持仪式活动的相对独立性；第二种获得新的发展空间，一般都有国际性背景；第三种属于过渡状态，可能趋于萎缩，也可能因某种契机而得到新的发展。

20世纪80年代以来新加坡兴化人庙宇的演变趋势，主要是由于受到了政府土地政策的压力。笔者在新加坡调查时，很多庙宇管理人都谈到庙宇用地问题。倘若庙宇的用地存在年限问题，最紧迫的任务是必须为下一轮的庙宇修建筹集资金。即使是一些拥有永久地皮的庙宇，也得为产业代理人更替等事宜费心费力。例如，笔者在新加坡崇福堂曾看到一张2003年的"重要通告"：

> 圣启者，为产业权地契事，特告众弟子知悉：原本堂地契，受托人有五位，但皆已身故。现经过讨论决定，聘请律师重新申请崇福堂名下的产业，但须经政府土地局批示，作为崇福堂慈善拜神之用，需选出五位弟子为信托人。这五位受托人，敬奉神明嘱咐，不得用来做买卖，亦不得向外借贷作担保人。逢年终报所得税，可照旧呈报。要成立一组理事会，选出主席、总务，以及财政。银行要开崇福堂户口，三人签名，二人签有效。每年开多少会，以后再定。特此布告示知，并定于新历10月26日讨论各事，晚上八点整在本堂内推举信托人。
>
> 崇福堂注册产业过名理事会王金棋代布。
>
> 二〇〇三年九月二日，癸未年八月初六日布。[②]

在新加坡，更换产业代理人需要交纳高昂的手续费和律师费等。2004年，新加坡崇福堂发布另一件通告：

> 为产业信托人过名事，特布告周知：据本堂委托律师来信通知，政府已允许过名信托人，须依照旧时名额，即有五人为代表人，过名

---

① 所谓退神，就是聘请道士主持仪式，将神像送回原籍，不再祭祀。

② 王金棋：《重要通告》，新加坡崇福堂，2003。

手续费用需款为新币陆万元左右，计律师费、印花费。因为数目巨大，故此祈求我宫炉下弟子，不管男女，能踊跃捐献，方有望集资完成过名手续，不负神明庇佑，功德无量，特此布众知悉。

二〇〇四年古历十一月十一日布。①

可见，即便拥有永久地皮的庙宇，也面临更换委托人的资金压力，其他庙宇的困境可想而知。自20世纪80年代以来，陆续有些兴化人庙宇被迫退神回原籍，其原因即在于此。

为了在庙宇发展过程中互相扶持，共渡难关，新加坡兴化人庙宇之间逐渐形成了约定俗成的互助机制。除了购地、建庙等重大事务，日常的仪式活动通常也要互相捐助。例如，2007年仙宫堂庆祝保生大帝诞辰，共有15座兴化人庙宇捐款，其榜文如下：

重兴祖庙＄80，安仁宫＄80，琼瑶教邸＄60，琼瑶仙教＄60，九鲤洞＄60，兴胜宫（樟宜）＄50，鳌山境＄50，崇福堂＄60，会庆堂＄50，兴胜宫（芽笼）＄50，青云庙＄50，昭惠庙＄50，天后宫（芽笼）＄50，灵慈行宫＄80，昭灵宫（义顺）＄100，天后宫＄500②

捐助数额并不大，也许只有象征意义，但从中也可以看出兴化人庙宇之间的密切联系和互助精神。不仅如此，兴化人庙宇的神明系统和仪式活动也出现了整合趋势。笔者在新加坡安仁宫参观仪式时，发现其请神名单：

东岳观注生大帝、北辰宫玄天上帝、湄洲岛天上圣母、东山祠三一教主、鲤江庙城隍大神、祖国安仁宫张公圣君、安仁祖社尊主明王后土夫人、石庭宫昊天帝子、崇清观朱公元帅、铁山境田公元帅、昭灵宫法主仙妃、上林庵慈济真君、朝霞宫白马元帅、永兴祖社司马圣王、新灵宫刘公元帅、福安宫天上圣母、洞庭宫昊天帝子、天福宫天上圣母、兴安天后宫天上圣母、九鲤洞士元卢仙长、观音堂观音大士、崇福堂玄天上帝、天性祠三一教主、琼瑶教邸士元卢仙长、灵慈行宫天上圣母、樟宜兴胜宫三一教主、仙宫堂慈济真君、重兴祖庙张公圣君、天性宫齐天大圣、会庆堂张公圣君、昭惠庙吴圣天妃、兴胜宫都天元帅、昭灵祖庙三殿真君、濠浦社忠正圣侯、昭灵庙柳金圣

---

① 新加坡崇福堂：《通告》，2004。
② 新加坡仙宫堂：《保生大帝诞兴化庙宇香金》，2007。

106

侯、青云庙纠察大神、锦福庙忠烈圣侯、加冷桥感天大帝。①

上述请神名单不仅包括了新加坡所有兴化人庙宇的主神，还有兴化本土重要庙宇如东岳观、北辰宫、湄洲岛天后宫、东山祠等庙宇的主神，甚至邀请了马六甲崇清观的朱公元帅、闽南人的城隍老爷和相邻的海南人锦福庙的神明。至于苍龙坛杨公太师，由于已经退神回原籍，被仪式主持人用钢笔划掉。这份请神名单中的每个神明，可以说都代表了新加坡兴化人生存环境中的不同人群，请神册文本的生产过程反映了新加坡兴化人庙宇网络的建构过程。

值得注意的是，由于新加坡是东南亚地区的经济中心和交通枢纽，有不少兴化人庙宇实际上是东南亚兴化人的仪式中心。例如，新加坡仙宫堂历次修建过程都得到了新马乡亲的大力支持："四十多年来，每逢农历三月十五日帝诞生日，成千后郭籍星、马华侨到新加坡仙宫堂进行朝圣、礼拜、进香活动。"② 1978 年的《仙宫堂重修乐捐基金征信录》记载：

> 窃本宫于开坛设教时，原系购置斋堂，当时拙于财力，只有局部装修……乃于太岁戊午(1978)年始有本宫重修之议，俾待一劳永逸之计。奈何工程浩大，劳工又付缺如，日复一日，未敢轻易妄举。但事关本宫安危，刻不容缓，引致一班同乡及诸教友，激于义愤，不顾一切，决议动工。除聘请木工泥匠各一人外，其什工概由热心者参加义务工作。……嗣秉承主公降乩，论定古历九月十二日奉请本宫文武列圣进殿，十二、十三两日举行补庆玄天上帝、慈济真君两位千秋宝诞。因之建筑基金加上庆祝费用数目惊人，需费孔急，同人等有鉴及此，而召开董事紧急会议，佥认此情形非发动募捐不可。于是除向本坡同乡热心家征求外，复推派四位代表，北上联邦各地，向各同乡及各位善信劝募，显现神力，扶持到家，备受欢迎。咸说事关全乡名誉，义不容辞，莫不慨解义囊，乐于捐输，其热爱精神，殊足钦佩。结果出乎意料，成绩斐然可观。爰特镌征信录，传昭慎重而资表扬，既可作永久纪念，复能做后代楷模。至此同人等庆祷主公永庇各位乐捐者，合家老幼平安，生意兴隆，财源广进，福泽永沾。③

---

① 新加坡安仁宫呼神簿：《御史星辉，财赐教民》。

② 新加坡仙宫堂碑刻，年代不详。

③ 新加坡仙宫堂：《仙宫堂重修乐捐基金征信录》，1978。

从捐款者名单可以看出，当时与仙宫堂有关的后郭籍海外移民，广泛分布于新加坡和马来西亚各地。除新加坡外有：新山 8 人捐 2500 元，麻坡 9 人捐 2590 元，昔加末 20 人捐 12010 元，峇株巴辖 6 人捐 1155 元，哥打丁宜 2 人捐 300 元，丰威港 1 人捐 100 元，关丹 33 人捐 3900 元，丁加奴 8 人捐 2650 元，吉隆坡 1 人捐 100 元，芙蓉坡 1 人捐 1000 元，北加 1 人捐 300 元，沙巴 1 人捐 250 元，巴生 5 人捐 220 元，甘加末 19 人捐 9930 元。[①]

其实，目前新加坡最有活力的兴化人庙宇，如九鲤洞、仙宫堂、昭灵庙、重兴祖庙等，大多具有明显的国际化特征。在这些庙宇的修建碑记和仪式榜文中，都可以看到东南亚各地乡亲的广泛参与，集中地展示了以庙宇和仪式为中心的跨国文化网络。这种网络产生于兴化人在东南亚地区的移民过程与经济活动，与新加坡兴化人庙宇的发展策略密切相关，也可以说是新加坡特定历史环境的产物。例如，新加坡昭灵庙董事部在 1998 年的重建碑记中追述：

> 九十年代初，获悉政府征地，拆迁本庙。一九九四年底，暂移集成汽车公司楼上供奉。幸有识之士荣銮、金祥、武镇诸君倡议重建吾庙，并急速成立筹建理事会，着手筹募基金，奔走各地，庙务扩展，议决不故步自封，广纳有志之士，托以重任。幸获星、马、印工商硕彦、社会贤达、乡亲善士鼎力支持，捐资劳瘁，公而忘私，集腋成裘，而筹巨资。于一九九五年觅寻慈云山宫，结伙合建。……一九九七年十月卅一日，岁次丁丑年十月初一日，吾庙神像与慈云山宫同日开光，晋殿行宫驻跸；十月十一日庆祝柳金圣侯千秋宝诞，首次举行盛大祝寿道场与千人联欢晚宴。[②]

如上所述，昭灵庙为了应对拆迁重建的经济压力，首先是求助于东南亚各地的乡亲，接着又设法与其他庙宇"结伙合建"，并联合举行仪式活动。在此过程中，兴化人庙宇的庙际联系与国际联系都得到了强化。

二、"寄香火"与跨国庆典

前已述及，"寄香火"也是新加坡兴化人庙宇的一种生存策略。所谓

---

①　新加坡仙宫堂：《仙宫堂重修乐捐基金征信录》，1978。

②　新加坡昭灵祖庙：《重建碑记》，1998。

"寄香火"，就是信众把神像暂时寄放于他人庙宇内，一般在神诞日才到该庙举行仪式。新加坡九鲤洞每年农历四月十八都要为刘公元帅举行神诞庆典，但举办者不是九鲤洞的石庭黄氏族人或坛班弟子，而是原籍江口西刘村的刘氏族人。这是因为，刘公元帅原来是西刘的村庙新灵宫的神明，后来由刘氏族人以"寄香火"的形式安放在九鲤洞内，建立了特殊的庙际联系和国际联系，其历史意义与文化内涵值得深入探讨。

在兴化，西刘村与石庭村毗邻，大约开村于乾隆年间，现分社边、顶旧厝、五张厝三个聚落。居民清一色为刘姓，据说原居石庭旧厝角，因受黄姓欺压，迁来本地开村，而留居石庭者则陆续改为黄姓。《西刘刘氏族谱》记载：

> 二十六世祖恰公，因避明嘉靖间倭患，析居锦江之石庭铺，遂名其所居曰西刘。嗣三十四世祖宗兴公，患黄姓隔邻逼处，复虞强族欺凌，经离村里许，择地筑舍以居，名为下西刘，旧居指为顶西刘。[1]

如上所述，西刘与石庭接壤，社区关系颇为复杂。石庭境的早期居民有黄、刘、吴、方等姓，后来黄姓占绝对优势，小姓陆续改为黄姓，原属方、吴二姓的上方宫也在 1992 年并入九鲤洞，而西刘最终脱离石庭成为独立社区。据说西刘人过去多以晒盐为生，因为缴纳盐税就不必当壮丁[2]。目前全村有 1000 余人，年轻人大多选择出国务工。

在东南亚，西刘刘氏与石庭黄氏族人曾经有密切的合作。据刘氏族谱记载，新加坡九鲤洞是由石庭黄氏和西刘刘氏移民共同发起创建的，因而同时供奉石庭和西刘的神明：

> 早期侨胞元麟、九柔、鸿远、细男、建华、亚六仔、德金等，后裔繁衍各有三四代。刘元麟，早年创设协源五金工厂，现后裔分迁发展。曾同石庭黄姓创建新加坡宫庙"九鲤洞"，供奉刘公元帅及黄姓的神位。东南亚各国西刘刘氏族人，至今一年一度于农历四月十八日参加庆典。聚会期间，交流畅谈各自行业及家乡建设，使九鲤洞成为敦睦乡谊的同乡会所。[3]

在西刘刘氏族人看来，新加坡九鲤洞是他们与石庭黄氏共同创办的，

---

[1] 《西刘刘氏族谱·谱序选录》，2002：96。

[2] 《西刘刘氏族谱·侨乡人文》，2002：157。

[3] 《西刘刘氏族谱·侨乡人文》，2002：160。

因而他们有权在此供奉神像、举行仪式，甚至以此作为同乡会所。从现存的碑刻看，西刘刘氏确实是早期九鲤洞管理阶层的重要成员。如 1943 年碑刻的落款为"本洞董事部财政处刘元麟公立"，1948 年碑刻的落款为"发起助建董事等财政受教刘元麟同门人立石"。刘元麟是早期在新加坡经商较为成功的刘氏族人，可见当时西刘刘氏与石庭黄氏在建庙过程和仪式活动中曾密切合作。其实，新加坡九鲤洞原来就是仪式团体的庙宇，地域界线并不清楚，原籍村庙的神明在九鲤洞中也不占主要地位；但在后来的发展过程中，石庭黄氏族人日益占主导地位，在此情况下西刘刘氏仍然寄神像于九鲤洞内，而未独立建庙另谋发展，显然有其特殊原因。

西刘的村庙为石庭圣境新灵宫，清咸丰八(1858)年建，现存 1898 年的瞻拜匾额和光绪己亥(1899)年的对联①。庙中的主神为正顺圣王、尊主明王、后土夫人，陪神为九天伏魔刘公元帅、齐天大圣、迦罗大圣、张公圣君、柳公圣侯、金公圣侯、李公元帅、吉祥妙将、协惠二妃。刘公元帅虽然不是主神，但历来会降乩，因而备受尊崇；作为西刘人最早带去海外的神像，至今仍受东南亚各地西刘人供奉。至于海外西刘人为何不为刘公元帅建庙，而是始终采取"寄香火"的崇祀方式，可能与西刘人在东南亚的移民过程密切相关。

据《西刘刘氏族谱》记载，目前海外西刘人的主要聚居地并非新加坡，而是东马与文莱。尤其是"乡贤录"记载的本族在海外事业有成者，绝大多数不在新加坡，例如：文莱的刘鸿祥、刘鸿池、刘鸿攀、刘华源，马来西亚文德甲的刘天福，马来西亚巴生的刘永美、刘永龙、刘天寿，马来西亚美里的刘元珍、刘文贤，马来西亚诗巫的刘庆成。其主要聚居地之一马来西亚古晋市，已经创建了新灵宫的分庙。然而，新加坡九鲤洞的刘公元帅诞辰庆典，至今仍然是海外西刘人最为关注的仪式。每年农历四月十八，东南亚各地的西刘人都要赶赴新加坡九鲤洞参加庆典，这已经成为海外西刘人特有的仪式传统。对海外西刘人来说，虽然新加坡已经不是主要的聚居地，但作为先辈的早期谋生地和中转站，仍然具有独特的象征意义。《西刘刘氏族谱》对此有如下说明："西刘人在海外的聚集地在文莱、新加坡、马来西亚。其中新加坡是早期西刘侨胞主要谋生地，人数较多，

---

① 天瑞、金莲、鹏志：《民俗活动中心：新灵宫、圆明堂》，载《西刘刘氏族谱·祠墓文物》，2002：191。

且是东南亚西刘侨胞早年返乡、搭轮船的中转站。"①

可见，正是早期移民谋生地和中转站的历史，使得新加坡成为东南亚各地西刘人的认同标志和仪式中心。借助于在九鲤洞"寄香火"和一年一度的刘公元帅神诞庆典，海外西刘人不仅维持了与石庭黄氏的合作关系，而且强化了同乡族人之间的国际联系。

2007年农历四月十八，东南亚各地的西刘人会集新加坡九鲤洞，庆祝刘公元帅诞辰。在仪式过程中，笔者访问了来自马来西亚美里的甲必丹刘元珍及其家人，以及刘元麟的后裔、西刘村的新移民刘鸿锦等人。这些新老移民都表达了对同乡同族的认同，而并无所谓现代民族国家下的国别概念。例如，刘元珍先生告知："我们刘公元帅的香金，历来是海外、老家共同使用的。每年在老家举办的元宵巡游仪式，我们一般也会托亲人按照灶分出钱。"②

由于特殊的地理位置和历史环境，新加坡兴化人庙宇大多走上了加强庙际联系与国际联系的发展道路。联合建庙、"寄香火"、国际性仪式活动，使得新加坡的兴化人庙宇形成了独特的仪式传统，建立了跨越国界的文化网络。那么，这种仪式传统是如何传承的？这种跨国文化网络是如何运作的？下文将一一探讨。

---

① 《西刘刘氏族谱·侨乡人文》，2002：160。
② 刘元珍访谈笔记：2007-6-3，新加坡九鲤洞。

第 四 章

东南亚兴化人的仪式传统

在东南亚兴化人的仪式活动中，普遍存在着坛班、道士、木偶戏艺人等仪式团体和仪式专家，他们对海外移民的文化传承至关重要。坛班是一种经过系统训练的神童组织，在东南亚兴化人庙宇中是仪式活动的主体。东南亚的兴化道士原有闾山派和正一派，目前主要传承源于江口平原的正一派仪式传统。东南亚原有许多兴化人戏班，目前仅存"新和平"木偶戏班，主要在各种仪式活动中演出酬神戏。本章拟先考察坛班的由来与降神仪式、道士的传承谱系与仪式活动，再综述兴化剧团的历史变迁。

第一节　坛班的由来与降神仪式

在东南亚兴化人庙宇中，大多有号称"坛班"的仪式组织。这是一种经过系统化训练的神童组织，早期一般都是由兴化移民及其后裔组成，后期也逐渐向其他方言群开放。坛班都隶属于特定的庙宇，是庙宇特有的仪式组织。在东南亚兴化人庙宇的仪式活动中，坛班几乎无所不在。小到平常的扶乩问事，大至神诞庆典和元宵巡游，都要由坛班举行降神仪式。那么，坛班的仪式传统是如何传承的？在海外兴化人庙宇中究竟发挥何种作用？这是本节探讨的主要问题。

一、兴化的坛班及其神童

兴化本土的坛班组织主要存在于兴化平原北部的江口、涵江一带及福清南部的兴化方言区。由于现存的相关历史文献有限，我们还无法清楚揭示坛班的历史源流。笔者曾在新加坡昭灵祖庙发现一本《鳌山境昭灵祖庙神咒册》，内有如下题记：

> 道光廿三年六月廿五日，坛下陈广顺眼观法箓五本、三本一样，二本一样，交付林门收藏。此是道友有功事召用，无事不许私自昭观。此是林门不敢私占此箓，六月谨告特示。[①]

由此看来，此书是当地坛班组织内部使用的文献，对外秘而不宣。此书还记录了如下乩诗：

> 乾隆甲申年五月廿四日，都缘福首到宫相议，要卜杯时，马公元帅下坛判八句：
>
> 真君威灵不徇情，重兴庙宇庇子民。
>
> 欲设戏文表天曹，名声荣荣护子民。
>
> 合境须当壮吾神，方显鳌山有神明。
>
> 若有不尊吾不理，异日有事难投神。

可见在乾隆甲申(1764)年，该庙已有坛班组织举行降神扶乩仪式。另据江口老道士吴九涛先生说，在他见过的道教文献中，有康熙年间坛班编写的科仪书。

在兴化平原北部，拥有坛班的庙宇通常立有"历代古坛"即已故坛班弟子的灵位，一般是位于庙宇左侧墙壁的小石碑，前置小香炉，香火长年不断；有的两边镌刻对联，如石庭古迹明安殿历代古坛联句是"明安古坛在，正道早升天"。在江口海星村威显庙，现存民国年间的历代古坛题名碑：

> 列代古坛香位：吴文英、林元利、蔡元真、林元仁、吴元智、林元清、林元福、吴元崇、蔡元傅、蔡福章、林福忠、佘福威、吴福善、蔡福瑞、李福祥、林福藏、林福来、佘福禄、佘福受、林福庆、吴福厚、吴福顺、蔡福进。
>
> 民国八年五月吉旦，坛众全立。[②]

此碑记录了 23 位神童的法名，其中文字辈 1 人、元字辈 8 人、福字辈

---

①　新加坡昭灵祖庙：《鳌山境昭灵祖庙神咒册》。

②　郑振满、丁荷生：《福建宗教碑铭汇编·兴化府分册》，福州：福建人民出版社，1995：361。

14 人。据当地耆老回忆，1950 年以前每次关戒的间隔时间为 20 至 30 年，这三代神童的生存年代约为 19 世纪至 20 世纪初。江口港下村福海堂的历代神童共 8 人，其题名碑文如下：

> 神童禄位：陈法就字孔建、方茂光字子寿、张书绅字德仪、佘作霖字德英、陈际春字圣聑、彭应麟字依仁、何宗英字光恒、陈寿世字金章。

> 民国十四年花月吉旦。①

由于此碑未记载神童的法名，其辈分及生存年代不明。从上引两方碑文可知，晚清至民国年间的神童人数持续增加，但每一代神童的人数并不多，其本质是村内各家族或支派在仪式组织中的代表。

兴化本土的坛班组织都从属于某一特定的庙宇，总体上可以分为两类：

一是村庙的坛班，其弟子一般是村内某一聚落、房支或家族的代表。在笔者访问过的村庙，坛班弟子都很清楚自己是哪个聚落或支派的神童，或者说他们所降的神明代表的是哪个聚落或支派。例如江口山兜琼山境的村庙青云庙，其所降神明与聚落的隶属关系如下：九使爷，属汉治；齐天大圣，属下何；田公元帅，属林厝；张公圣君，属上何；邱公圣侯，属后厝林。

二是自立庙宇的坛班。坛班创建的庙宇在兴化民间一般称"洞"，如江口石庭有"九宫十八洞"。当然这种庙宇一般也是从属于某个聚落或村社，但所收坛班弟子并不局限于本地，如石庭的九鲤洞、文元殿、日明楼的坛班弟子都来自全村甚至外村。

上述两类坛班的仪式活动都是以降神扶乩与行傩为主，但仪式费用的来源完全不同。前者的费用主要来自村庙收入的丁口钱，而后者主要来自坛班弟子的捐款。更为重要的是，自立庙宇的坛班可以参加村庙的仪式活动，而村庙的坛班则不能参与"洞"里的仪式活动，俗称"洞可进宫，宫不进洞"。

从仪式传统看，兴化的坛班组织又可以分为"琼瑶教""金轮教""庐

---

① 郑振满、丁荷生：《福建宗教碑铭汇编·兴化府分册》，福州：福建人民出版社，1995：364。

山教"三大派别①，主要差异在于主神。琼瑶教全称为"琼瑶大法院"，奉卢士元仙长为主神，简称"仙教"；金轮教全称为"金轮大法院"，奉玄天上帝为主神，简称"神教"；庐山教全称为"庐山大法院"，奉许真君为主神，简称"道教"。在海外兴化人中，这三大教派都有传人，而近年又出现奉欧仙姑为主神的"欧仙姑教"，这是源于印度尼西亚丁宜九鲤洞的女神童专有的教派。

二、兴化坛班的仪式活动

坛班组织最重要的仪式活动为"肃坛持戒"，在兴化民间俗称"关戒"，即关门培训新神童的仪式。参加关戒的坛班弟子，必须住在庙里进行封闭式训练，学习唱曲、念咒、画符、傩舞、降神、扶乩等专门技艺，一般每次为期三天、五天或七天。学会降神的称"神童"或"童身"，意为神的替身；不会降神的称"扶童"，担任神童的助手。② 关戒结束后，聘请道士举行出戒醮和散宵法事，并为"神童"和"扶童"颁发度牒，称"赐功曹"。经过连续三年的三次"关戒"之后，还要聘请道士为坛班弟子举行"预修"暨"升天桥"、"拜斗"暨礼拜北斗九宫等仪式。加入坛班的弟子，要参加庙中的各种公共仪式，也要遵守各种清规戒律，一般终身不得脱离坛班组织，否则即为"叛教"。坛内弟子的红白喜事要互相支持，有时还建立互助基金会，如江口石庭宫设有"石庭道友基金会"。

在兴化，举行关戒仪式是社区生活中的大事，通常要以神明批示的方式通告全村，对村民进行广泛动员。例如，2008 年江口山兜村琼山境的关戒告示：

---

① Kenneth Dean, Zheng Zhenman. "Group Initiation and Exorcistic dance in the Xinghua region". 收入《中国傩戏、傩文化国际研讨会论文集》，载台北《民俗曲艺》，1993，85：105—190。

② 韩明士认为，自宋代以来，中国人祈神存在官僚模式与个人模式，前者以仪式专家为中介祈求神佑，后者在神前烧香许愿、祈福立誓。（［美］韩明士：《道与庶道：宋代以来的道教、民间信仰和神灵模式》，皮庆生译，南京：江苏人民出版社，2007。）在莆田江口平原和海外兴化人中，普遍存在举行关戒仪式的乩童组织坛班，人们通过参加关戒仪式，学习念咒、扶乩、画符，成为乩童或扶童。类似的组织有泉州沿海的"童乩会"、同安和龙海的"坛内""三坛会"、台南的"小法团"等。这些乩童组织或可视为人神交流的另一种途径。

> 琼山境乡老具告本村善男信女：值逢天泰地泰三阳泰，家和人和万事和之际，齐天大圣、纠察大神神镇琼山，威灵显赫，于元宵之夜显灵批示，腊月持戒炼童。为保家家吉庆，户户迎祥，我们乡老经多次研究决定，把本次持戒炼童事宜，委托理事会全权裁决。

> 琼山披圣德之春风，古农沐神恩之福惠。际兹持戒炼童筹办之时，我们乡老精诚地欢迎已认报捐资者再增资，未认报者积极踊跃捐资。为此张贴布告，以广周知，芳名均刻于碑，流芳万世。祈祝善男信女、建功造福者，功德无量，老幼四季安康，财源广进，万事如意。

> 乡老董事会宣，11.9①

在关戒期间，全体村民都必须实行斋戒，各家各户都要张灯结彩，维持庄严肃穆的气氛。如：

> 适逢持戒炼童庆典来临之际，我们敬告各户善男信女周知：兹定于农历十二月十四至十二月二十一，不管男女老幼一律吃斋，希各遵守，谨记勿违。并要求各户挂起红灯，飘起彩旗，以迎贞祥、纳百福、神赐安康。最后，我们虔祝持戒炼童圆满成功。

> 乡老理事会宣，11.28②

关戒所需的各种生活用品，也可以随时向村民征用。如：

> 告村民周知：本次庆寿坛持戒炼童，所需未用过棉床两架、棉被两张、枕头两套，暂借宫房里使用。如具备上述条件的，上何找何玉成登记，下何找何庆堂登记，林厝找林春华登记，汉治找陈阿都登记。祝虔诚建功者吉祥如意。

> 乡老理事会宣，11.23③

可见，社区性庙宇的肃坛持戒，不单是坛班组织的内部事务，而是具有社区性意义的公共仪式。如山兜村关戒过程由社区乡老董事会主持，关戒前夕的各项准备工作涉及全体村民，覆盖了整个社区。更为重要的是，村内各聚落参加关戒的弟子名单，也是以神明批示的名义选定的。如山兜村叶金星先生告知：

①　莆田山兜青云庙：《告示》，2008。
②　莆田山兜青云庙：《炼童持戒年布告》，2008。
③　莆田山兜青云庙：《炼童持戒告知》，2008。

我的外孙今年 13 岁，在深圳上学。这次神明批示，要他回来参加关戒，他就请假回来，出戒后降齐天大圣，再赶回学校上学。①

社区性庙宇的肃坛持戒仪式一般由"戒师"主持。戒师由经验丰富的坛班老弟子（俗称老坛）或道士担任。成为戒师除了必须熟练掌握唱曲、念咒、傩舞、爬戒梯等基本技能外，还必须具备一定的古文修养和毛笔书法水平，可以胜任撰写对联和告示等事务。不过，也有些庙宇关戒时不聘请戒师，如石庭顶旧厝九鲤洞分镇，历来是采用扶乩的方式撰写联句和告示。②

在曾经关戒的庙宇内部和戒师家中，通常会保存历次关戒留下的对联、告示等文献。例如，新加坡昭灵祖庙保存有清道光廿三(1843)年和光绪十六(1890)年的持戒文献，包含了不同神明的联句、以神明名义发布的告谕，并标明具体的张贴方位。据江口老道士吴九涛先生介绍，关戒的告示有黑红两种：七天戒在第三天出黑告示，第五天出红告示；九天戒在第五天出黑告示，第七天出红告示。如新加坡昭灵祖庙保存的《甲申年肃坛三日宵》，其告示曰：

> 九天元帅府马，为清肃坛宇以靖封疆、以庇民生事。本庙自唐宋以来，重兴鳌峤，显镇昭灵。斗柄观于天度，岁序转于春王，正尔民迎禧之候，吾神颁福之时。本庙自戊午年来，历经二十七载，居□未持一戒。兹新春遵奉真君法谕，朝陛旋軨，敕令本帅府清修坛宇，肃法三日三宵，布福庇民。盖自古保佑命之，自天申之；所谓造福者人也，布福者神也。仰观天气之流行，俯赖人心之洗溺，所以肃坛宇、显威灵，则邪魔伏藏，吉神护助。俾境土安康，乡间清泰，正吾神显法力之赫濯，参造化之玄机，莫云肃坛为故套也。谨择本月廿一日，出郊远境封疆，阐扬圣法，斥妖氛于海外，集景福于家邦。为此合行晓谕，示谕各属将吏知悉：保固封疆，布福庇民，至于清乱，问信毋论。炉下子民，及外境诸弟子，须诚心自备香烛，具疏亲拜炉前，密祷随即判示。如在庙之左右僻野，巧心焚词，不独不判，且降侮慢之祸。本帅府令出法行，莫道吾神无先知之明也。各宜凛遵，特谕！③

---

① 叶金星访谈笔记：2009-2-17，莆田山兜青云庙。
② 吴九涛访谈笔记：2006-11-9，莆田石庭四甲天云亭。
③ 新加坡昭灵祖庙：《甲申年肃坛三日宵》。

该书还收录了丁亥年九月三十日的东山境齐天大圣炼童除妖的栅顶联句：

> 当年涝水显神功赫濯声灵扶四境，
>
> 此日东山新道貌光明正大斩千妖。
>
> 吾神诞自石钟灵从佛悟修成正果，
>
> 万众心如日广种兴贤请报耀文明。①

今日莆田民间崇祀的地方神，谱系来源不一，除了来自本土人物外，有许多来自明清小说，如齐天大圣、高山圣侯（唐三藏）、普济圣侯（猪八戒）等。在坛班训练神童的过程中，神明典故被编入炼童除妖联句，成为重要的坛班仪式文献。此外，持戒期间社区内会张贴各种醒世格言，如"人寿有限，岂容一误再误"等。

坛班在关戒期间训练神童的具体过程，我们目前还不清楚。就关戒结束后神童表演的"出戒"仪式来看，他们显然已经基本掌握了念咒、傩舞等技艺，并且有了神童、扶童、头旗等职责之别。此后有的坛班弟子还要继续训练降神扶乩的技巧，俗称"炼乩"。②

2009 年 2 月 11 日，笔者到涵江鳌山七境观看昭灵祖庙的出戒表演。此次关戒从正月十二开始，历时 7 天。出戒当天凌晨 3 点，坛班弟子出宫表演"踏火场"。早上 9 点开始爬戒梯，围观民众数以万计，现场十分拥挤。当天参加爬戒梯的神童有 16 人，三位老神童都不超过 30 岁，其他均为此次关戒新培训的神童，最小的两位只有 10 岁左右。笔者访问过的一位神童，据说毕业于福建师范大学数学系。戒梯共有 44 层，约 20 米高，仪式持续 1 小时 45 分钟左右。爬戒梯结束后开始游戒，即由坛班弟子抬着庙中的三殿真君、法主仙妃和四位小神仙（合称五夫人）等神像巡游七境的仪式。出戒表演还有冲花、行傩、穿法针等形式，爬戒梯是最为隆重的，但是目前仅有少数庙宇如西刘新灵宫和鳌山昭灵祖庙等恢复了这一仪式传统。③

---

① 新加坡昭灵祖庙：《甲申年肃坛三日宵》。

② ［美］焦大卫、欧大年：《飞鸾：中国民间教派面面观》，周育民译，香港：香港中文大学出版社，2005；许地山：《扶箕迷信的研究》，北京：商务印书馆，1999；康豹、邱正略：《鸾务再兴：战后初期埔里地区鸾堂练乩、著书活动》，南投：水沙连区域研究学术研讨会暨刘枝万先生与水沙连区域研究，2008。

③ 调查笔记：2009-2-12，莆田鳌山七境昭灵祖庙。

每年元宵节期间，坛班内部还要举行年度赐功曹仪式，颁发各种符纸，届时坛班成员一般会将自己的"功曹盒"从家中送到庙里，内有用于奉正气、压邪、安胎、招财、辟邪、赎罪的各种符纸，如"五方符""七星煞""中军煞""林龙江符"等，还有法烛、甘蔗干、宝牒等物件。在元宵仪式结束之前，由道士召请灵鸦使者，送各种符纸上天。就调查资料而言，各地坛班的功曹盒内容有异，但一般都会有赐予神童的宝牒①。如江口石庭宫坛班宝牒，格式如下：

　　　庐山大法院据中华人民共和国福建省兴化府莆田县唐安乡永丰里石庭境福兴西社奉道祈福保境。

　　　神童弟子　　命官　年　月　日　时生，叨北斗元君下主照，但念　　于前年叨蒙本宫奉祀恩主三殿真君，炼为神童，既发愿奉神，即在坛受事，代宣神语，以利民生。愿正道以祛邪，示阴功而救劫。前已通名于金阙，今再受戒于琼坛，庶沐仁恩，得应嘉佑。是月今日，崇建保境，颂太上之威颜，扬庐山之教典。虔祈福祉，愿遂安宁。

　　　今则恭按真科，特宣正戒。先奏三清上帝，仰申四府高真，垂证仪锡，福恩庞洪，须至牒者。

　　　右牒付神童弟子　　收照长生。

　　　太岁　年　月　日给。

　　　恩主三殿真君、太清法师吴德琳、祖师庐山法主应元保运真君许。②

在兴化北部民间的社区性仪式中，坛班往往唱主角。据笔者调查，坛班的日常仪式活动大致可以分为以下四种：

一是行傩，即表演傩舞。这是每年元宵期间绕境游神、游灯、封路和神明出郊、神诞庆典中必不可少的。先由扶童在庙内念咒、摇铃、敲锣，一旦神童感受神灵"附体"，就会在扶童的协助下迅速穿上法服、系好头巾、戴上帽子、手持宝剑，到祭坛前持香叩拜。一切准备就绪后，全体坛班弟子簇拥着神童出庙，一位弟子手持头旗引领所有神童及扶童脚踩花步、左右回旋，表演各种舞蹈。坛班的队形和舞步随着强弱缓急的咒语

①　黄晓铭访谈笔记：2008-8-21，马来西亚芙蓉坡东天宫。

②　莆田石庭四甲石庭宫：《坛班弟子宝牒》，2009。

和锣鼓声不断变换。①

江口吴姓道士家中收藏了清光绪壬午（1882）年编纂的坛班花册，这是各种行傩舞步图像的汇集。其中记录的傩舞形式有五师、七师、九师、十三师、十五师、十七师、十九师、廿一师等花位，每种花位内又有不同名称的舞步，如五师花位舞步有：花橄榄、铁板轿、横水白莲、三品葡、单叶莲、橄榄花、单叶莲、并蒂金莲、双飞燕、钩耳莲、荷包锁、映水白莲、金高刀、鸳鸯戏水、游戏三昧、双耳莲等。②

二是画符。举行社区性仪式的前一个晚上俗称"画符夜"，所有坛班弟子一般都要到庙里画符。2009 年农历三月十一日，笔者曾在石庭石庭宫参观坛班画符，并做过有关访谈。坛班弟子于夜幕降临时就陆续来到宫内，分别在两张神桌上画符。其中有古稀老人，也有幼小男童，他们互相临摹，现场教学。画符的材料为朱砂和黄表纸，还要用到神明的印章；程序是先写上"敕令"二字，下面用单字或符号表示各尊不同的神明，最后盖上刻有神明名字的法印。全部画完后，坛班弟子到庙外行傩，以此结束画符夜。当晚降神画符的有昊天帝子、三殿真君、惠济圣侯、法主仙妃、柳金圣侯。所画之符装入红色小塑料袋，在仪式过程中分发给请香弟子与村民。③

三是扶乩问事。除重大节日之外，坛班弟子一般都在庙中定期举行降神仪式，为当地信徒扶乩问事。扶乩之夜，问事者先到庙内烧香求神，坛班弟子则不断念咒摇铃，等待神明"附体"。宣示神谕方式因庙而异，有的通过扶乩默写，有的由乩手开口诵读。

四是庙际往来。坛班弟子一般要代表所在社区或庙宇，参加当地其他庙宇的行傩或冲花等仪式活动。2009 年农历二月初二日，笔者在江口铁灶村观看元宵绕境仪式，当晚有来自刘庄、石庭宫、下西坡、顶西坡、东施、埔埕等村/庙的坛班弟子参加行傩；初十日在江口下西坡村龙山宫，晚上 11 点左右有将近百人一起行傩。在兴化平原北部的涵江一带盛行神童"冲花"即赤身抵挡喷射烟花的表演，由"通家庙"即同一仪式联盟内的庙宇参加。2008 年元宵节，笔者曾在涵江白塘六村仪清社观看 100 多位神

---

① 《林外境志·正常社事》，2002：378—433。

② 《花册》，清光绪壬午年（1882 年），吴九涛家族藏本。

③ 调查笔记：2009-4-6，莆田石庭四甲石庭宫。

童参加的冲花表演。①

三、海外兴化人的坛班组织

大致说来，在兴化平原北部地区，坛班是乡村社会中最为重要的仪式团体。青少年男性如能加入坛班，成为神童或扶童，将被视为家庭乃至宗族的荣耀；普通乡民到庙里求神庇佑，最常见的方式也是请坛班扶乩问事。然而，从20世纪50年代至70年代，兴化本土的坛班组织一度解体，关戒、行傩与降乩之类的仪式活动也随之中断。与此相反，在海外兴化人聚居地区，祖籍地的社会文化传统包括坛班组织与相关仪式传统得到了持续的传承、创新和发展。

以坛班组织为核心的新加坡九鲤洞可能是海外最古老的兴化人庙宇。新加坡九鲤洞隶属于兴化坛班三大派别中的琼瑶教，现有弟子约70人，已经关戒12次以上，辈分排行为"琼园桃李芬芳秀，瑶坛松柏霜雪青"。2009年农历五月廿一至廿三日，新加坡九鲤洞首次举行女子持戒仪式，开创本洞女教，并于五月廿四至三十日接着举行男子持戒仪式，当时降神的有通天章圣侯、达地王郎君、柳金圣侯、惠烈圣侯、司马圣王、田公元帅、刘公元帅、齐天大圣、康中军等。

新加坡"琼瑶教邸"于50年代开教，自1975年迄今已经关戒6次，又为女子关戒2次。现有男弟子约100人，其辈分排行为"琼道真传开正教，瑶高宇宙建兴师"；女弟子约70人，其辈分排行为"仙妃妙法传坤道共种桃李法园绿叶成荫，琼瑶正教庆众生同登蓬莱仙境道脉长存"。这一坛班组织的成员并不限于兴化移民，而是吸纳了众多其他方言群的人，而且在九鲤洞之前率先引入女子关戒，吸引坛班弟子的家眷参加各种仪式活动，因而得到了较快的发展。

新加坡"琼瑶仙教"源于兴化的石庭仙圣楼，即如今的"福莆仙九鲤洞总镇"。从总镇的"历代古坛"题刻，我们可以大致了解九鲤洞这一坛

---

① 有关庙宇包括：镇前寿山宫、江边长福中社、下港弘仁祠、孝户兴隆宫、镇前延寿坛、江尾长福东社、镇前大度宫、集奎龙头里社、上郑长福西社、镇前连中洞、港头新有社、大度下长福西社、兰田兴安社、瑶池显应社、港头田尾兴贤社、后亭迎福社、牙口永安社，上述庙宇都位于白塘湖周边地区。据访谈笔记：2007-2，莆田白塘六村仪清社。

班组织的分支系统，其主要下属庙宇包括：石庭顶旧厝九鲤洞分镇，新加坡九鲤洞和琼瑶教邸，印度尼西亚雅加达、丁宜、奇沙兰的九鲤洞分镇。此外，印度尼西亚棉兰的锦江东岳观和汉都亚路东岳观，也是由新加坡九鲤洞弟子在50年代发起创建的以坛班组织为核心的庙宇。由此可见，九鲤洞坛班组织的影响早已辐射至东南亚的兴化人聚居区。

新加坡兴化人的坛班组织最初可能只存在于九鲤洞、琼瑶教邸、琼瑶仙教等少数庙宇，后来其他兴化人庙宇也纷纷仿效。目前，新加坡绝大多数的兴化人庙宇都已举行过关戒仪式，设立了坛班组织。其发展趋势大致有两类：一是在原籍有关戒传统的庙宇，在海外重新组建坛班，举行关戒仪式；二是在原籍并无关戒传统的庙宇，也在海外举行关戒仪式，创建坛班组织。

第一类如"金轮派"的仙宫堂与重兴祖庙，二者在祖籍村庙已有坛班组织，其教下弟子很早就到海外谋生，50年代相继在新加坡建立了分庙。在与故土的联系中断之后，海外分庙很快重建了坛班组织，并开始举行关戒仪式，培训新一代的神童，以确保原籍仪式传统的传承。仙宫堂的坛班现有弟子约50人，已关戒10次左右；重兴祖庙已关戒8次，坛班弟子30多人，每周二晚上为信徒扶乩问事。

第二类如新加坡安仁宫、昭灵庙、灵慈行宫和天性祠等，它们在兴化原籍的祖庙虽有神童，但并无坛班组织和关戒传统，到新加坡的分庙才引入关戒仪式，建立了自己的坛班组织。

安仁宫弟子以祖籍涵江安仁七境的兴化人为主，在其创立及后来的搬迁发展中，逐渐吸纳了兴化其他村落和不同方言群的移民。安仁宫的发起人中有三位神童，但他们并未经过关戒训练，也没有参加过坛班组织。这是因为，在兴化原籍，安仁七境的神童都是经由念咒摇铃就可以降神，而神童之间的仪式联盟主要表现为冲花的仪式系统。然而，新加坡的安仁宫在后来的发展中，除了神明谱系与原籍庙宇产生较大差别之外，最重要的变化在于通过关戒仪式培训新的神童、建立坛班组织。

祖籍安仁七境田岑村的陈招棋家族，在新加坡已经传历四代，现有海外人口约50人，都是非常活跃的安仁宫弟子。几乎每天下午都有陈家人来到安仁宫楼上聚会。笔者回到他们的祖籍地访问时，遇到陈招棋弟弟家的后裔，他们谈及新加坡大伯一家，都会很感慨地说："他们很虔诚啊。我大伯那些孙子，很小就会降神了。"①

　　田岑村的村庙是青云殿，目前只有田公元帅有神童。笔者曾到神童家中访问，他的妻子告诉我："目前我们村就我老公一个神童，看看菩萨什么时候要再讨人。"② 根据访谈与田野考察，我们得知，在安仁七境以及周边地区，庙里的神童是由神明自己"讨"的，无需通过关戒仪式的系统培训。而在新加坡安仁宫，举行关戒仪式已经成为训练神童不可或缺的环节。

　　祖籍福清江兜的新加坡昭灵庙，历史上也未曾举行关戒仪式。由于受到海外兴化人庙宇关戒之风的影响，昭灵庙也于 2005、2007 年举行关戒与炼乩，自建坛班组织，每逢农历初一、十五和每隔两周的周末举行扶乩问事仪式。

　　祖籍莆田灵慈七境的新加坡灵慈行宫，目前通过"赐功曹"的仪式培训神童，坛班组织并不举行关戒仪式。③ 此类庙宇的坛班弟子，定期集中在庙中训练降神，最后再请道士举行"赐功曹"仪式，正式确认神童的资格。在兴化原籍，灵慈宫的降神传统在 1949 年后中断，直至 1984 年举办庙宇重修开光仪式，请新加坡灵慈行宫的乡亲回乡参加，才恢复降神仪式。据说，当时新加坡灵慈行宫有普济圣侯、柳金圣侯、齐天大圣、虎爷、林公圣侯的神童回来助兴，其中千里眼（金公圣侯）的神童在距离村庙几百米处就开始降神，表演得惟妙惟肖，形神俱备，当地乡民至今仍然津津乐道。④

　　新加坡天性祠也是采用"赐功曹"的方式培训神童。天性祠原是三一教祠，据说创建于 1918 年，庙中的对联为"原人散龙会东山正气，性明救世飞南国开宗"，其中的东山指兴化的三一教祖祠东山祠，可见新加坡天性祠依然奉三一教为正统。目前天性祠与祖籍三一教祠最为显著的区别，就是通过"赐功曹"仪式培训神童。目前天性祠共有坛班弟子 50 多人，曾于 1949、1986、1995 年三度举行"赐功曹"仪式。其中 1995 年的仪式持

　　① 　陈兆英访谈笔记：2009-2-19，莆田安仁七境青云殿。

　　② 　调查笔记：2009-2-19，莆田安仁七境青云殿。

　　③ 　兴化原籍的"赐功曹"仪式，一般是与关戒同时举行，只有在江口孝义七境佑圣观才有此类独立的培训神童仪式，据说是由于在关戒时曾经出过人命，所以才采用这种简化的变通办法。据访谈笔记：2007-3-10，莆田孝义七境佑圣观。

　　④ 　访谈笔记：2009-2-25，莆田洪度七境灵慈宫。

续一个多月，共有30多人参加，聘请马来西亚居銮珠光书院的经师主持仪式，全体信徒在"赐功曹"期间都必须实行斋戒。

新加坡天性祠的大规模仪式活动，融合了三一教祠、村庙与坛班的特点。每年正月元宵、七月三一教主诞辰、中元普度、十二月神诞庆典，一共演戏8天，每次都要选出正副两个炉主。元宵庆典从正月十一开始，十四由神童表演"过火炉"，抬都天元帅神像出游，并由本祠神童主持封路仪式。天性祠的中元普度号称"大总尼中元会"，从农历七月十四持续到十七，十四至十六由经师举行神诞庆典仪式、本祠神童表演降神仪式，十七为普度日。此外，每隔十年，天性祠都要举行一次大普度，接受信徒送来祠内供奉的祖先牌位。每周一和每月的初一、十五，天性祠的神童都会降神，但只会开口宣示神谕，不会扶乩，也不用穿着神服。

四、海外兴化人的关戒仪式

东南亚的兴化人庙宇目前大多已经举行过关戒仪式。原籍梧塘漏头四社的新加坡崇福堂，是少数尚未关戒的庙宇之一，目前正在筹备首次关戒仪式。崇福堂的创办人之一王金棋先生告诉笔者：

> 我们的庙参加的人少，就是因为我们以前没有关戒。来年我就来关戒，关了以后，看你们还敢不来？[①]

青云庙的坛班弟子家属林碧诗对崇福堂也有类似的看法。她说：

> 他们是我们兴化人庙宇中比较冷清的一个，因为他们没有关戒，弟子当然就不会按时过去了。[②]

关戒是海外兴化人庙宇最为隆重的仪式，只有关戒才能凝聚人心、延续原来的仪式传统，从相关文献及图片资料可一窥其盛大场面。下面以新加坡安仁宫的相关文献资料为例，分析其仪式过程。

笔者收集的安仁宫关戒文献，是委托兴化本土老道士吴九涛先生为2010年的关戒仪式准备的，题作《新加坡安仁宫庚寅年持戒文献》，包括大量对联、颂词、谕示和贺联等。对联主要用于布置庙宇和仪式现场，渲染宗教气氛，例如：

外大门二对：

---

① 王金棋访谈笔记：2007-6-2，新加坡兴安天后宫。
② 林碧诗访谈笔记：2007-6-12，新加坡青云庙。

"持法戒而敷景福，悟玄机以显神功。"

"入室操修安社稷，封坛持戒护侨民。"

外殿小一对：

"法戒修持调玉烛，声灵赫濯固金汤。"

驻驾联二对：

"圣驾降临知有意，宝筵招待福无疆。"横批"共邀福祉"。

"香火腾空迎圣驾，笙歌载道接嘉宾。"横批"同护繁喜"。

内殿三对：

"寻真须向戒中得，悟道必由理内求。"

"正道玄玄参妙谛，元功默默悟真机。"

"道合乾坤循教化，昭灵日月镇坛场。"

台上肃功曹一对：

"法戒宏开千载鉴，功曹兴进万民安。"

出戒拜斗台一对：

"道授庐山登梯拜斗，香腾法界降福致祥。"

入戒戏联三对：

"闭室潜修持法戒，登台作曲播佳音。"

"法授庐山传正道，歌赓福地谱元音。"

"持戒昭洋洋盛得，作歌报喜喜佳音。"

出戒联一对：

"持戒功完龙虎伏，开坛乐奏凤凰仪。"

送宵联一对：

"香驾回銮花奉送，梨觭虔献曲重传。"

送宵宫联：

"香驾御风回洞府，霓裳是日咏罗天。"

在上述对联中，大门联、外殿联、内殿联用于装饰庙宇建筑，而驻驾联、肃功曹联、拜斗联、入戒戏联、出戒联、送宵联都是用于特定的仪式场所。与此同时，还要在庙门前悬挂大幅中堂，向神明献上颂词，例如：

教主都天张句：

"妙法授庐山监雷掣电千妖伏，炼童钦帝命步斗踏罡百姓安。"

齐天大圣孙句：

"铁棒不离身鬼怪闻声惊破胆，金睛经修炼士民想象足安心。"

昊天帝子田句：

"慷慨传千古三界中英雄第一，风流著万邦九天上歌舞无双。"

玄坛元帅赵句：

"移山拔树镇伏罗骑黑虎，出泽道河掌权令执钢鞭。"

五显大帝马句：

"火焰金光五行中帝君其一，天翻地动两间内世美无双。"

都天元帅李句：

"骨格托莲花体合元皇正气，苞符成活相莫灵太乙玄机。"

吉祥大将妙句：

"在质在旁吉祥赫赫观有爽，而藏而舍法宝恢恢荐无停。"

马贾大将马句：

"顺天应运彰庇无私安里社，以善化民监观有赫炼童身。"

白牙大将白句：

"随主下凡形异神同收风火，执旗上手道施法化灭怪精。"

黑虎大将黑句：

"修身成正果猛称黑虎安社稷，炼性得真传威伏赤龙护山河。"

福德正神句：

"惟吾司土地正则为神灵万古，锡尔发财丁福归有德庇千家。"

观音大士句：

"随处现身芙蓉花面春风暖，寻声救苦杨柳枝头甘露香。"

其中能降神的张公圣君、齐天大圣、昊天帝子、玄坛元帅、都天元帅、五显大帝是关戒仪式中的主角。仪式过程中的各种谕示，都是以这些神明的名义发布的。例如，决定举行关戒仪式的谕示，以安仁宫主神张公圣君的名义发布：

> 玉封教主都天监雷御使张，为修持法戒炼童恭邀福祉事：受法于庐山，降祥于侨间，本圣君威镇安仁，英灵显赫，名震四方。欣逢盛世，天开黄道良辰，日映紫微耀彩，神人共乐。承上天之命，惟修斋持戒炼童，方能植福禳灾，长保安康。谨择定于庚寅年　月　日申时入坛，受戒炼童，锡福降祥。特为晓谕。
>
> 太岁庚寅年　月　日给。

仪式过程中的日程安排与注意事项，以都天元帅（哪吒）的名义发布：

本帅为持戒炼童顺利开坛，通鼓及时，更鼓及时，周围环境卫生要打扫清洁。为防止饮食意外发生，进坛物品要新鲜清洁，馐食准时。特指谕生活作息时间如左（略）。

李谕。太岁庚寅年　月　日给。

关于关戒期间的求神请愿事宜，以齐天大圣的名义发布谕示：

为四方虔民祈求默疏者晓示：本大圣抚镇斯疆，护国安民，奉锡设坛持戒，同本宫列圣聚集弘道修真。凡欲问卜家机、祈求出疏者，须洁身诚意，敬备果酌、贡金、香烛，亲临坛前，焚香祈祷，本宫列圣自当批示，偈语总有应验。日期：本月　日，上午七点至十一点，下午两点至五点，逾时概不销疏。若有秽身素服，一律免进，各宜严格遵守，特谕。

孙批。太岁庚寅年　月　日给。

关于关戒期间的饮食安排，以田公元帅的名义发布谕示：

玉封昊天帝子忠烈大元帅田，为入坛持戒炼童虔进戒饭事。照得：七宝宫中得聪明之子，九重殿上称忠烈之臣。本帅会同僚弘道修真，现时辰将临，合境虔民善信，凡有口许或欲送戒饭者，宜提前来宫登记，安排有序，不乱神机，默庇尔福无疆。特谕晓示。

田谕。太岁庚寅年　月　日给。

关戒期间全体同乡都要实行斋戒，有关谕示以玄坛元帅的名义发布：

玉封正一玄坛都督元帅赵，为持戒炼童奉斋晓示事。照得：安仁宫为修斋持戒炼童，神光浩荡，盛世黎民，宇宙融合，正是神人共乐之时。日圣日神，却似风雨之会；乃文乃武，瞻如日月之升。爰特指谕合郡诸子侨民知悉，于今月　日至　日，人人奉斋，户户迎祥，一诚可格，万福攸归。特谕。

赵谕。太岁庚寅年　月　日给。

关戒期间的阴间秩序由"当境土地、值日功曹、护坛将军"等辅佐神明负责，以灵官大帝的名义发布谕示：

本帝威镇安仁，辅国庇民，声灵赫濯，修斋持戒，祈保侨民阳长阴消。为防止魑魅相侵，我疆我界当境土地、值日功曹、护坛将军守卫斋坛，严紧巡视境土，确保持戒顺利开坛，诸事亨通，福贶黎民，特给此谕遵照。

马批。太岁庚寅年　月　日给。

此外，在关戒期间还要实行道德教化，照例也是以神明降乩的形式发布谕示，俗称"红告示"。例如以张公圣君的名义发布的谕示：

玉封教主都天监雷御使张，为修持法戒训练真童以邀景福事：淑气腾佳节，骏彩星驰，惠风和畅，天开泰运，人乐升平时。本圣君奉上天之明命，威镇安仁，以善化民，大道无私向人心。人心有异而报应皆同，能悟其同而变其异者，则人心皆正矣。苟正其心，则天之报施者，降福而不殃也。古之君子尚有三畏，而况于人乎？此中人以上，可以语上矣。现世风不古，人心多变，故此戒之所以必持也。消既往之愆，削将来之祸，降福修真，洽于万户，无灾无害，和气溢于四时。持者奉其事而弥谨，戒者慎其行而无亏。故大学之道，在明明德，在亲民，在止于至善。止而后有定，定而后能静，静而后能安，安而后能虑，虑而后能得。物有本末，事有终始，知所先后，则近道矣。神人合道，方知圣德昭彰，感慨系之，以至谆谆善诱。尔等莫作闲言，若能行孝悌忠信，自然福降灾消。持戒炼童之事，本为尔民造福，保国封疆，驱除邪祟，各家须致诚致敬，肃静和睦，扫地焚香，幸怀多福，则承庥于无既矣。毋违，特示。

太岁庚寅年　月　日给。

在出戒之际，又以都天元帅的名义发布如下谕示：

玉封三十三天都元帅李，为戒务圆满降福孔阶事。照得：丽日舒辉，当文明之盛初启；仁风布暖，望紫气以□交腾。乾坤合德，方知造化无私；日月齐名，始信神明有赫。扶正道，启后人，伟绩丰功；逞声灵，昭赫濯，代天行化。深为功化，明以晓谕，既以谆谆之语矣，毋庸恣恣不休也。特为普告侨民，须要洗心涤虑，知吾设玄坛所，设清虚以运气，通泸岛而修真，按行二八之精华，不殊三六之奥妙，监邪气之不入，督斋心之可格，明庄严之盛典，辅完满之宏功，沛泽施惠，诚莫大焉。为此体上天之慈，遵依本主之命，谨诹今月　日　时开坛演法，出郊拜斗，巡方隅而踏翠，鸣金鼓以扬威。孔道扬铃，扫妖氛于万里；长空竖帜，敷福祉于千家。乐事同民，法缘胥庆，上和下睦，老安少怀。故仰知悉，各宜钦布盛德，辅弼灵坛。将见无穷之福祉，得观万象之维新，推有脚之阳春，俾四时之迪吉，自此国固金汤，时调玉烛，士庆允升，农欣大有，工商占豫顺之休，黎庶享太平之福，皆大欢喜，信受奉行。

太岁庚寅年　月　日给。

在仪式过程中使用的上述文献，都必须在庙中以神明降乩的形式书写，然后在庙前广场张榜公布，具有明显的"以神道设教"的意味。

五、海外坛班组织与关戒仪式的意义

关戒期间的"探戒"仪式是强化海外兴化人庙际联系的重要媒介。在某一庙宇关戒期间，其他兴化人庙宇照例都必须前往"探戒"，本意是其他庙宇的神明到关戒现场帮忙维持秩序，仪式现场为来访神明安排临时"驻驾"场所，现在一般是通过送花篮、锦旗、食品等向关戒的庙宇表示祝贺。在新加坡安仁宫的关戒文献中，有一组专门为前来"探戒"的庙宇准备的"回庆贺联"，集中反映了新加坡兴化人庙宇的不同特点和相互联系。兹抄录如下：

石庭宫："石炉香火腾万阙，庭殿声灵颂昊天。"

崇福堂："崇尊真无悬三尺，福曜天枢展七星。"

灵慈行宫："灵昭万代女中圣，慈感列朝海上神。"

青云庙："青天日月悬明镜，云海查巡尊大神。"

重兴祖庙："重光祖庙垂千载，兴进功曹护万家。"

仙宫堂："仙药妙方康济世，宫符咒水可驱邪。"

琼瑶仙教："琼苑春风仙曲妙，瑶池秋水道心空。"

琼瑶教邸："琼阙谈玄迎紫气，瑶坛启教诵黄庭。"

兴胜宫："兴雷布雨功勋大，胜迹神威教泽长。"

樟宜兴胜宫："兴天启教唐虞绍，胜地敦诚孔孟尊。"

九鲤洞："九华迭翠藏灵气，鲤洞深幽悟妙玄。"

昭灵庙："昭德光辉同日月，灵威赫濯镇乾坤。"

鲤江庙："鲤江庙大神威大，莆海流长教泽长。"

天性祠："天从人意兴三教，性自身修阐一中。"

濠浦社："威灵有赫镇濠浦，忠正无偏尊圣侯。"

昭惠庙："昭灵永显称朱帅，惠泽长敷佑赤民。"

会庆堂："会列圣时调玉烛，庆升平永固金瓯。"

金麟宫："金凤银钗冠顶上，麟儿赤子赐人间。"

后备："修持法戒玄功著，敷锡人家景福多。"

后备："正气浩然昭宇宙，威灵显赫镇乾坤。"

在兴化本土，通常是在同一仪式联盟内的"通家庙"之间，才会在关戒期间互相"探戒"。但在东南亚，几乎所有兴化人庙宇都会在关戒期间相互"探戒"，可见这里的庙际联系更为密切。2014 年 11 月，我在芙蓉坡观看兴化庙宇东天宫与志元堂的持戒仪式，兴化原乡、新加坡、印尼、马来西亚等地的兴化人庙宇都派团参加探戒。新加坡安仁宫代表团有 20 人，兴化志元堂女子车鼓队有 20 余人。来自五湖四海的上百兴化人共进晚餐，场面壮观。

关戒的主要目的是培训新的神童，建立和发展坛班组织。经过关戒的坛班成员，一般必须轮流到庙里值班，并定期参加元宵巡游、神诞庆典和扶乩问事等仪式活动，使兴化人庙宇中的仪式传统得以不断延续。在关戒之后，坛班弟子的身份为庙中某一个神明的神童或扶童，因此在坛班内部形成了以不同神明为认同标志的小团体，在各种仪式活动中各司其职，分工协作，形成了严密的组织系统。坛班组织有严格的道德标准和行为规范，坛班弟子都必须遵守本坛戒律。例如，琼瑶教邸有十条戒律：

一、光大吾教，不得背叛。二、孝养父母，不得忤逆。三、常存恻隐之心，不得乱开杀戒。四、色欲亡形，不得淫盗。五、同门如手足，不得挑拨离间。六、教中长幼有序，不得以下犯上。七、伦理有常，不得乱伦。八、书符济世，不得以术害人。九、持坛者正，不得欺诈世人。十、仙机秘密，不得随意泄漏。[1]

坛班弟子之间通常以兄弟相称，不仅在公众仪式中要通力合作，在私人事务中也要相互支持。例如，琼瑶教邸在教下弟子办理丧事时，专门向所有坛班成员发出通告：

敬告诸教下：本邸杨亚九教下令堂严太夫人仙逝，定于本星期六（2007-6-2）晚上去探丧，敬希各教下能拨冗出席。地点：昌西岭大牌 4

---

① 新加坡琼瑶教邸：《道教十戒》。

号。出殡日期：星期日早9点。①

坛班组织和关戒仪式培养了一代又一代的仪式专家，强化了他们对祖籍地社会文化传统的认同。在人生体验中，参与仪式活动的观感往往是终生难忘的，尤其是童年时代参与仪式活动的记忆。许多加入坛班组织的兴化移民后裔，多为自幼随父母到庙中观看仪式，在长大成人后也积极参加庙宇活动，成为祖籍地仪式传统得以延续的重要力量。我们曾经访问过一些坛班组织的成员，他们大多是在海外出生的第二代移民，有的甚至不会讲兴化话，但由于少年时代参加过关戒仪式，目前都成为庙中的仪式专家和主要管理人员。有些坛班弟子原来不懂兴化方言，也是在参加坛班仪式活动的过程中重新学习的。如新加坡安仁宫坛班弟子沈庆麟先生，因母亲为福州人，自幼家中习用福州话，在十岁以后参加安仁宫的仪式活动，从学习敲锣打鼓到正式成为坛班弟子，逐渐学会了兴化方言。② 坛班弟子的家人一般也都乐于参加庙中的仪式活动，积极支持庙宇的发展。近年来兴起的"欧仙姑教"，专门为妇女举行关戒仪式，组织女子坛班，实际上就是为坛班弟子家属创设的。

坛班组织也是海外兴化人庙宇管理和仪式活动的主导力量。在东南亚各地持续不断的城市化进程中，兴化人的居住状态日趋分散，已经不可能聚居于庙宇附近。因此，每周或每月由坛班弟子主持的扶乩问事，成为散居各地的同乡的定期聚会时间。例如，新加坡九鲤洞现有三对乩手，在每周一、周三和周日都要举行扶乩问事，因而成为新加坡兴化人最常去的公共聚会场所。③ 反观兴化本土，坛班组织在庙宇管理和仪式活动中一般并不占主导地位。这是因为，兴化乡村大多维持传统的聚族而居状态，其庙宇管理和仪式活动一般是由家族组织或老人会主持，坛班组织只起辅助作用。笔者认为，在海外移民的分散居住和经常迁移的社会环境中，只有借助于此类严密的仪式组织，才有可能确保相关庙宇和仪式传统的长期延续。

---

① 新加坡琼瑶教邸：《敬告诸教下》，2007。

② 沈庆麟访谈笔记：2008-8-2，新加坡安仁宫。

③ 根据笔者调查，女子"关戒"始于印度尼西亚丁宜九鲤洞，近年传入新加坡，琼瑶教邸率先效仿，莆田江口石庭九鲤洞于2007年10月举行首届女子关戒。据访谈笔记：2009-11-22，莆田石庭四甲九鲤洞。

在坛班组织的仪式活动中，道士也扮演了重要的角色，二者有相对独立又相辅相成的仪式传统。关于坛班和道士在仪式过程中的互动关系，将在下节探讨。

第二节　道士的师承与仪式活动

在兴化方言中，道士俗称"师公"，特指使用道教科仪的仪式专家。民国《莆田县志》指出："符箓一科，亦久而失传。称为'道士'，在家有妻子，与常人无异，惟斋醮祈祷，则衣道服、上青词而已。"① 这就是说，当地的道士并无严格的授箓传统，只是做仪式时穿上道服，懂得使用道教文献。其实，县志编纂者张琴作为传统士绅，对民间道士是不无偏见的。据我们调查，无论在兴化本土还是海外地区，成为道士都需要经过严格的训练和同行的认可，并非任何人都可以滥竽充数。

兴化本土的道士一般是世代相承的仪式专家，较少接受本家族以外的徒弟。要想成为道士，除了出生于道士世家，还必须学会许多基本仪式技能。在道士世家出生的孩子，通常从幼年开始就在长辈的指导下习诵各种经书和科仪范本，具备一定的古文修养和书法基础，学会撰写各种仪式场合的榜文；还要具备足够的音乐素养，学会演奏鼓、磬、锣、钹、胡等乐器，熟悉各种曲牌、唱腔和舞步。兴化民间对道士有"一容二声三本事"的评价标准，即对道士的外形、音质与基本技能都很看重。在仪式表演过程中，兴化道士不仅诵唱念经，鼓乐齐鸣，行罡步斗，穿行起舞，而且撰写疏文，发布文告，编制科仪，创造各种道教文献，实际上是长期活跃于民间的音乐人和文化人。② 在许多社区，道士家族同时开设私塾。

由于传法谱系和仪式传统的差异，兴化道士分为"庐山派"和"正一派"两大系统。大致说来，山区一带的道士属庐山派，奉许真君为祖师爷；沿海平原地区的道士属正一派，奉张天师为祖师爷。在派别内部还有不同的道坛，通常称为"坛"或"靖"，莆田民间有"三十六靖"之说。道坛之间的差异，不在于各自的醮典科仪，而在于不同道士世家的传承谱系。例如，在莆田北部的江口平原有五个道士世家，即游墩村林氏、上方

---

① 民国《莆田县志》卷 8《宗教》，上海：上海书店出版社，2000：283。
② 吴九涛访谈笔记：2009-8-25，莆田石庭吴九涛家。

村吴氏、海星村黄氏、前面村李氏、度围头村卢氏，五家各为一"坛"或一"靖"，笔者所见有清净坛、神应靖、恒清靖、神应坛和玄妙靖。随着后裔的不断繁衍和分化，道士家族内部还会不断分出新的道坛，因而"坛"或"靖"的数量也是变动的。

东南亚地区的兴化道士，主要继承了正一派的仪式传统，这可能与早期的兴化移民主要来自沿海地区密切相关。戴文荣先生是目前新加坡唯一独立设立道坛（显济坛）的兴化道士。据他回忆，早期来到新加坡的兴化道士有四个流派（道坛），其中年代最早的可能是来自江口度围头村的道士卢大和。在戴先生收藏的道教科仪书中，有"恒清道靖卢大和"的题记。与卢大和同时代的道士还有林光廷。戴先生的师傅余梦维，祖籍莆田白沙乡，下南洋的时间较晚，30多岁才来到新加坡谋生。白沙属于兴化平原的边缘山区，当地俗称"山里"，其道士传统属于庐山派。余梦维出身道士世家，从他留下的科仪书中可以看出，其传承世系至少已历经余启兴（章甫）、余应元、余梦维三代。由于其庐山派背景，余梦维来新加坡后很长一段时间没有参与仪式活动。后来随着其他道士的相继淡出，他才获得主持仪式的机会，但必须改用正一派的仪式套路。他在新加坡曾教过两位弟子，如今只有戴先生以道士为业，另一位弟子早已改行移居马来西亚。

戴文荣在新加坡出生和长大，祖籍为江口阪梁村。他的父辈仅一人现在兴化老家，其余四人均在新加坡定居，大伯曾拥有108辆三轮车，子侄们都经营汽车配件，经济状况良好。1956年，戴母搭乘最后一批客船，到新加坡与丈夫团聚。戴先生出生于1956年12月，13岁开始师从方文忠先生学演木偶戏。后来由于兴化戏的演出市场萎缩，他于1986年改为追随余梦维道士当助手。1992年余梦维去世，戴先生一度以理发为生，到安仁宫问神后正式学当道士。1993年，他在王金棋的陪同下回到兴化老家拜师学艺，师从江口游墩正一派道士林亚麟（亚潘），取得法号后回新加坡设立自己的道坛，开始独立主持仪式。[①] 江口老道士吴九涛先生，曾经对笔者谈到戴文荣回乡学艺的经历：

> 他当时想回来跟我学习，但是因为他不是道士家庭出身的，我一定要聘请七个道士开筵，才能正式收他为徒，赐予法名，雕刻三宝印

① 戴文荣访谈笔记：2008-7-20，新加坡戴文荣家。

和执印，但是费用很高。后来别人愿意收他，他就去跟别人学习了。他很肯学，很不错。我们吴家的法名，是明代万历年间京城里授予的。①

戴文荣现在是全职道士，但还没有带出自己的徒弟，在仪式活动中一般都要雇佣帮手。他的仪式组合通常为三人一鼓，人手有限，无法主持规模较大的醮典，只能承接普通的清醮，仪式过程包括安庆、进表、建坛、献供、送经、五雷忏、布施、小八卦、筵首、送神等环节，有时也举行省略安庆和进表的"半醮"。他们也参加坛班的炼童持戒，曾经主持过琼瑶教邸的出戒仪式。近年来，新加坡兴化庙宇举行的大规模醮典一般都要表演"大八卦"，需要五个或七个道士，都是直接从兴化本土聘请，戴先生反而无人问津。

目前，戴文荣主要主持新加坡兴化庙宇的神诞、元宵、关戒和普度等仪式，有时也参加马来西亚古晋、柔佛等地兴化庙宇的仪式活动。据说以前的兴化道士在主持庙宇仪式之外，也承办各类私人性仪式，如谢恩、拜忏、祭祖、祝寿等。据戴文荣先生回忆，大约1978年他当木偶戏演员期间，还有兴化同乡在九鲤洞举行谢恩仪式，请木偶戏班演出仪式剧《愿》和《北斗》，之后就很少有此类演出。另据容世诚教授的研究，直至1992年，还有兴化人在兴安天后宫旧址举行北斗戏演出。② 这些私人性仪式活动通常都要请兴化道士主持。但目前新加坡兴化人大多居住在政府组屋区内，私人性仪式活动难以筹办，往往改为回老家举办，这就使得新加坡兴化道士的市场趋于萎缩。

在道士的仪式活动中，科仪书是必不可少的文献。无论在兴化本土还是新加坡，每一道坛都有世代相传的用于拜忏、超度、神诞、谢恩和普度等仪式的科仪书，也有一套用于恭请神明和送神的科仪本。道士在仪式过程中书写的各种榜文和告示通常也有固定的格式或底本。笔者在戴文荣先生家中看到了19种科仪书和21种呼神簿，来自不同的兴化人道坛。其中有些科仪书在新加坡已经不再使用，而呼神簿则一直在兴化人庙宇的仪式活动中使用。当然，随着庙宇的人事代谢，呼神簿需要不断重写和更新。

---

① 吴九涛访谈笔记：2009-4-2，莆田石庭铁灶显烈社。

② 容世诚：《北斗戏的田野观察：新加坡福建莆田人的演出》，收入《戏曲人类学初探：仪式、剧场与社群》，桂林：广西师范大学出版社，2003：25—55。

通过分析现存的新加坡兴化人道教文献，我们不但可以了解新加坡乃至马来西亚兴化道士的仪式传统，而且不难看出海外兴化人的神明崇拜和仪式活动的特点。现将戴先生收藏的科仪书列表如下：

表 3　戴文荣藏科仪本一览表

科仪名称	坛　名	年代	备　注
赦枷科文	显济坛余启兴	1887	
洞渊祝灯科文	显济坛余启兴		
早朝元章			
高上玉皇本行集经			
高上玉皇朝天宝忏	显济坛余启兴		
高上玉皇宥罪宝忏	显济坛余应元		
高上玉皇本行集经首末	集美堂余章甫立		
高上玉皇本行集经卷上	集美堂余章甫立		
高上玉皇本行集经卷下	集美堂余章甫立		
瘟府经忏并特醮科文	显济坛余应元	1958	公元一九五八戊戌年蒲夏末旬显济坛余应元七十二叟在星洲牛车街抄传
荐祖科文	显济坛余启兴		
名亡魂科	显济坛余启兴		
延生礼斗科仪	显济坛余启兴		
午朝供元章	显济坛余启兴		
晚朝元章	显济坛余启兴		
阴阳醮全科	显济坛余梦维	1958	岁次戊戌年阳春显济坛余梦维抄用
延生预修建坛仪文	星洲分寓恒清道靖卢大和定	1949	预修建坛事毕，叩九鲤洞门人黄琼祯（即湖亭）于祖国大中华一九四九年十月一日屋多末
庐山炼童持戒演法奏牒科仪	显应坛余应元		
西斗妙经	神应靖林定		养真斋

从以上科仪书可以看出，新加坡历史上的兴化道士不仅主持过神诞庆典、炼童持戒等集体仪式，同时也主持谢恩、北斗、瘟戏等私人性仪式。据说目前新加坡兴化人一般都是回原籍举行私人性宗教仪式，而兴化道士

135

的仪式活动一般都在庙里举行。

从题记可以看出这些科仪书有两种来源：一是从老家带来的，如光绪十三(1887)年的《赦枷科文》；二是在新加坡转抄的，如1958年抄录的《阴阳醮全科》。转抄的文本反映了道坛之间的相互交流，而祖本仍是源于兴化原籍的道教文献。换言之，来自兴化本土的道教科仪书，是新加坡兴化道士科仪的基础文本。

呼神簿是新加坡兴化道士新编的主要科仪书，是主持仪式时的念诵文本。就笔者所见，呼神簿一般以庙宇的主神命名，如安仁宫《御史星辉财赐教民》，御史即"御封监雷都天御史"张公圣君。现将新加坡兴化道士的呼神簿与对应庙宇列表如下：

表4　东南亚兴化道士的呼神簿与庙宇对照表

《御史星辉财赐教民》	安仁宫
《纠察星辉财赐侨乡》	青云庙
《姨妈星辉财赐渔商》	马来西亚古晋皇麟庙
《张公星辉财赐侨乡》	重兴祖庙
《教主星辉福锡人间》	天性祠
《齐天星辉财赐教民》	天性宫
《诸神星辉财赐侨乡》	昭惠庙
《帝惠星辉福锡人间》	九鲤洞石庭宫
《帝子星辉财赐江夏》	九鲤洞石庭宫
《帝极星辉财赐乡侨》	崇福堂
《柳金星辉财赐侨乡》	九鲤洞柳金会
《帝蓬星辉财赐乡侨》	灵慈行宫
《刘公星辉财赐乡侨》	九鲤洞（新灵宫）刘公元帅
《仙长星辉财赐教民》	九鲤洞
《仙长星辉财赐教民》	琼瑶仙教
《仙长星辉财赐教民》	琼瑶教邸
《下元普度财赐教民》	琼瑶仙教
《忠正星辉财赐西东》	濠浦社
《帝极星辉财赐教民》	马来西亚柔佛北极殿
《兰盆普度财赐教民》	琼瑶仙教
《恩承帝阙寿祝龟龄》	谢恩仪式

从以上呼神簿可以看出，东南亚兴化道士主持的仪式活动主要是兴化人庙宇的神诞庆典。这种以庙宇主神命名的呼神簿，内容通常包括本宫神明谱系、其他相关庙宇的请神名单，以及本庙的祖籍地、现居地、福首、炉下弟子名单和主席、总务、财政等管理人员名单。例如，新加坡青云庙的呼神簿《纠察星辉，财赐乡侨》，全文如下：

> 伏以青开黄道，纠察大神，菊月星辉称寿诞；云驻星岛，乡侨教庇，焚香庆赞祝嵩呼。兹据中国福建省兴化莆田市唐安乡永丰里琼山境福寿社人氏，今寄寓新加坡共和国等地各铺家居住，筵设后港五个石罗弄亚思第十一街门牌二十号青云庙庇下，奉道延生上寿庆宴福首叶亚咪，炉下弟子（具名略）领合乡教庇下老幼人等，同求平安，上沐天地深恩，下感圣神庇佑，诚心顶礼，稽首陈情。念合众侨户众等，缘自前年间同心协力建立青云庙，崇奉纠察大神、十使尊王、十一使尊王、神母刘氏太夫人、合庙文武诸神，威灵显赫，有求必应，符水灵通，指示财源。兹者大吕建令，喜逢菊月，庆祝良辰，恭唯本庙纠察大神、十使尊王、十一使尊王千秋寿诞，合乡侨户教庇下善男信女众等，虔诚道场，敬陈清宴，兼演新和平木偶戏，同伸庆祝纠察大神、十使尊王、十一使尊王星辉寿极，圣寿无疆，祈保合乡教庇下利益，同集悃忱，共效嵩呼。

> 涓向九月初十日及十一日两天，大吉良辰，仗道就于本庙炉前修设太上延生上寿庆宴道场一座，上格帝天，下求福佑。伏愿纠察大神施恩光，遍布青云庙中传万古，文武诸神赐财源，威灵星洲境内护千家。教门兴显，符水灵通，男女清吉，合乡平安，生意兴隆，财源广进，千灾扫去，万福来临，凡百施为，吉祥如意。

> 太岁丁亥年九月　日，具词叩上。①

虽然兴化道士传承了兴化本土的仪式传统，但是为各大庙宇撰写的呼神簿并不完全是复制祖籍科仪范本，其措辞与格式都具有海外移民地区的新特点。例如：在兴化本土，地方神庙的呼神簿一般以旧称"兴化府莆田县"称呼籍贯，而新加坡庙宇使用当代行政区划"莆田市"，而且一般都要交代侨居地的详细地址。在兴化本土，由于庙宇位于村落内部，所有村

① 新加坡青云庙呼神簿：《纠察星辉，财赐乡侨》。

民都必须参加村庙仪式，一般不需要公布弟子名单，只由乡老、福首等仪式主持人署名；而在新加坡，由于同乡信徒的居住状态相对分散，历次参加仪式的人员变动不居，故呼神簿每次都要公布参加弟子名单和庙宇的管理人员名单。此外，新加坡的呼神簿中通常有"教门兴显，符水灵通"之类的说法，可见坛班在海外庙宇中的地位尤为突出。

前已提及，坛班成员的出戒、入戒、预修和赐功曹仪式一般都是由道士主持，有时道士还会受聘担任关戒仪式的戒师，如余梦维、戴文荣师徒都曾主持关戒时的坛外仪式。因此，在新加坡兴化道士的仪式文献中，也有不少与坛班有关的文献。关戒仪式中道士用于请神的文本有较为固定的格式，如庚子年显济坛余应元抄写的《庐山炼童持戒演法奏牒科仪》，其中"疏意式"如下：

> 伏以神附人，人附神，人借神而咸灵丕张；人事神，神庇人，神赖人而恩德难忘。欲修庆童之身，当明人众之意。今据入乡贯奉道延生奏名持戒醮主　　　领合　　人等，恭唯本宫神：威严赫濯，固善应以无方；灵爽式凭，亦借人以代道。降炼神童，本怀救济之心；判委护坛，职受皈依之教。击鼓扬铃，旗演庐山之正法；鸣金奉咒，敕扫福地之妖氛。谨遵玄典，复饬威仪。兹者法台演戒，救度生凡，告盟三界，庆会诸真。文牒永为护身宝敕，灵鸦长奏达道云程。祭谢功曹，犒劳帅将，所收微善，求赐疏详。涓于今月是日，就本宫结坛，邀道门演教。状进三天，盂沾八水，朗诵真经，顶礼法忏。午陈上方妙供，夜施下界孤魂。奉安八卦，镇奠五方，善功告美，法事完成。上叩帝天，下求景贶。伏愿来格来歆，品物咸亨洞水；亦临亦保，群生同乐春光；招财亥市，福锡丁阑，坛门兴进，人物安康。谨意。①

从以上奏牒科仪可知，持戒炼童体现了坛班和道教仪式传统的有机结合。在仪式过程中，"就本宫结坛，邀道门演教"，道士成为坛班与上天神界沟通的媒介。道士在坛外诵念经文，调遣各路神兵神将为仪式现场维持秩序，并请灵鸦使者把坛班弟子的宝牒送到天庭。在这里，灵鸦的功能类似于其他道教仪式中的符使，负责在坛班持戒仪式中沟通上天和下界。在

① 《庐山炼童持戒演法奏牒科仪》，戴文荣藏本。

兴化本土与新加坡，坛班举行持戒炼童仪式，一般都是聘请自称正一派的道士主持相关仪式，不过其科仪范本却是采用《庐山演法仪文》，可见坛班的关戒仪式已经吸收、糅杂了正一派与庐山派两个道教流派的仪式传统，成为不同于二者的仪式混合体。

应当指出，目前东南亚兴化道士的仪式活动，也面临着三一教经师的冲击和影响。前已提及，新加坡历史上曾经有兴胜祠、兴胜宫、天性祠等由三一教仪式团体建立的兴化人庙宇。在兴化本土，三一教经师是与道士、和尚并立的仪式专家，目前在兴化地区约有1000多座三一教祠。成为三一教门徒或经师的门槛较低，请经师主持仪式的费用也十分低廉，使得三一教经师在仪式市场占有很大的份额。不过，新加坡的三一教祠似乎并未维持自己的仪式传统，如天性祠的赐功曹仪式也曾由道士戴文荣主持。2006年，天性祠开始组建自己的"经师班"，目前有经师11人，师从马来西亚居銮珠光书院的杨文进经师，主要参加马来西亚兴化人的仪式活动。笔者曾访问祖籍江口后墩的天性祠经师杨春兴，他1963年在新加坡出生，是兴化移民第三代后裔，职业为船舶修理。据他介绍，杨家从他父亲开始就是天性祠弟子，他们兄弟5人中只有他参加了天性祠的经师班。[①] 目前马来西亚各大三一教堂的仪式活动都相当频繁，经常请天性祠经师前去助阵。可以预见，天性祠的经师班一旦介入新加坡兴化人的仪式活动，就会对兴化道士的仪式市场造成严重冲击。

据戴文荣先生介绍，目前新加坡的兴化人只有2万人左右，所以兴化道士的仪式市场也是相当有限的。戴先生组织的道士团体一般只能承担兴化人庙宇的元宵祈福、神诞庆典等小型醮仪，大规模的道教仪式则必须从兴化本土聘请道士团体，这就是戴先生目前面临的生存困境。

第三节　剧团的兴替与仪式戏剧

东南亚历史上的兴化剧团，大致可以分为人戏（大戏）和木偶戏两大类。早期海外兴化人在举行重大仪式活动时，一般会从兴化本土聘请当地著名的剧团到海外演出。20世纪50—70年代，由于海外侨居地与侨乡之

---

① 杨春兴访谈笔记：2008-8-5，新加坡天性祠。

间的联系一度断绝，海外兴化人开始组建自己的剧团，不过大多昙花一现，目前仅存新加坡新和平木偶戏班。海外兴化剧团的历史变迁，集中反映了原乡文化传统在海外侨居地的传承及演变过程。①

一、兴化：莆仙戏与木偶戏

兴化戏流传于莆田全境以及惠安北部和福清南部等兴化方言区，1952年改称"莆仙戏"。一般认为，莆仙戏是在民间"百戏"基础上发展起来的，综合歌、舞、念、打，以表演故事为主。长久以来，由于演出语言的限制，主要流传在兴化方言区和海外兴化人聚居区。莆仙戏班俗称"七子班"，由生、旦、净、末、外、贴、丑等七个行当组成；清乾隆年间增加老旦，演化为"八仙子弟"；清末增加附生花旦等行当。② 莆仙戏的曲牌相当丰富，有"大题三百六，小题七百二"。20世纪60年代的普查共收集了5000多个莆仙戏传统剧目，莆仙戏由此成为中国境内保留传统剧目最多的地方剧种。普查结果轰动了中国戏曲学界，一度掀起了莆仙戏研究热潮。著名作家老舍曾经赋诗："可爱莆仙戏，风流世代传。弦歌八百曲，珠玉五千篇。"③

莆仙戏历史悠久，被学界称为"宋元南戏的活化石"。现有资料表明，莆仙戏是在唐代百戏和宋代傀儡戏的基础上形成的独特表演艺术。宋人

---

① 陈玲玲：《新加坡莆田剧本研究》，新加坡国立大学中文系荣誉学士论文，1995；容世诚：《北斗戏的田野观察：新加坡福建莆田人的演出》，收入《戏曲人类学初探：仪式、剧场与社群》，桂林：广西师范大学出版社，2003；25—55；容世诚：《移民集团的宗教活动和演剧文化：以新加坡兴化人为例》，同上书：128—150；郑莉：《新加坡兴化人的木偶戏与仪式传统》，载新加坡《南洋学报》，2008，62。

② 有关兴化地方戏剧音乐的研究参见谢秋雁等：《福建莆剧史》，莆田市档案馆，1962；王琛：《莆田县莆仙戏杂记》，载《莆田文史资料》第14辑，1990：150—169；陈瞻岵：《旧社会戏班经费收支概况》，载《莆田文史资料》第14辑，1990：170—173；康永福：《解放前莆田仙戏行话简述》，载《涵江文史资料》第6辑，1997：145—150；黄贤春、陈长城：《莆仙戏音乐初析》，载《涵江文史资料》第6辑，1997：135—144；王琛：《我与莆仙戏的一段缘》，载《莆田文史资料》第24辑，1998：159—164；马建华：《莆仙戏与宋元南戏、明清传奇》，北京：中国戏剧出版社，2004；郑尚宪、王评章主编：《莆仙戏史论》，北京：中国戏剧出版社，2006；余雅燊：《福建莆田莆仙戏调查与初步研究：以莆田市莆仙戏一团为个案》，兰州大学硕士学位论文，2008；郑尚宪、庄清华、郑林群：《莆仙戏的生存现状与出路》，载《文化遗产》，2009（1）。

③ 老舍：《题赠仙游鲤声剧团》，1962。全诗如下："可爱莆仙戏，风流世代传。弦歌八百曲，珠玉五千篇。魂断团员后，神移笑语前。春风芳草碧，莺啭艳阳天。"

《景德传灯录》记载，唐咸通年间，福州玄沙宗一大师到莆田，"县排百戏迎接"①，这是迄今所见关于兴化境内戏剧演出的最早文字记载。南宋莆田诗人刘克庄有大量诗句描绘兴化地区的戏剧演出，如脍炙人口的"巫祝谨言岁事祥，丛祠十里鼓箫忙"②，反映了当时的戏剧演出与仪式活动的密切关系。清人陈梅描述了涵江陈应功祠演戏的场景："每夏四月十四日侯诞辰，市民结彩为棚，优伶歌舞，灯烛荧煌五昼夜，男女千百人会庭中作乐，以庆四境晏然。"③ 道光时期仙游县令湖南临澧人陈盛韶，在《问俗录》中记录了兴化民间的演戏习俗：

> 俗喜歌舞，春秋社及神诞、里巷婚丧，靡不演剧，而价亦廉。合邑六十余班，每班七八人，闽人通称曰七子班。乐操土音，别郡人终日相对，不达一语。婉娈总角，多习淫词。悬灯歌舞，卜昼卜夜，靡靡之音，惑人听闻。④

另一古老剧种兴化木偶戏，古称傀儡戏⑤，俗称"柴头仔戏"。一般每套木身有神像 36 尊，较为固定的是田公元帅一尊，城隍、赵匡胤、关公共享一尊，包拯、阎罗王共一尊，天马、天狗各一尊。每一木身的提线少则8 条，多则 16 条。兴化戏班习惯称木偶戏为"戏兄"，同场演出时都让"戏兄"在左上方棚位表演⑥。刘克庄赋闲家居时，曾经赋诗描绘兴化傀儡戏的演出盛况："空巷无人尽出嬉，烛光过似放灯时。山中一老眠初觉，棚上诸君闹未知。游女归来寻坠珥，邻翁看罢感牵丝。可怜朴散非渠罪，薄俗如今几偃师。"⑦ "郭郎线断事都休，卸了衣冠返沐猴。棚上偃师何处

① 〔宋〕沙门道原：《景德传灯录》卷 18。

② 〔宋〕刘克庄：《闻祥应庙优戏甚盛二首》之二，收入《后村先生大全集》卷21，收入《四部丛刊正编》第 62 册，台北：台湾商务印书馆，1979：180。

③ 〔清〕陈梅：《东山圣侯陈公传志》。

④ 〔清〕陈盛韶：《问俗录》卷 3《仙游县·七子班》，台北：台湾省文献委员会，1997：24。

⑤ 叶明生：《古愿傀儡：悠远神奇傀儡戏》，福州：海潮摄影艺术出版社，2005；叶明生：《莆仙戏剧文化生态研究》，厦门：厦门大学出版社，2007；Robin Ruizendaal. *Marionette Theatre in Quanzhou*. Leiden：Brill，2006。

⑥ 《莆田县志》，北京：中华书局，1994：742。

⑦ 〔宋〕刘克庄：《闻祥应庙优戏甚盛二首》之一，收入《后村先生大全集》卷21，收入《四部丛刊正编》第 62 册，台北：台湾商务印书馆，1979：180。

去，误他棚下几人愁。"① 清人记述："蔡太师作寿日，优人献技，有客以丝系僮于四肢，为肉头傀儡戏。"②

莆仙戏与"戏兄"木偶戏都奉祀田公元帅为戏神，每个戏班均有一个小神龛，新剧均须去莆田北门外奉祀田公元帅的瑞云祖庙戏台"开棚"献演，以示敬仰，祈求庇佑。瑞云祖庙乾隆二十七年的碑刻记述了官府制止差役滥派戏船的德政，在碑上署名的是 32 个"戏班子民"。③ 当代活跃在兴化民间的剧团不下三百家，从业人员多达数万人。笏石镇尤以从艺人员比例高而闻名，民谚云："笏石边转转，不是生就是旦。"

在兴化本土，为大规模宗教仪式而举行的戏剧表演一般都是人戏，俗称"大戏"。一般说来，每年元宵节和神诞庆典、下元普度等大规模仪式，都要演大戏。此外，私人家庭的拜忏、谢恩、寿诞、儿女升学、乔迁、新婚也常常聘请戏班前来助兴。因此，兴化民间的戏剧演出历来都极为发达。在莆田东庄镇莆头村，据说"一年到头都有戏"；在江口镇东岳观，平均每年演出时间超过 200 天。2005 年夏天，我们在东华文昌阁内发现了1994—2005 年的演戏记录，主要内容包括演剧时间、地点、缘由、剧团名称等，平均每年有近 200 天的演戏活动；④ 其中最多的 1995 年共演 213天，最少的 1999 年共演 151 天，参演剧团多达 225 个，其中还不包括木偶戏的演出记录。在兴化民间，正是这些频繁的仪式活动和戏剧表演，强化了不同家族、村落、社团乃至整个社区的认同感和凝聚力，使乡土社会文

---

① 〔宋〕刘克庄：《无题二首》之一，收入《后村先生大全集》卷 22，收入《四部丛刊正编》第 62 册，台北：台湾商务印书馆，1979：194。

② 〔清〕郑得来：《连江里志》卷 4，清抄本：151。

③ 郑振满、丁荷生：《福建宗教碑铭汇编·兴化府分册》，福州：福建人民出版社，1995：241。

④ 郑莉：《莆田东华的家族、庙宇与仪式传统》，厦门大学硕士学位论文，2006。

化传统得到了不断的更新和发展。[①]

二、南洋：木偶戏取代人戏

关于兴化戏班到东南亚演出的早期记录，2007 年 1 月 15 日的莆田《侨乡时报》报道："莆仙戏班最早出国演出的是紫星楼班，该戏班于1920—1923 年到新加坡、马来亚演出（演出地点在吉隆坡）。演出剧目有《三国》《薛仁贵征东》《薛丁山征西》《封神榜》《伐子都》等传统剧目。班主黄九梓，主要演员有武生陈永舜等。"[②] 有关紫星楼班在新马的演出活动，笔者未见其他文献资料，有待进一步考证。此外，《中国戏曲志·福建卷》介绍了民国时期兴化紫星楼、双赛乐、得月楼与赛凤凰四个戏班下南洋演出的概况：

> 双赛乐，班主黄书亭（西天尾人），于 1927 年至 1930 年到新加坡、吉隆坡等地演出，主要演出剧目有《梁祝》《王魁与桂英》《八美图》《天豹图》；蓬莱馨（一说得月楼），班主梁福（梧塘漏头人），于1930—1934 年到新马演出，演出剧目有《封神榜》《征东》《玉朗清》，著名演员有福生旦、丑仔金榜，据说福生旦在南洋灌制的唱片有《玉通和尚》《有心无意》《访友》《铁口》；赛凤凰，班主吴金榜（涵江人），于 1947—1948 年到新加坡、吉隆坡和柔佛等地演出，演出剧目有《晏海》《少林寺》《孟丽君》《大红袍》《赐进士》《狸猫换太子》

① Tanaka Issei. "The social and Historical Context of Ming—Ch'ing Local Drama". in David Johnson，Andrew J Nathan，Evelyn S Rawski，ed. *Popular Culture in Late Imperial China*. Berkeley：University of California Press，1985：143—160；［日］田仲一成：《中国的宗族与戏剧》，钱杭、任余白译，上海：上海古籍出版社，1992；董晓萍、［美］欧达伟：《乡村戏曲表演与中国现代民众》，北京：北京师范大学出版社，2000；傅谨：《草根的力量：台州戏班的田野调查与研究》，南宁：广西人民出版社，2001；［日］田仲一成：《中国戏剧史》，云贵彬、于允译，北京：北京广播学院出版社，2002；［日］田仲一成：《明清的戏曲：江南宗族社会的表象》，云贵彬、王文勋译，北京：北京广播学院出版社，2004；［日］田仲一成：《中国祭祀戏剧研究》，布和译，北京：北京大学出版社，2008。

② 谢秋雁等：《百年来莆剧班名汇抄》，收入《福建莆剧史》，莆田市档案馆，1962：314。

等，主要演员有姚玉坤、王仙华、孙元春等。①

莆田侨乡的一些文史工作者也曾撰文记述莆田地方戏在东南亚的演出情况，尤其是莆仙戏著名生角黄文狄随双赛乐戏班赴南洋演出的盛况：

> 1927 年，莆仙戏著名生角黄文狄（即生仔狄），是莆田双赛乐戏班的演员兼导演，他随班赴新加坡、马来亚各地演出，演出剧目有《梁祝》《王魁与桂英》《八美图》《天豹图》等。他扮演梁山伯、王魁、柳树春和头美王等角色，艺技精湛，唱作均佳。黄文狄和他的戏班在东南亚各地演出近 4 个年头……于 1930 年载誉返国。②

赛凤凰戏班在南洋的演出剧目还有《借东风》和滑稽剧《三人五目》等。③ 据老华侨回忆，"赛凤凰"是最早南下新加坡演出的兴化戏班④。1934 年出生的刘文贵先生⑤于 1947 年来到新加坡，曾经在新世界看过赛凤凰的演出；1939 年出生的方文忠先生在 7 岁时看过赛凤凰的演出。据此可以推测，赛凤凰南下新加坡的时间在 1946 或 1947 年。大约 5 年之后，传闻戏班女伶与兴化富商有染，导致了赛凤凰的解体。事后有两位艺人留在新加坡，一位是吹奏喇叭的林永函，另一位是鼓手陈玉树，他们都曾加盟和平班木偶剧团，直至 90 年代才回到中国原籍⑥。根据笔者在新马地区的访谈，老一辈兴化移民大多对民国年间兴化戏班在南洋的演出情形记忆犹新，前述四个戏班在南洋都有很高的知名度，访谈内容可与上引资料相互印证，勾勒早期兴化戏班在海外表演的概况。

据说东南亚最早的兴化木偶戏班为"得月楼"，而兴化原籍也有名为得月楼的木偶戏班。据老艺人方文忠先生回忆，在他出生之前新加坡就有得月楼，班主为翁古义，翁金熙负责舞台演出⑦。翁金熙是新加坡兴化戏

---

① 中国戏曲志编辑委员会：《福建戏曲赴国外演出表》，载《中国戏曲志·福建卷》，北京：文化艺术出版社，1993：47—55。

② 康永福、林祖泉：《莆仙戏在东南亚的传播与影响》，载《莆田文史资料》第 21 辑，1996：148—150。

③ 莆仙戏东南亚演出历史还可参见：林春明：《戏剧名镇西天尾》，载《荔城文史资料》第 5 辑，2008：35—40。

④ 访谈笔记：2007-6-3，新加坡仙宫堂。

⑤ 刘文贵访谈笔记：2007-6-3，新加坡仙宫堂。

⑥ 杨来好访谈笔记：2007-6-3，新加坡仙宫堂。

⑦ 方文忠访谈笔记：2007-6-25，新加坡方文忠家。

的重要艺人，曾经手抄许多剧本，并参与1944、1954、1964年的九鲤洞逢甲普度戏剧演出。另据1933年出生的王金棋老人回忆①，在30年代前后南下新加坡演出的兴化剧团还有"赛月宫"和"双赛乐"②。笔者查阅新和平班主杨来好所藏剧本时，发现其中有"双赛乐"班的《八美图》6本和《玉通和尚》。遗憾的是，有关这两个戏班的活动状况，目前未见其他资料。

在得月楼解散之后，较为活跃的兴化木偶戏班为"新得月"，班主为陈九度。据方文忠回忆，他自7岁开始观看新得月演出，可见新得月的创办时间不晚于1946年。新得月在新加坡的演出，一直持续至1975年陈九度去世。70年代末，一场大火席卷了兴化人聚居的卫德路（Weld Road），新得月木偶戏班宣告解散，班主王添祥将剩余道具转存至马来西亚三教堂。笔者2008年8月在吉隆坡三教堂看到来自兴化石庭的木偶戏艺人演出，庙宇人员要求舞台仍然悬挂新得月横幅。

1954年前后，黄阿灿等组成"凤凰亭"木偶戏班，但不久就解散了，转为组织和平班。当时新得月的艺人过多，许多演员从新得月转入和平班，其中比较著名的有翁金熙、朱九妹、阿木、翁海头等。和平班与新得月一度是新加坡最为活跃的两个木偶戏班，曾经应莆田会馆之邀同台演出。据说当时新得月演出《白蛇传》，座无虚席；而和平班演出《陈氏破棺》，观众寥寥。后来在九鲤洞的逢甲普度中，两班化敌为友，以"九鲤洞业余莆剧团"的名义共同演出目连戏。③

新加坡历史上也曾经出现过一些演出大戏的兴化戏班，但都是昙花一现。而兴化木偶戏却异军突起，出现了许多木偶戏班，而且大量兴化大戏剧本被改编为木偶戏剧本，兴化大戏在宗教仪式中的职能完全为木偶戏所取代。在海外兴化移民的文化传承中，兴化木偶戏发挥了举足轻重的作用。

1974年，为了满足逢甲普度等大规模仪式活动的需要，九鲤洞出面组建"莆仙剧团"，演出兴化大戏，赴台湾购买服装和设备，由方文忠负责具体事务。两年后，由于人际纠纷，从"莆仙剧团"中分出"兴安剧团"，

---

① 王金棋访谈笔记：2007-5-27，新加坡兴安天后宫。

② 访谈笔记：2007-6-3，新加坡仙宫堂。

③ 戴文荣访谈笔记：2007-5-31，新加坡琼瑶教邸；2007-7-26，新加坡安仁宫。

由会庆堂赞助。1979 年，方文忠自己组建了"星洲剧团"和"新群芳"木偶戏班，不久又组建了"梅兰芳"木偶戏班，后来后二者合并为"星洲"木偶戏班。70 年代是新加坡兴化戏班的黄金时代，当时演出大戏的有莆仙剧团、兴安剧团、星洲剧团，演出木偶戏的有"新得月"、和平班及后起的"新群芳""梅兰芳"。但由于兴化方言群人数有限，供过于求，到了 80 年代，投资成本较大的人戏剧团纷纷解散，兴化木偶戏也就一枝独秀了。"戏痴"方文忠先生的个人经历，集中反映了新加坡兴化戏的这一转型过程。

方文忠先生祖籍莆田江口厚峰，1939 年出生于新加坡。他自幼喜欢观看各种地方戏，长大后酷爱演戏，1954、1964、1974 年均参与九鲤洞逢甲普度的兴化戏演出。他的弟弟方文龙是善于男扮女装的兴化戏演员，他的妹妹也曾在后台伴奏。他毕生的主要精力，都是用于组织剧团和培养演员，曾先后参与组建莆仙剧团、兴安剧团、星洲剧团，自办"新群芳""梅兰芳""星洲"等木偶戏班；他培养的兴化戏演员，据说多达 20 名。80 年代兴化大戏剧团解散之后，方文忠专心从事兴化木偶戏班的组织和管理，曾自己改编《钟无艳》《移山倒海》《杨门女将》《劈山救母》《吴汉杀妻》《白蛇传》等木偶剧本，其中《劈山救母》是新群芳的看家剧目。他和家人还自制木偶，方母则专门负责制作木偶戏服。1992 年，方文忠不幸中风，新群芳由弟子吴文发主持，此后不久就并入"星洲班"了。

海外兴化木偶戏班取代人戏剧团的主要原因，在于经营成本相对较低。据方文忠回忆，新群芳的演员一般是 15 人左右，每人每天工资约 18 元，在 70 年代已经是费用不菲，更不用说人数众多的人戏剧团了。另据 1938 年出生的宋东明（陈九度之弟）回忆，他 70 年代在木偶戏班后台弹琴伴奏，每天工资 13 元，待遇相当高。当时戏班成员仅 8 人，但维持生计也相当困难①。因此，只有经营得法、演出频繁的木偶戏班，才有可能长期生存。

现在新加坡唯一的兴化戏班是"新和平"木偶戏班，其前身为和平班，由班主黄阿发于 1981 年转让给现任班主杨来好。杨来好又名杨阿明，自幼对兴化戏兴趣浓厚，曾与戴文荣同台演出。杨阿明曾创立"新莆仙"

---

① 宋东明访谈笔记：2007-6-27，新加坡昭灵祖庙。

木偶戏班。接手和平班之初，杨来好的两个妹妹也参与表演。为了拓展业务，新和平经常北上马来西亚演出，几乎参与了新加坡及马来西亚所有兴化人庙宇的仪式。杨阿明目前的剧团业务已经超越兴化戏。他的福建戏剧团经营有方、宣传有度，曾经接受新传媒采访。

在电视、互联网等大众传媒尚未普及时，听戏曾是众多侨民的主要娱乐方式。据50年代出生的兴化侨民回忆，在他们童年时代，每场木偶戏的观众可达100多人，需要提早到场占位子。他们至今仍记得新得月的著名剧目为《劈山救母》《白蛇传》《龙女》《孟丽君》《吴汉杀妻》等。据说新和平的看家剧目《宋平下山》曾经连演18天，《陆凤元》曾经连演9天①。可以想象，在新加坡的兴化移民中，木偶戏曾经是本土文化传承的重要媒介。然而，在如今的网络化时代，兴化木偶戏已经风光不再，其生存与发展只能依赖于兴化人的庙宇及相关仪式活动。

在兴化本土，木偶戏大多在特定的仪式场合演出，其传统仪式剧主要有：用于谢恩还愿仪式的《愿》、用于驱除瘟疫仪式的《瘟》、用于过关祈福仪式的《北斗》、用于超度亡灵仪式的《目连》。这些仪式剧的基本特点，就是在演出过程中必须同时举行宗教仪式，因而只适用于一些特殊的仪式活动。此外，兴化本土的木偶戏班也演出"散戏"，即为民间喜庆活动表演折子戏②。而兴化大戏的剧目大多与宗教仪式无关，因而可以适用于各种不同的庆典仪式。新加坡兴化木偶戏的主要剧目也不是仪式剧，而是由兴化大戏改编的"人戏"。

三、新加坡木偶戏剧本与剧目

90年代，新加坡国立大学（以下简称"新国大"）中文图书馆与新加坡国家历史博物馆分别收藏了一批兴化木偶戏剧本，后者还收藏了一批较为古老的提线木偶。另据笔者调查，新加坡新和平戏班也收藏了82种兴化

---

① 中国戏曲志编辑委员会：《福建戏曲赴国外演出表》，载《中国戏曲志·福建卷》，北京：文化艺术出版社，1993：47—55。

② Robin Ruizendaal. *Marionette Theatre in Quanzhou*. Leiden：Brill，2006：151—152.

木偶戏剧本①。由于客观条件限制，笔者尚未通读这些剧本，只能对新国大中文图书馆收藏的剧本做初步分析。

新国大中文图书馆现存兴化剧本 161 种，其中大部分为毛笔抄本，少数为复印本②。这些剧本来自各种兴化人剧团，其中新得月班 38 种、凤凰亭班 31 种、新和平班 23 种，顺发、福顺、新春台、莆仙剧团等戏班 7 种，无班牌的 62 种。据初步分析，这些剧本的源流大致有两类：一是兴化祖籍地的传统木偶戏剧本，如《目连》《北斗》《愿》；二是侨民或乡亲改编自兴化大戏的木偶戏剧本，如莆田白塘李化龙改编的《盘丝洞》《白蛇传》《恨海情天》《佛手槐柑·辕门斩子》《香槐柑·换扇奇缘》《洪武君》《荔镜缘》《白虎营》《穆桂英》、莆田西洙吴永生改编的《园林会》《克复海州》等。其中第二类占总数的 95% 以上。这说明，新加坡兴化木偶戏的主要特点，在于大量移植和改编原有的兴化大戏，使之适应现代社会需要。

新加坡的兴化木偶戏吸纳了大量兴化大戏的剧目，因而比传统木偶戏具有更为丰富的历史文化内涵。在兴化本土，木偶戏是"神戏"，以演绎神话故事为主；而兴化大戏是"人戏"，以演绎人间故事为主。在新加坡，兴化木偶戏与兴化大戏的剧目雷同，二者剧本之间的界线逐渐模糊。据初步分析，上述 161 种木偶戏剧本的内容，大致可以分为以下几类：（1）"孝行忠诚"类，如《彦明嫂出路》《五代同堂》《朱寿昌弃官寻母》等；（2）"科举功名"类，如《林文诉讼经》《姻缘恨》《李友兰》等；（3）"情爱风月"类，如《许承祖》《商轲》《山伯英台》等；（4）"绿林游侠"类，如《取龙头》《盘陀山》《白虎营》等；（5）"名人逸事"类，如《郭子仪》《仙邑郑纪》《林道南》等；（6）"鬼怪神话"类，如《悟空斩金鸡精》《盘丝洞》《桃花女斗法》等。由此可见，新加坡的兴化木偶戏已经囊括了兴化大戏的基本内容，具有"人戏"与"神戏"的双重特点。

据笔者调查，新加坡新和平木偶戏班现在的主要演出剧目为《王兆荣》《双家喜》《百寿图》《土地送子》《珍珠塔》《萍水相逢》《双龙锁》

---

① 新和平木偶戏班收藏 82 种剧目：包括和平班 54 种、新得月 15 种、凤凰亭 9 种、莆仙剧团 2 种、新莆仙 2 种、双赛乐 1 种。据新和平木偶戏班杨来好访谈笔记：2007-7-22，新加坡杨来好家。

② 陈玲玲：《新加坡莆田剧本研究》，新加坡国立大学中文系荣誉学士论文，1995。

《父子双状元》《路遥知马力》《陈文龙》《风雨夫妻》。① 这些剧目并未见于新国大中文图书馆收藏的兴化木偶戏剧本，但与近年兴化原籍演出的大戏剧目类似，可能是新近从兴化大戏改编的木偶戏剧目。另据实地考察，目前新加坡兴化木偶戏演出频率最高的剧目为《陈文龙》与《土地送子》。2007 年农历三月二十三灵慈行宫的妈祖诞庆典②，四月十五琼瑶教邸的王先师、虎爷、华佗仙师诞庆典③，四月十八仙宫堂的太乙仙姑诞庆典，午场为《土地送子》、夜场为《陈文龙》④。

　　无论从现存剧本或演出剧目看，新加坡的兴化木偶戏都突破了传统木偶戏的发展模式，逐渐取代了兴化大戏在仪式活动中的功能。得益于坛班等仪式组织，新加坡的兴化人庙宇一般都较为完整地延续了原籍的仪式传统，其中最重要的元宵祈福仪式和本庙主要神灵的诞辰庆典，通常都要请道士念经或做醮，同时也要请木偶戏班演出酬神戏，每年至少要演出一天二场的木偶戏；有的庙宇每年举行五六次神诞庆典，演出十场以上的木偶戏。因此，新加坡的兴化木偶戏班还有一定的生存空间。

　　在新加坡，由于演戏市场和成本问题，木偶戏逐步取代了大戏，但目前新加坡的兴化木偶戏剧团仍然面临两大困境：一是由于受到新加坡强势方言群闽南人的影响，使用兴化方言的兴化人后裔急剧减少；⑤ 二是在海外和故乡的联系恢复以后，许多兴化移民选择回乡举行拜忏、谢恩、谢天地等仪式，或者邀请本土的戏班和仪式专家南下，这是新加坡兴化木偶戏艺人和道士等仪式专家共同面临的生存竞争。

　　海外兴化人的仪式团体与仪式表演，并非对祖籍相关仪式传统的简单移植，而是在移民和定居的过程中，有选择地加强或丰富、舍弃或简化了某些仪式成分。无论是海外兴化人的坛班、道士和经师的仪式活动，还是木偶戏班的表演，都具有不同于原籍的显著特点。近年来，随着海外移民与侨乡的联系日益密切，这些在从海外侨居地形成的仪式传统也传回祖籍

　　① 杨来好访谈笔记：2007-7-22，新加坡灵慈行宫。

　　② 调查笔记：2007-5-2，新加坡灵慈行宫。

　　③ 调查笔记：2007-5-31，新加坡琼瑶教邸。

　　④ 调查笔记：2007-6-3，新加坡仙宫堂。

　　⑤ Barbara E Ward. "Regional Operas and Their Audiences：Evidence from Hong Kong". in David Johnson，Andrew J Nathan，Evelyn S Rawski，ed. *Popular Culture in Late Imperial China*. Berkeley：University of California Press，1985：161—187.

地，对侨乡社会文化传统的重建和复兴过程产生了深刻的影响。那么，在共同复兴侨乡社会文化传统的过程中，海外移民与故乡亲人各自扮演了何种角色？如何合作与互动？这是下文将要探讨的主要问题。

第四节　仪式传统的"本土化"

东南亚是五方杂处的移民社会，不同族群之间的宗教信仰和仪式活动必然相互影响。东南亚兴化人的普度仪式，有许多不同于其他方言群和兴化本土传统的特点，从中不难看出仪式传统的"本土化"过程。

一、中元普度的兴起

在泉州、漳州、厦门等闽南方言区普遍流行中元普度习俗，而兴化的中元节一般是在家里祭拜祖先，俗称"公妈祭"。有些三一教祠在七月教主生日前后会开放"兰盆普度"报名，但一般是到十月十五左右庙宇才举行下元普度，一般都要搬演莆仙戏《目连救母》以超度亡故亲人和孤魂野鬼。清人郭钱龄的《山民随笔》记载："吾莆于兵燹大疫之后，类集优人演目连，谓可消赈风戾。"[①] 可见普度仪式传统在兴化地区由来已久。

一般认为，东南亚中元普度的广泛流行，源自日本占领时期的大屠杀。新加坡光复后，当地闽南移民为超度战时冤死的亡魂而举行中元普度，兴化人庙宇也开始仿效，逐渐形成了新的仪式传统。如兴安天后宫每年都举行"莆田公建普度"，聘请木偶戏班演出《目连救母》；而九鲤洞则以十年一度的"逢甲普度"闻名[②]。在移民社会中形成的这些仪式传统，是新加坡兴化人庙宇"本土化"的重要标志。兴安天后宫的永久理事王金棋先生谈及他对中元普度的看法：

---

① 转引自杨美煊、谢宝燊：《莆仙戏曲》，福州：福建人民出版社，2003：49。

② ［日］田仲一成：《新加坡莆仙同乡会逢甲普度目连戏初探》，收入《福建目连戏研究文集》，福州：福建省艺术研究所，1991：60—86；《中国的宗族与戏剧》，钱杭、任余白译，上海：上海古籍出版社，1992；容世诚、张学权：《南洋的兴化目连戏与超度仪式》，载台北《民俗曲艺》，1994，92：819—852；余淑娟：《逢甲大普度：新加坡九鲤洞的中元祭典》，载香港《田野与文献》，2006，44：8—9；蔡志祥：《阴阳过渡：2004 年新加坡九鲤洞逢甲普度中的仪式与剧场》，载新加坡《南洋学报》，2007，61：1—12。

我 70 年代开始参加兴安天后宫，那个会馆我其实没有参加，主要参加庙宇活动，我也参加过主持普度。我们兴化人在老家是没有中元普度的，这里的普度是因为抗战时期伤亡过多，为超度亡魂兴起的。福建人都做普度，我们没有做就说不过去了，其实是跟别人学来的。[1]

由此可见，东南亚兴化人举行中元普度仪式，主要是为了适应海外聚居地的社会环境。当然，海外兴化人的仪式创新过程，仍然沿袭了源于本土的仪式传统，形成了不同于其他方言群的仪式特色。例如，九鲤洞每次逢甲普度都要搬演莆仙戏《目连救母》，实际上还是延续了下元普度的仪式传统。

二、在联合庙的观察

2008 年中元节，笔者观看了新加坡青安锦联合庙的普度仪式。这一联合庙包括海南人的锦福庙和兴化人的青云庙、安仁宫，这些庙宇原来都位于乡村，在城市化过程中联合购地建庙。据说，在拆迁之前，各庙都有举行中元普度仪式的传统；而在联合建庙之后，为了加强联系和节约开支，改为共同举办中元普度。1986 年，三个庙宇选择农历七月的第一个周末，首次举行联合普度，此后遂为惯例。

2008 年青安锦联合庙的普度仪式历时两天，其中第一天是唱歌台表演，第二天由道士主持超度仪式，晚上大宴宾客、投标福物。当年的仪式请一位闽南道士主持，另有一人吹唢呐、一人打鼓。祭坛的主要神位，中为三元三官大帝，左为太乙救苦天尊，右为观音大士、焦面鬼王。上午 10 点开始请神祝圣、念疏文、起鼓；下午 2 点半开始普度，招本境孤魂，然后巡筵、沐浴（备草席、水桶、拖鞋），男东女西，福首 10 人站立持香；下午 3 点开始撒鲜花、糕、果、钱、米等物品，送"本境内外孤魂野鬼符箓玄门法事"纸牌到庙外焚烧，法师、理事立坛前摇铃念经，送圣手捧香位去金银炉里焚烧往生纸。

除了聘请道士主持仪式外，唱歌台也是普度夜的一大特色。唱歌台的歌曲多为闽南歌、潮州歌和粤语歌等方言歌曲。司仪主持节目主要用闽南话，偶尔夹杂普通话和英文，他反复宣称："感谢理事出钱出力，让我们日升舞台秀在此表演。"据说唱歌台有特定的知名艺人，与大屏幕的艺人

---

[1]　王金棋访谈笔记：2008-8-1，新加坡兴安天后宫。

不同。当晚演出的除新加坡艺人外，还有来自马来西亚和中国台湾的闽南话、潮州话歌手。中元节也是慈善团体、社区组织募捐义款的时机，当天就有一些医疗机构来此募捐。青安锦联合庙位于组屋区内，所以唱歌台也吸引了众多居民前来观看，普度夜成了大都市难得一见的人头攒动的场景。

投标福物也是中元普度的精彩环节。福物有中元筹备会购买的，也有庙内弟子捐赠的，品种繁多，有财神爷像、金元宝、儿童玩具、家用电器（电视、播放器）、名酒、装饰品、米桶，以及送给敬老院的大米等。投标时炉主多用闽南话，声音洪亮地报出出标价，参加宴席的人们竞相高喊出竞标价，此起彼伏，扣人心弦。大家相信标中福物可以带来好运，所以开价十分慷慨，尤其是商界人士。福物中标后，通常到来年中元普度时再付款，作为下一年中元会的活动经费。此外，中元活动的经费还来自每位参加者缴纳的份钱。

这次普度仪式共有150名会员，通过卜筶从中选出三个炉主，每名会员缴纳活动经费72元。仪式活动的主要开支包括：购买福物6000元、购买帆布4000元、唱歌台酬金45000元、道士酬金1000元；晚宴酒席共50桌，每桌220元，由锦宝菜馆操办，请来的嘉宾主要为周边组屋邻居。投标福物的收入，主要用于明年再次购买福物，参见表5。

联合庙中元普度的仪式过程日益繁复，每年都有新的变化。据祖籍莆田洞庭的刘文銮（1948—）和刘玉凤介绍，他们1956年到新加坡，先住在安仁宫附近的兴化人聚居区，刘玉凤曾经负责每天晚餐后到每户兴化人家中收取2毛钱，作为农历七月廿三中元普度的费用。那时的普度仪式十分简单，一般不聘请道士主持。中元普度聘请道士应该是在并入联合庙之后。他们聊天时有以下对话，表明对年轻人聘请的道士不了解：

> "我们的道士应该是文荣吧？"

> "不是，是他们福建人（闽南人）的一个道士。文荣在别的地方做，没空过来。"[①]

虽然在对待庙宇事务和中元普度上存在代沟，但是老年人对于聘请道士一事并无异议。这是因为，仪式专家的主持使仪式过程看起来更为正规。这次普度聘请的闽南道士王建新，在仪式过程中使用的主要科仪书为

---

① 新加坡青云庙、安仁宫调查笔记：2009-8-2、8-3，新加坡青安锦联合庙。

《太上灵宝祝圣并普施科》。在他师承的仪式传统中，从来没有用过纸扎的神像和道具如"符使马"之类，这显然不同于兴化道士。他认为先例不可除，后例不可加。他的普度程序如下：一、起鼓→请圣洒净→读疏文→敬献酒→请圣在位；二、招魂→巡筵→先就沐浴→抢孤→施舍香、花、钱、米、果、食物→送灵→回坛→辞神送圣。关于闽南道士和兴化道士普度仪式的异同，有待进一步的调查研究。

表5　2006年新加坡青安锦联合庙庆中元账目(单位:新加坡元)

支出		收入	
请东/布花	160	应份(118份)	8496
灯彩	121	福物(2005年)	20374
啤酒/色酒	2892	福物(2006年)	1522
电器用物	1449	嘉宾贺仪	240
福物	1347	报效福物	907
酒席(35桌)	6640	大彩票(148张)	444
道士/金银纸	1587	总收入	31983
大彩票(600张)	1710	对除支出	29431
帐篷架	35000	2005年存银	8197
杂货/祭拜用品/水果	1042	共存	10749
应份福物	4053	**尚未交**	
歌台秀	3800	周春隆(2003/2005)	347
理事酒席	1030	李炳辉(2002/2003)	1300
补水电费	100	周选国(2004)	3600
总支出	29431	余进强(2003)	300
		李德海(2004)	500
		Lee Lian Ee(2004)	999

三、在联谊社的调查

2011—2013年，笔者在马来西亚芙蓉坡调查，较为系统地考察了当地兴化人的仪式活动，发现芙蓉坡兴化人的仪式传统在继承原籍的同时也实现了本土化。

例如，芙蓉坡福兴南社、东天宫是海外石庭黄氏的庙宇，其年度庆典仪式由庙宇理事会统一组织，而不再由各房派举办。东天宫每年的仪式安排如下：

> 正月初三，迎接本宫恩主皇母娘娘、北极真武玄天上帝；
>
> 正月初四，迎接本宫文武诸神；
>
> 正月十五，上元祈福，庆赏元宵；
>
> 二月廿五，北极真武玄天上帝、尊主明王、玉封齐天大圣、威显惠济圣侯、玉封马妙圣侯庆寿；
>
> 四月初七，玉封昊天帝子、士元卢仙长、护国通天圣侯庆寿；
>
> 六月初十，昭灵三殿真君庆寿；
>
> 七月廿三，监雷张公圣君庆寿、盂兰胜会；
>
> 八月十五，庆中秋；
>
> 八月廿三，庐山许氏法主仙妃、玉封昊天帝子、章封四妙将军庆寿；
>
> 十月十一，威武柳金圣侯庆寿；
>
> 十二月十六，灵牙大将军庆寿，尾牙；
>
> 十二月廿三，欢送本宫恩主皇母娘娘、北极真武玄天上帝；
>
> 十二月廿四，欢送本宫文武诸神。[①]

更为重要的是，这些庙宇举办的仪式活动，也可以吸收当地的外姓同乡移民参加。例如，1996 年中秋前后三日，芙蓉坡东天宫举办"皇母娘娘暨玉封昊天帝子圣诞千秋"庆典仪式，"由十五夜帅府出衙巡游四方，普庇万民合境平安"，捐资赞助者包括当地的兴安会馆和许多商家，还有关、蔡、林、李、徐、王、萧、曾、白、姚等姓的同乡移民。从东天宫的历次修建碑记中，还可以看到来自马来西亚各地和新加坡的捐款名单，其中也有不少是外姓同乡。

1. 普度仪式的准备

芙蓉坡兴化人仪式传统本土化的集中表现，在于利用中元普度仪式同时奉祀祖先和孤魂，形成了不同于兴化原籍的仪式传统。中元普度仪式由福莆仙普度联谊社统一组织，每年农历七月二十七到二十九举行，提前数月向本坡兴化同乡送出的请帖内容如下：

> 本社年例，定于农历七月廿七、廿八、廿九三日三宵，为公建普

---

① 马来西亚芙蓉坡东天宫：《东天宫庆典》。

度胜会，礼邀中国高僧主持法会，诵经礼忏，祈求国泰民安，人民安居乐业，公演木身目连尊者，宣扬善恶报应分明，并为合郡善信人等之先灵超度，及寄牒祭拜，复为有缘者延生赐福。中元普度，法会圆满，设宴联欢，联络乡谊，阴阳泽惠，合境平安。敬希善男信女慷慨参加，共发慈心，同沐神恩，诚功德无量矣。

法会仪式：

廿七日：起鼓安佛，寄牒祭拜。

廿八日：木身目连，续集超度。

廿九晚：大开焰口，礼仪敬佛。

三十晚：举行联欢，福余宴会。

谨定于

公历　　年　月　日

农历　　年　月　日

福莆仙联谊社公建普度完满举行联欢宴会，恭候光临。

宴会席设：福莆仙联谊社

时间：下午七点入座

地点：芙蓉林木街门牌三二五至三二七号①

请帖告知了仪式时间、地点、仪式专家、法事程序等，主要目的在于募集捐款，尤其是征集"寄牒祭拜"的参与者。仪式开始前会公布更为翔实的实际进程，如2013年的仪式程序如下：

本社定于七月二七二八二九日三昼夜，为本社公建年度庆赞中元普度盂兰胜会。在法会期间，本社将为合乡子民、善信等人之先灵寄牒与超度祭拜。此法会由佛界高僧主持并礼佛拜忏，法会仪式如下：

七月二十七日八时正，安佛。

七月二十八日凌晨五时正，进表。

七月二十八日早八时正，建坛。

七月二十八中午十二时正，做供（十供）。

七月二十八下午二时正，结忏。

七月二十八日下午五时正，结忏。

① 马来西亚芙蓉坡福莆仙联谊社：《芙蓉坡福莆仙联谊社普度请帖》。

七月二十八夜八时正，诵金刚经。

七月二十九早八时正，建坛。

七月二十九中午十二时正，做供（五供）。

七月二十九三时半，结忏。

七月二十九下午四时正，木身超度。

七月二十九夜八时正，法会超度。

七月二十九夜九时半，过桥。

七月二十九夜十一时正，祭船。

七月二十九夜十一时，进贡、送佛、功德圆满。

福莆仙联谊社是组织中元普度仪式的常设机构，主要负责邀请仪式专家、布置仪式现场等例行事务。每年还要依据参与者及其捐款的实际情况，组织临时领导机构：

森美兰芙蓉坡沉香律林木街福莆仙联谊社，定于岁次壬辰年七月廿七日、廿八日、廿九日，一连三天，为公建普度盂兰胜会。在法会时期，本社将合会各子民、善男信女人等之先灵记牒抄录拜祭。此乃由佛界高僧主持，并佛礼拜忏，法会照安排时间，此示。

岁次壬辰年七月廿七、廿八、廿九三昼夜普度，正炉主明珠酒店、贰炉主德胜工业有限公司、叁炉主德兴工业出进口商有限公司、正总务合益电器号、副总务万祥家私、正财政黄元标、副财政机盛摩托、醮主福源隆有限公司、醮主复喜新合记、金炉主合益公司、正福首利兴五金、副福首德兴工业出进口商有限公司、正头福明珠酒店、副头福德胜工业有限公司、正贰福杨金坤、副贰福茂盛胶轮有限公司、正三福德胜电器、副三福忠和摩托、正赐福联合旅行社有限公司、正□福南发脚车行、副□福花苑号。董事福源隆有限公司、联合摩托、黄远添、南发脚车行、顺利摩托、忠和摩托、复喜新合记、蔡远成、富艺铁厂、徐锦秋、陈荣发、丰美电器、顶丰汽车、诚发汽车、□隆工业、立金摩托、黄瑞裕摩托、新兴摩托、黄伟俊、德盛摩托、新福兴摩托、黄福梁、黄金凤、荣兴号、三和汽车、紫竹亭寺、福隆汽车、黄春贵、黄春富、机盛摩托、利和摩托、黄元标、黄清福、黄玉坤、黄亚林、顺利摩托、黄春华、黄德明、黄德隆、白文凤、黄亚沙、黄摩托、林□龙、黄忠坚、新合□、黄远添、新□□、黄德丰、黄德祥、黄金华、胜丰摩托、张金福、张兄弟、荣兴摩托、南方电器、兴隆五金、隆兴摩托、甘望商店、陈道兴、黄德祥。①

可知仪式组织者由炉主、总务、财政、醮主、福首、头福、二福、三福、赐福以及六十位董事（重名三位）组成。除董事以外，均是在七月二十八日晚占卜选出，董事则是当年襄助庙宇兴修的发起人与赞助者。不过，该普度仪式的参与者，大多是为超度祖先而来的当地兴化人。2011年8月，笔者在福莆仙联谊社看到了当年的《普度名册》，其中详细记载了参加普度的每一家族的祖先名讳。

联谊社提前两天开始布置仪式现场，准备仪式用品。男子负责搭建外坛，女眷负责打扫房屋、清洗碗筷，一般还会聘请帮工。在仪式期间，有许多女信徒自愿前来帮忙，她们特别热情和开心。有个老阿嬷告诉我："以前这是男人做的事情，女人不可以参与的。后来，他们让我们参加，做了有二三十年了。起初在观音亭前，在路边做，很艰苦。房子建好后，就好多了。"②

福莆仙暨兴化普度联谊社位于芙蓉坡林木街325—327号，与福建普度联谊社近在咫尺，附近还有潮州八邑会馆、货车同业公会、真空教道坛，那是一个华人社团密集的街区。联谊社在1979年重建后，庙貌焕然一新，如今是一座双层建筑。一楼中间为关凤声礼堂、黄玉璋会议厅，右边为功德堂，左边为厨房；二楼从左到右依次为福德堂、观音亭、苏庆华楼、马金福楼。前院中间为天公堂、左边为神龛聚贤堂（合祀唐番拿督和土地公之神位）、右边为金银炉。楹联内容围绕福莆仙联谊、中元普度、盂兰胜会等，如功德堂侧门："福莆仙三县举行虔诚胜会，联谊社九州团结崇拜盂兰。"正门："福莆仙秋祭求观世音菩萨，联谊社超度拜地藏王目连。（名誉社长黄国华敬题）"瑶池："福莆仙中元普度传千载，联谊社胜会盂兰保万年。（名誉社长瑞发家具公司）"聚贤堂："拿庇福莆仙财旺丁旺即地旺土皆旺，督佑联谊社人安民安则主安家自安。"关凤声礼堂："福莆仙释迦牟尼神光普照，联谊社观音菩萨佛法无边。"二楼观音亭："释迦驾到点醒迷津安社稷，佛祖游来慈悲现化护苍天。（名誉社长黄庆钟题）"

普度道场设在联谊社一楼的关凤声礼堂，专用的木质屏风刻满二十四

① 马来西亚芙蓉坡福莆仙联谊社：《2011福莆仙普度榜文》。
② 蔡玉英访谈笔记：2012-9-9，马来西亚芙蓉坡福莆仙联谊社。

第四章 东南亚兴化人的仪式传统

孝故事，以装点祭祖的宗旨。墙壁上悬挂的神明画像，从左到右依次为：监斋使者、阎君帝子、文殊菩萨、三圣佛（佛祖、弥勒、观音）、普贤菩萨、库君大使、焦面鬼王。2011 年召请神明为十方应供、本堂寺文武列圣、天上无极妈祖娘娘、金刚宝忏、常住三宝、释迦文佛、韦驮尊者、普贤菩萨、玉皇大帝、府县城隍，2012 年召请神明为韦驮尊者、阿弥陀佛、药师如来、释迦文佛、观音菩萨、金刚宝忏、伽蓝菩萨。洞案上摆放菊花、蜡烛、香炉、水杯和佛国金章一个，金章内容如下：

> 伏以释迦如来分三乘而说法，弥陀教主列九品以度人，欲资冥福，须仗佛力。谨据一四天下中国福建省兴化府莆田县人氏，现寓南洋马来西亚地方居住，奉佛修因，拔度报本。阳人。①

可见除了佛教神明，仪式还召请本堂列圣、兴化妈祖与府县城隍。在明代制度中，城隍掌管厉鬼，因而一般普度仪式都有召请。

关凤声礼堂前设神坛，对着天公堂的为韦驮尊者，对内的为弥勒佛；左侧功德堂摆放符使马，大的一只，小的六只。联谊社外墙外小路两边设附荐台，陈设纸扎的男宅、女宅，上悬二爷、大爷、万灵翁、阴阳司等神明画像，对联"鼓乐齐鸣恭迎佛圣入法会，神幡飘渺接引幽魂上幡堂"；联谊社左侧过道两侧设附荐台，中间洞案召请地藏王菩萨，上书"佛幡接引本普度会古坛亡过神魂，南无地藏王菩萨"。

2. 超荐祖先的法事

联谊社的中元普度其实是以超荐祖先为主的仪式，这在仪式的空间布置和主要流程中显露无遗。首先映入眼帘的是依次排列的牒位，每个牒位前都摆有一个香炉和若干祭品。而三天前的福建普度，现场有高大的大士爷，着大蟒袍，威风凛凛，辅以牛头马面、黑白无常，送亡魂归地府的符使有三个大型符使马、三顶轿子、三辆黄包车。风格迥异的仪式空间彰显了仪式主旨的明显差异。

芙蓉坡兴化人中元普度的超荐祖先仪式历来由兴化籍僧人主持。据说早期主要聘请本坡紫竹亭与妙应寺的僧人，2011—2013 年的仪式均由马来西亚与兴化原籍僧人共同主持，2011 年的聘自吉隆坡福泽堂、三圣堂、万寿亭和马六甲观音庙、兴化原籍，2012 年的聘自吉隆坡福泽堂、万寿亭与

---

① 马来西亚芙蓉坡福莆仙联谊社：《佛国金章》。

兴化枫亭塔斗山。登莲台的高僧三年均来自原籍，先为释文林，2013 年为其师弟文礼。释文礼祖籍仙游城关柳坑，自幼出家，13 岁受教于闽南佛学院，先后赴印度、泰国进修佛法，1991 年就参加吉隆坡佛教法会表演，现为仙游榜头一寺庙住持。

所谓超荐祖先，在联谊社的仪式公告中称为"寄牒超度"，即把写有一至二位往生亲人名字的牒文贴到纸质灵位上，陈列在附荐台里。牒封上一般书写超荐者和被超荐者的名字，如："福莆仙联谊社孝男某，内牒给付某宫某某二位正魂收讫。"牒内寄文格式如下：

执照：三宝大梵堂今据大中国福建省某县人氏、现在南洋马来西亚联邦居住，奉佛修因，斋主领哀眷等同伸拜荐亡过一位神魂，生于某年某月某日某时，卒于某年某月某日某时。切念自从归逝，未卜升沉，今叨慈光，祈登莲界，虔向今月是日仗僧修设道场，礼请佛圣证明，□集十王洞鉴，批宣大乘诸品真诠，洗除多生罪垢，荡涤累世愆尤。本坛依科行持法事，今已功完果满，□就三宝座前给出文牒一道，付与亡魂收执为照，以凭超升者。右牒给付亡魂过某宫，一位神魂收执，承忏□之殊勋，□虚空之清净，故牒。

太岁某年某月某日，沙门心印给恭请。

南无本师释迦牟尼佛证明[1]

农历七月二十七日下午，参加仪式的兴化人陆续到来，登记"寄牒"名单，需要目连尊者超度的亡魂需额外报名登记，因为僧人的仪式完全没有涉及。僧人召请神明的仪式程序为：廿七晚安佛；廿八早进表（依次为释迦牟尼、玉皇大帝、阎罗、仁圣大帝）、建坛、招魂、做十供、午、晚念经解忏；廿九早做供，午念经，晚焰口、过桥、烧船送圣。涉及的科仪有《八十八佛》《蒙山施食仪文》《弥陀经》《妙法莲花经》《金刚宝忏》《观世音菩萨普门品》《弥陀经》《金刚般若波罗蜜经》《般若波罗蜜心经》《瑜伽焰口》《大悲咒心经往生咒语》《吉祥咒》等。

超荐仪式的高潮是升天桥与烧船送圣。所谓"升天桥"是由家属手持先人牒位"过桥"，给祖先做拜忏。在兴化原籍，拜忏与谢恩是两个重要仪式，可以聘请仪式专家到家中举行，或是家族成员集体到庙宇举行，或

---

① 马来西亚芙蓉坡福莆仙联谊社：《寄牒》。

是社区庙宇组织各个家庭集体举行。而拜忏中"升天桥"这种高级别仪式一般只能在庙宇举行。

七月二十八日下午搭好"莲台"，上有僧人的法器和盛米、硬币、花、香等"福物"的盘子。莲台下面拉出白色长布条代表"桥"，上有一纸扎小桥，下有四个绿色纸灯和水桶，意在供祖先沐浴净身。晚上请莆田来的僧人上莲台诵经。"如果一般的仪式，我们可以做，这个坐莲台、升天桥的，我们不行。"[①] 家属陆续从附荐台上取下牒位，在庙宇侧门排队等候。僧人诵完经后抛洒福物，众人争相拾取，然后将牒位递给僧人，僧人用朱笔点过后，喊道："某某某过桥啊！"家属持牒走过桥边，工作人员接过牒位在布条上划过。那年有 132 个牒位，依次升完天桥后，僧人继续诵经，牒位则归位至附荐台上。

诵经结束时接近 0 点，就到了法事的最后一个步骤"烧船送圣"——恭送祖先亡魂、无主孤魂随同诸佛菩萨、灵界诸神趋往极乐。一位家属说："今晚我们就是为祖先购买飞机票和船票，让他们前往极乐世界。"纸扎的大型法船与飞机"兴安号"放置在林木街品香楼对面的空地上，僧人先行来此诵经开光后，联谊社众人启程送圣，陆续将祖先牒位、招魂幡、榜文、金纸等送上法船。工作人员以汽油引火，须臾之间火光冲天，焚烧声不绝于耳，家属双手合十送走先人，祈求来年顺利。法船与飞机在熊熊火光之中化为灰烬后，僧人向超荐者道"合家平安"，联谊社组织者喊完"发拉"，众人才逐渐散去。

3. 普施孤魂的仪式

芙蓉坡兴化人的中元普度仪式以超度祖先亡灵为主体，但是对孤魂的祭祀始终贯穿其间，通常称为"普施"或"施食"，即对当地所有无祀孤魂的祭祀。

普施、施食意指用面食、斋饭、茶、饭、果等物品施舍于无祀孤魂，并为之诵念经文，使之得到解脱。普施在佛教、道教、三一教的仪式传统中均是固定仪式程序中的一环，一般在做贡之后的午后进行。在兴化原籍，除正月外，其他月份举行的拜忏、谢恩、超度等仪式均有普施环节。完整的普施包括做"第三日"的习俗，即在主要仪式结束后再次摆出普施

---

① 释性荣访谈笔记：2012-9-13，马来西亚芙蓉坡福莆仙联谊社。

祭品，用于普度迟来慢行的孤魂野鬼。

普度联谊社的普施祭品主要有全猪全羊、9斋11荤文武宴。此外又有信徒准备的两排普施祭品，上插三角纸旗，书写庆赞者与供奉者姓名。左列为：明珠酒店、王振逊有限公司、方伟强、成兴摩托、丰美电器、梁兄弟、黄远成、黄细凤、黄亚林、徐明新、南发脚车行、刘建注、新福兴摩托、顺利摩托、黄金珠、富艺铁厂、黄亚庆、德胜电器；右列为：联和旅行社、黄毓华、新合成灰料厂、德兴出入口商有限公司、黄忠坚、黄金钰、联合摩托、荣成五金店、陈文德、黄瑞裕摩托、林源得、欧光明、忠和摩托、万家乐货库、亚黄摩托、环球电缆。信徒数量比前两年略有减少。在超荐法事结束后的次日午后，再次摆出普施祭品，做"第三日"，正式结束本年度的普度仪式。

普施孤魂仪式的主体是由兴化木偶剧团表演目连戏，以超度非正常死亡的亡魂。在兴化原籍，目连戏一般在三一教祠的七月十六教主诞辰、十月十五的下元普度会上演；而在海外兴化人中，目连戏往往在中元普度时演出，成为海外兴化人普度的标志性仪式。芙蓉坡兴化人认为："目连救母，只有我们兴化人有，别色人是没有演的。"① 上演目连戏，使得福莆仙联谊社的中元普度成为新马兴化人最高级别的普度仪式。此外，芙蓉坡志元堂在乔迁新址后，也曾于2011—2013年在七月普度举行目连超度仪式。

芙蓉坡兴化普度的目连戏原来主要由新加坡新得月木偶剧团演出，后改为新和平木偶剧团；2000年以来新和平逐渐退出本地市场，遂由来自兴化江口石庭村的木偶戏班演出，但仍然悬挂吉隆坡三教堂新得月的招牌。每年农历七月份，石庭的木偶戏艺人在马来西亚有多场演出，七月底的芙蓉坡福莆仙普度是最后一站。例如2012年的演出日程为：农历七月十四至十九日，吉隆坡三教堂；二十日，吉隆坡崇贤堂；廿七至廿九日，芙蓉坡福莆仙普度。这种紧凑安排有利于降低双方成本。福莆仙联谊社的主持人表示："他们还要到其他兴化庙宇演出，我们承担的费用也会省一点。"②

木偶戏台设置在联谊社右侧空地上，后台照例供奉戏神田公元帅。演出开始前要跳"加官"——据说因为是在观音亭演出，所以不跳"弄仙"。

木偶戏班昼演目连，夜演彩戏。彩戏剧目有《双龙锁记》《土地送子》

---

① 黄元勋访谈笔记：2013-8-28，马来西亚芙蓉坡东天宫。
② 黄亚喜访谈笔记：2011-8-23，马来西亚芙蓉坡东天宫。

《陈文龙》《路遥知马力》《欧天华》《双鸳鸯》《女驸马》等，与近年莆田的流行剧目基本一致，主题吉祥，与目连超度并无直接联系。目连戏超度非正常死亡的亡魂，称为"挑忏"。此前半年，普度联谊社就已张榜征集寄牒挑忏者，其收费标准为（人民币）前三名1000、800、200元，往后50元每人。据说当年的前两名很早就被预订了，2013年报名挑忏的还有"外色人"即非兴化人——芙蓉街上雅马哈琴行的老板。

2013年演的剧本为兴化莘郊木偶戏班的《目连尊者》，上集为《傅天斗》，下集为《目连救母》。这一剧本可以连续演7天，但一般会视仪式进度适时调整剧情。当年七月二十八、二十九白天演出，二十九下午演《目连救母》的同时举行挑忏仪式。演出通常是断断续续的，剧情并不连贯，每告一段落时都要抛洒冥钱并吹哨子。

七月二十九下午约15：20，当木偶戏演至目连尊者下地狱时，联谊社内的家属们着手准备祭品。各家祭品用箱子封存，里面一般有冥币、金纸，还有一张"灵宝大法司"开具的"开通冥途路引"，落款为"二天扶教辅元体道天师张大真君"，印章为"广东省城隍"。还有一位母亲给意外身亡的儿子买了几本护照，她说："我这里面护照有三本，这样我儿子就可以到处去玩。"箱外一律贴上封条，上书"灵宝大法司敕令，阳间某某某给，阴间某某某收"。然后家属把香炉和祭品搬到戏台前，在左侧等候。

当台上地狱门打开时，台前家属也同步进行现实超度，按照预定的名次去戏台前焚香祭拜。台上有专人负责开关地狱门。每次打开地狱门，就有艺人喊"某某某啊，超升啊"，目连尊者就用法杖画符，口诵佛号，其他艺人抛洒纸钱、吹哨三次。每位被超度者都会得到如下文献：

> 中国福建省某县人氏，侨居马来西亚森美兰州芙蓉某路地方居住，□请亡魂某某某到森美兰州芙蓉福莆仙联谊社筵前戏台上，目连接引。目连尊者超荐亡魂某某某到西方极乐世界，逍遥快乐。南无观音菩萨、阿弥陀佛超荐，南无阿弥陀佛。[1]

当年共有10户人家参加挑忏，超度主比去年多了4个，其中以壮年意外身亡者居多，有一户是超度婴灵。

在挑忏仪式结束之前，戏班还要对当地所有无祀亡魂进行超度。现场

---

① 马来西亚芙蓉坡福莆仙联谊社：《目连请亡文》。

宣读的仪式文献如下：

> 地方在马来西亚森美兰州芙蓉坡林木街，福莆仙普度联谊社盂兰胜会超荐，七月廿九下午四点，□请亡魂到福莆仙戏台上超荐，斋主叻务路明珠酒店。此处如有亡魂小人，今日下午申时，请引芙蓉坡筵前戏台上超荐无祀亡魂，佛光普照，接引亡魂，超升往西方极乐世界，逍遥快乐，阿弥陀佛。[①]

现实超度历时约 30 分钟，结束后众人持香朝舞台对面三拜。然后目连戏继续演出，直至目连尊者将母亲救出地狱，全家团圆。

约 17：20，戏班开始普施：戏台上撤掉香案，摆上五盘祭品，各插一炷香；在戏台对面，焚烧金银纸五份，犒劳孤魂野鬼。据说斋主和超度主家都有人在台前同拜。拜完依次抛出五盘祭品，烧掉纸钱及戏台前的对联；木偶戏艺人则焚烧目连手中的幡，唱一段清曲后请出田公元帅神像，举行"净棚"仪式。

4. 仪式传统的对比

如上所述，芙蓉坡兴化人的中元普度，呈现出既不同于其他方言群、也迥异于原籍的仪式形态，这自然是因为受到了来自两个方面的影响：一是闽南人普度传统的影响，二是兴化原籍中元祭祖传统的影响。在闽南地区，中元节普度孤魂迄今仍是重要的年度仪式活动。闽南人是芙蓉坡华人的主体人群，作为小方言群的兴化人早期曾参与福建普度联谊社，后来因为种种原因退出，但是无疑受到了闽南人中元普度仪式传统的深刻影响，随后自立门户，组织福莆仙普度联谊社举行中元普度仪式。闽南普度旨在普度孤魂，而兴化普度实为一场集体祭祀祖先的仪式，实际上依然沿袭了兴化原籍中元公妈祭的传统。

闽南普度和兴化普度的形式差异，主要体现在过桥与送圣。拉长的白布象征桥，是沟通阴阳生死之路。闽南普度旨在让孤魂野鬼通过此桥返回冥间；而兴化普度期待祖先亡灵早日还阳投胎转世。船也是过渡之物，旨在送回先人。时辰一到，法船就送往焚化，同时宣告普度结束。在闽南普度中，船上放置了仪式中使用的各种纸扎神像、金箔银箔等物品，希望送走七月来人间游乐的孤魂野鬼，使之勿逗留人间；在兴化普度中，除了船

[①] 马来西亚芙蓉坡福莆仙联谊社：《目连超度文》。

还有飞机，法船上除了金箔银箔还安放各家宗亲神位，送船和过桥都是希望往生先人早登极乐。

此外，新加坡九鲤洞十年一度的逢甲普度，也是以超度祖先为主的仪式，由僧人、目连戏艺人、坛班乩手共同主持，其仪式传统也有类似变化，笔者拟另文研究。

总之，源自兴化的亡魂崇拜仪式，在海外移民社会中呈现了新的特征。芙蓉坡兴化人的中元普度仪式，实际上是以超度公妈的佛教仪式为主要仪轨，因而是一个祭祀祖先的仪式；僧人与木偶戏艺人各司其职，在祭祀祖先的同时犒赏无祀孤魂，挑忏怨灵厉鬼，同时超度三种不同类型的亡魂，所以也是一个亡魂祭祀仪式。这说明，在海外兴化人的移民定居过程中，其仪式传统同样经历了落地生根的本土化过程。①

---

① 关于东南亚华人祭祖仪式的"本土化"，请参见拙文：《日常生活中的国际联系(1950—1990)：安溪湖头李氏书信解析》，其中涉及中元普度、引魂与超度仪式。在移民社会的初期，海外族人通过缴纳丁口费用间接参与老家的中元普度仪式，老家专门为在异乡往生的族人举行引魂仪式；随着海外移民社会的成形，上述相关仪式也可以在侨居地举行，还可以在海外为老家族人举行相关仪式。

第 五 章

海外移民与侨乡传统再造

历代移居海外的兴化人，始终是侨乡家族和村社组织的有机组成部分。自中国改革开放以来，海外移民与侨乡之间联系日益密切，在侨乡建设与文化复兴过程中发挥了重要作用。海外移民通过参与侨乡的各种公共事务，捐资兴修祖厝和庙宇，资助和组织各种仪式活动，强化了侨乡原有的社会文化传统，建立了链接侨乡与海外聚居地的跨国文化网络。本章拟先考察华侨精英在侨乡建设中的作用，再依次论述海外移民对侨乡庙宇重建和仪式复兴过程的影响。

第一节　侨乡建设与华侨精英

早在民国年间，兴化侨乡的居民生计和地方建设就已经主要依赖于侨汇收入，在海外谋生的乡亲成为本土社会发展的主要推动力量。20 世纪50—70 年代，由于侨汇收入急剧减少，侨乡的各项社会文化事业也日趋凋敝。自80 年代以来，海外乡亲重回故乡，积极参与地方公共事务，一度成为侨乡建设的主导力量。

一、华侨资助侨乡建设的热潮

民国时期，莆田涵江和江口一带已经成为著名侨乡，出现了侨乡建设的高潮。在南洋经商致富的华侨，纷纷回乡修建新式住宅，发展新兴产业，甚至组织地方武装，创建岗楼等防卫设施。如江口东源村，镇志记载：

> 早在三十年代，全村建洋楼、别墅，搞火力发电、设碾米厂、开果山等等，呈现一片具有侨乡特色的繁荣景象。为防匪首郭楼古的侵扰，华侨集资在村前村后各建有三层岗楼，配备比利时造的步枪、德国造的连响手枪数百杆和轻重机枪数挺，迫使恶徒望而生畏，不敢越雷池一步。①

在民国年间的侨乡建设过程中，从海外归来的华侨广泛参与地方各种公共事务，逐渐取代旧式士绅，成为侨乡地方社会的领导阶层。涵江后郭村仙宫堂民国丁丑（1937）年的碑刻记载：

> 据仙宫堂庇下诸弟子等，为募缘倡建重修事。恭唯本宫崇奉慈济真君、文武诸神，灵昭车辂，化及夷邦。但念众等食谋外国，利涉重洋，常蒙呵护之恩，每荷帆幰之德。窃思宫宇建自先朝，元汉迄今，于兹有年矣，历经风雨，漂坏崩颓。是以同心鸠集乐捐，乃率乡人协力兴工重葺，添新改换，略可壮观，幸已落成。爰伸微款，谨将捐缘助建者芳名开列于左……
>
> 俱展诚心，同勤盛举。谚云："人有善愿，天必从之。"惟愿者神灵显在，惠泽旁沾。庙貌聿新，祀典亿万年不替；人文蔚起，香烟千百载长存。照得：仙宫重地，首应严肃威仪。兹经全乡公议，列定宫禁刻碑：凡宫阙内外，清洁共为保持；若逢早冬收成，禁止堆积谷物；附近左右邻舍，毋得填塞木藤；周围地土树木，切勿动掘伐斸。如是观瞻可壮，附告俾众周知。各宜凛遵，合行须至碑者。
>
> 龙飞岁舍丁丑年孟夏梅月日穀旦敬立。②

可以看出，当时华侨已经成为该村庙重建工程的主要倡导者和投资者；在重建村庙之后，为了"严肃威仪"，又以"全乡公议"的名义设立"宫禁"，要求当地民众"各宜凛遵"，俨然成了乡村生活的领导者。

在兴化侨乡，至今仍可看到许多中西合璧的五间厢双层厝，红砖黑瓦，五彩楼梯，富有域外风情。这些豪宅都是民国时期华侨建造的"洋

---

① 《江口镇志》，北京：华艺出版社，1991：102。

② 郑振满、丁荷生：《福建宗教碑铭汇编·兴化府分册》，福州：福建人民出版社，1995：368—369。

楼"，有的已有近百年历史，依稀可以看到"亚松摩托公司""泉泰汽车"之类海外公司的名称。近年又出现了许多华侨修建的高楼，一般都延续了1950年以前的洋楼风格，形成了侨乡特有的建筑传统。

1980年以来，海外乡亲除了在老家修建住宅、祖厝和庙宇，也大量投资于各种公益事业，尤其是文教、医疗事业和交通、自来水等基础设施。如江口镇由海外乡亲投资建设的标志性建筑主要有侨联大厦、江口宾馆、文化中心、孝义侨办文化宫、石庭影剧院、上后影剧院、华正自来水有限公司等。江口镇各村的主要道路，几乎都是由海外乡亲捐资修建的：

表6 江口镇各村三胞集资铺建村石板道一览表①

村名	全长（公里）	造价（万元）	修建年代
江口	7.955	77.7	1985—1989
新前	0.42	3.3	1985—1988
海星	2.1	14.7	1984—1988
新墩	1.94	16.88	1985—1989
李厝	0.86	5.16	1986—1989
前面	1.05	6.3	1986—1988
五星	3.75	32.4	1985—1988
东楼	2.3	14.05	1984—1989
西刘	1.35	9.45	1984—1987
石东	8.7	78	1983—1989
石西	5.8	46.6	1983—1989
丰山	0.46	2.76	1987—1989
厚峰	0.26	1.3	1988—1989
农山	0.39	1.8	1988—1989
坂梁	0.7	5	1986—1988
刘庄	0.45	3.2	1986—1988
院里	0.5	2.5	1987—1989
石狮	1.6	9.6	1984—1989
园顶	3.05	22.9	1984—1989

① 转引自：《江口镇志》，北京：华艺出版社，1991：67。

村名	全长（公里）	造价（万元）	修建年代
园下	1.33	16.2	1985—1989
顶坡	0.7	6	1984—1988
上后	2.4	15	1984—1989
蒲江	0.25	2.2	1986—1988
大东	0.19	1.7	1986—1988
东大	1.1	7.7	1986—1988
官庄	3.5	28	1985—1988
合计	53.105	430.4	

2008年7月，笔者到新加坡芽笼兴胜宫访谈，在看庙老人处意外发现一部《林外境志》，其中详细记载了海外乡亲参与侨乡建设的历史资料。看庙老人为莆田梧塘镇林外村人，取得探亲签证来到新加坡，临时受聘为兴胜宫的管理员。林外村现有1700多人，下分彭厝、赖厝、下厝三甲，居民主要有姚、郑、彭、赖、黄等姓。[①] 由于地处兴化平原的边缘地带，林外村的海外乡亲并不多，2002年"根据侨务部门统计，林外旅外人口356人，其中新加坡280人、马来西亚35人、印度尼西亚18人、美国8人、加拿大15人。"[②] 不过，为数不多的海外乡亲在当地的社区事务中依然发挥了重要作用。据《林外境志》记载，海外乡亲的贡献首先在于重教兴学：

> 50年代中期，姚阿毛、苏志宣等了解到学校缺少教室后，就带头集资。一个月后，汇回港币33000元，折合人民币14091元。1957年秋，建成一幢土木结构双层共十间的教学楼，总面积600多平方米。

> 1993年，旅居新加坡侨胞黄乌尾、姚金沐、姚金梅、彭文辉等带头捐资，带动了其他侨胞，集资人民币50多万元回乡，新建一座四层共有16间教室的教学楼，总面积达1600平方米。

> 1995年，侨胞黄乌尾又集资人民币10多万元，百忙中抽空亲自带款回乡，捐助家乡小学浇灌水泥操场，添置教学设备。

---

① 蔡金耀：《梧塘镇侨胞纪略》，载《莆田文史资料》第21辑，1996；郑甲麟：《林外街与枫林店》，载《涵江文史资料》第11辑，2003：100—101。

② 《林外境志·侨居地点》，2002：96。

1995 年，侨胞苏明发回家探亲，独资购置军乐器材一套，捐献给枫林小学。

1996 年，侨胞彭顺英女士回乡省亲，特地到枫林小学参观，捐献人民币 5000 元，为母校添置图书。①

其次，林外的华侨特别热衷于架桥修路：

60 年代，侨胞黄乌尾等资助，架起了一座长 10 米、宽 3 米的两孔石板桥。

1978 年，侨胞黄乌尾、姚金沐等，在海外筹集叻币回乡，折兑人民币 1 万来元，将香龙福社门前南侧的石板桥翻建成一座长 25 米、宽 5 米的单孔石拱桥，桥面平坦，桥栏牢固，不但人车可以畅通，而且还是夏夜人们乘凉的地方。

1987 年，侨胞及村民集资人民币 1 万来元，捐助乡亲在陈厝门前架起了一座长 25 米、宽 5 米的石拱桥。不但方便行人往来，而且机动车载货也可通行。

1991—1997 年，旅居新加坡侨胞彭金妹、彭文辉、姚金梅、姚金荣、彭金塔、姚文金等两次捐资，本组热心公益事业的彭天德、彭华晶、姚志平、姚金登、姚正祥等多方联系集资，干群协力、外帮内助，共集人民币 30 多万元，从香龙福社门前石拱桥向西北沿溪岸修筑一条宽 4 米的村道，转西直达彭、姚两村相交处，再分岔，南至白云洞庙前，北至姚氏新厝埕，全长 900 多米。路面浇灌水泥，老路截弯取直，缩短了近一半路程，沿途还修支路，通往住宅门前，方便了父老乡亲的旅行。②

在铺设自来水管道和照明电路等公益事业中，海外乡亲也有首倡之功：

1978 年，彭庆云、彭文辉、姚金沐、姚文珍、彭金塔、姚文金等人，获悉境内乡亲饮水深受氟化物的危害，心急如焚，于是发动旅外侨胞集资□□元，捐助乡亲铺设自来水管，改善用水条件；1985 年，他们又集资回乡，为彭、姚两姓乡亲架线安装电灯，改善照明条件。

1986 年，侨胞苏明发、彭金森、姚金沐、姚文珍、赖阿象等捐

---

① 《林外境志·华侨分布》，2002：99—100。
② 《林外境志·华侨分布》，2002：100。

资，参与兴建"梧塘侨联大厦"。①

此外，林外的海外乡亲还尽可能修复各自的祖厝：

1969 年，赖文芳（九尾）、赖文彩、赖阿象等捐资修缮祖屋（赖宅尾张厝）并筑围墙。接着其他侨胞也先后捐资回乡修缮祖屋。黄乌尾捐资修缮溪边黄氏祖屋，陈、李姓侨胞也曾捐资修整本姓祖屋。

2000 年，苏氏侨胞集资回乡对苏氏祖屋进行全面整修。

2000 年，彭金妹女士等捐资整修彭氏祖宅（大张厝）。②

二、侨乡的华侨经营管理机制

在林外这种华侨和侨眷人数不多的侨乡，海外乡亲对社区事务的贡献主要表现为赞助公益事业；而在华侨和侨眷为数众多的沿海地区，海外乡亲会全面干预社会生活的各个领域甚至主导社区事务。莆田江口镇的著名侨乡石庭村就是典型案例。

石庭黄氏号称海外兴化人的"第一巨姓"，海外族人远多于原籍族人，留居原籍的大多是侨眷。族谱记载：

自清末民国初近百年来，乡人络绎奔波海外，旅居南洋各部邦，兴家立业于印度尼西亚、新加坡、马来西亚、泰国各地，蕃衍生息，枝叶茂盛，人丁不少于乡人，独树一支庞大派系。③

在石庭境内，许多公共设施以"华侨"二字开头，如华侨影剧院、华侨医院、华侨职业中专等，到处都留下了海外乡亲的烙印。早在 1915 年，从日本留学归来的黄绍昌就在家乡创办了石庭小学。族谱记载：

石庭小学创办于一九一五年十月十八日，初名莆田县第七区第二小学。创始人为曾留学日本的黄绍昌先生（兼任名誉校长，后为第五任校长）。校设立董事会，由当时名人萨镇冰担任名誉会长。④

民国年间，石庭华侨还参与创办了江口第一所中学"锦江中学"。1957 年又创办了石庭华侨中学，后改为职业中专，重点培养实业人才，这也是侨乡教育的特色。2007 年 50 周年校庆时，该校编写了《赤子心·侨

---

① 《林外境志·爱国爱乡》，2002：101。
② 《林外境志·爱国爱乡》，2002：101。
③ 《石庭黄氏大族谱·重修石庭黄氏族谱发刊词》，1990：2。
④ 《石庭黄氏大族谱·莆田县石庭小学》，1990：380。

职情》一书，回顾学校的发展历程，介绍了 25 位热心于侨乡教育事业的海外石庭人。值得注意的是，石庭华侨职业中专很早就成立了董事会，专门负责与海外乡亲的联系。校史记载：

> 石庭华侨中学创办于一九五七年，初名石庭华侨中级文化学校。一九五八年改为石庭农业中学。一九六三年转为石庭侨中。一九六九年并入石庭小学，校名为莆田县石庭五七学校。一九八五年，校董事会成立。在校领导的有力支持下，他们多方奔走，获得了海外侨胞的慷慨赞助，终于成就了今天现代化的校貌。①

从华侨职业中专的《五十周年庆典纪念特刊》可知，历届董事会由散居东南亚和本土的族人共同组成，海外董事分布于印度尼西亚、新加坡、马来西亚等地，目前仍在有效运作。②

在华侨职业中专的校园内，可以看到华侨捐建的各种建筑，如黄文兰以父亲名义捐建的"开德堂"、黄文理捐建的"文理亭"。他们也以个人名义设立奖学金，如文兰奖、玉旗奖（黄玉旗）、日昌奖（黄日昌）、富信奖（陈瑞凤）、德彬文辉奖（黄德彬、翁文辉）、鸿泰奖（黄玉明）、玉瑞奖（黄玉瑞）、文典奖（黄文典）等。③

位于石庭顶西坡村的莆田华侨医院，最初也是由石庭黄氏的海外族人集资创办的。族谱记载：

> 1981 年，热心家乡公益事业的黄文华、黄日昌、黄春元、黄文兰、黄文衡、黄玉秋、黄文金、黄金生、黄沧海等九位侨胞，组织 112 户集体捐资，创办莆田县华侨医院（原名石庭华侨医院），总投资人民币 172 万元……1988 年 4 月，侨胞李承光捐资兴建职工宿舍恺英楼。11 月，侨胞黄清和捐资购置电脑……1990 年，爱国华侨黄文华、方秀仁、黄文兰、黄日昌、黄春元、黄文通、黄青云、黄文理、关文龙、黄玉华、黄德彬、陈德发、李国华、黄亚荣、陈奇模等组成海外第二届建委会，又为医院医疗大楼加层及配套设施建设捐资 64.2 万多

---

① 《学校沿革》，载《福建莆田华侨职业中专学校五十周年庆典纪念特刊：1957—2007》，2007：2。

② 《莆田侨职第二届华侨董事会》，载《福建莆田华侨职业中专学校五十周年庆典纪念特刊：1957—2007》，2007：36。

③ 同上：45。

元……①

值得注意的是，在海外乡亲资助侨乡建设的过程中，逐渐形成了新型的社会管理机制。在上例中，为了支持华侨医院的建设和发展，海外成立了专门的"建委会"，相当于董事会，对医院的经营管理有着深远影响。此外，以往华侨对侨乡的资助，大多是以原籍的某些亲属为代理人，近年来则主要通过基金会等新型社团组织。石庭黄氏宗族有成立于不同时期的公共基金会，如"石庭社会福利基金会""石庭鸳鸯厝基金会"等，主要职能是筹集侨乡建设的资金、负责各种乡族事务的决策和实施。基金会取代侨乡代理人，反映了侨乡社会结构的深刻变化。

石庭社会福利基金会成立于1989年，几乎参与了近年来石庭境内的所有社区建设和公共事务。族谱记载：

> 本会由莆田市人大常委会前主任乡人黄庆云先生、乡侨黄日昌先生倡议，在众侨贤的热烈支持下，经莆田市、县民政部门的批准于一九八九年隆重成立。
>
> 本会宗旨是：联络乡侨，鸠集资金，造福桑梓，繁荣族业。
>
> 本会所设专用资金及其目的：
>
> 一、教育奖励金。目的是激励本乡黄氏子孙勤奋攻读，早日成才，以匡国富民，荣宗耀祖。
>
> 二、救济金。目的是扶助救济孤寡贫老病残、遭受天灾人祸者，巩固宗基。
>
> 三、资助老年会活动金。目的是保障乡老，让老人有所养、有所乐、安度桑榆暮景，树立尊老、敬老的优良社会风气。
>
> 四、本乡其他福利事业赞助金。目的是行仁布义。②

石庭社会福利基金会主要由旅居新加坡、马来西亚和印度尼西亚的黄氏族人捐助，其首批捐资情况如下：

> 黄日昌先生乐捐新加坡币伍万元。黄文兰、黄文华、黄文理、黄春元、黄文通、黄灶敏、黄玉瑞诸先生各乐捐新加坡币叁万元。黄绳康先生乐捐新加坡币贰万元。黄金华、黄亚兴、黄廷荣、黄金生诸先生各乐捐新加坡币壹万元。黄克祥、黄绳荣、黄福林诸先生各乐捐新

---

① 《石庭黄氏大族谱·莆田县华侨医院》，1990：381—382。
② 《石庭黄氏大族谱·石庭社会福利基金会简介》，1990：4。

加坡币伍仟元。黄文荣、黄春荣、黄亚池诸先生各乐捐新加坡币叁仟元。①

石庭社会福利基金会由海外族人集资创建、管理和运作，基金收入全部用于侨乡建设和公共事务。当年参与发起基金会的黄文兰先生回忆：

> 石庭华侨基金会，黄日昌、黄文理、黄春元、黄文德、黄灶秘、黄绳康为最初发起人，后黄玉棋加入，发起人中有几位已经离开人世了。当初日昌出资五万，其余人为两三万，基金存入美国某银行，用其利息作为基金会费用，在石庭帮助孤寡，奖励学子。石庭有几个退休老人义务料理基金会事务，聘请一些清洁工人，有付给工资。黄庆云，曾任莆田市副市长，曾协助基金会成立，本来说要叫庆云基金会，我说应该叫石庭基金会，这样才会长久有人捐款。②

除了全族共有的石庭社会福利基金会，石庭黄氏宗族各支派也有基金会。例如石庭鸳鸯厝华侨发展基金会，负责人黄天铜先生介绍：

> 我们鸳鸯厝基金会是 60 年代建立的，发起人为黄克祥、黄克毅。基金会资金存在新加坡大华银行，利用所得利息作为基金会经费，每年捐回家乡约 7 万元人民币。黄克祥已去世，黄克毅年届七旬，行动不便，1996 年以后主要由我负责基金会事务。基金会主要负责 1928 年创建的陶青小学与本厝的日明楼。基金主要用于学校费用，较少用于日明楼。基金会成员遍布新加坡和马来西亚的怡保、森美兰、芙蓉坡、吉隆坡、北海、大山脚、巴生，多数集中在巴生港口；印度尼西亚的椰城与棉兰也有。基金会过去在马来西亚的负责人是黄大宗，已经去世。基金会现每年一次会议。在石庭的负责人是黄文机。③

鸳鸯厝是石庭后厝甲下的一个房派，目前约 500 人留居本土、600 人旅居海外，后者主要集中在新加坡与马来西亚。近年有不少新移民去新加坡，还有去英国、美国和阿根廷经商的。鸳鸯厝有自己的坛班庙宇日明楼，隶属金轮教，其仪式活动与房支派系密切结合。鸳鸯厝基金会的资金也是在海外运作，而且在新加坡、印度尼西亚和本土都有负责人，是由海

---

① 《石庭黄氏大族谱·石庭社会福利基金会简介》，1990：4。

② 黄文兰访谈笔记：2007-6-5，新加坡黄文兰公司；2009-3-9，莆田石庭桥头外黄家。

③ 黄天铜访谈笔记：2007-6-9、2008-7-25，新加坡黄天铜公司。

内外族人共同管理的基金组织。

目前，石庭黄氏族人还在不断创建新的基金会，连一些祖厝都有自己的基金会。2009年元宵节期间，笔者在石庭参观一座刚刚修缮一新的祖厝，得知其派下同时成立了"黄龙瑞公基金会"。祖厝内新刻的碑记载：

> 祖父黄龙瑞公与祖母陈石山妈婚后共有三男一女，不幸黄龙瑞公英年早逝，祖母寡居持家，靠几分薄田、两间平屋，人畜共居，生活十分困难。无奈长子黄大度过房与宗叔，女儿不幸夭折，儿子黄阿和、黄阿炎成人后出国拖人力车，一家人克勤克俭，于一九三六年春盖起这座祖屋。由于教子有方，品德高尚，祖母博得尊亲乡里夸奖和尊敬。
>
> 七十多年过去了，孙子黄春元、黄春水、黄春福事业有成，兄弟和睦，为念父母养育之恩、创业之难，于二〇〇八年十月将祖屋翻修一新，以供下一代子孙留念。
>
> 黄春元、黄春水、黄春福兄弟三人及子孙集资人民币百万，成立黄龙瑞公基金会，利息用于祖屋修缮、逢年过节、扫墓活动之用。
>
> 二〇〇八年十月十八日，孙子：黄春元、黄春水、黄春福。[1]

这一重新翻修的祖厝，目前已无族人居住，实际上是一座小型的华侨纪念馆。厝内陈列有族人在新加坡和莆田本土注册的公司或基金会的名牌，如"新加坡荣发贸易有限公司""莆田市黄春水慈善理事会""莆田市福祥水产有限公司"等。外墙上镌刻着先辈下南洋谋生的艰辛经历。例如：

> 黄阿和，自幼失父，无父兄为长，为了生计，少年失学，子耕田，母编织草鞋，上孝母亲，下顾弟弟，为生活，十几岁就漂洋过海，到马来西亚吉隆坡拉人力车，一分钱，一滴汗，克勤克俭，为人忠厚老实，一生不取一分不义之财，母子相依为命，这叫穷人的孩子早当家。
>
> 娶郑氏，生有一男一女，男名曰春元，女名曰美治，还有养子春风。郑氏相夫教子，为人善良，孝顺婆婆，是家族中一位很贤德的好媳妇。子孙昌盛，大多移居新加坡。

---

[1] 莆田石庭四甲后厝甲：《黄龙瑞公祖屋简介》，2008。

二〇〇八年十月十八日，子：黄春元、黄春风。①

黄炎九，七岁失父，有幸读了几年私塾，能写会算，资质聪明，口才极好。长大以后，随兄到马来西亚吉隆坡拉人力车，勤劳俭朴，兄弟努力，所赚血汗钱一分不留交给母亲。为改变人畜同居之苦，盖起一座"四目厅"。

娶妻关氏，教子极严，为人正直，勤俭治家，生有三男一女。长子黄春树，少年到马来西亚吉隆坡当学徒，不幸病故。留下黄春水、黄春福、黄淑英在身边。农忙务农，农闲兼挑小贩。

炎九孝敬母亲，如拜观音。为人正直，重德不重财，乐善好施，是乡里有名孝子，晚年全乡选他为乡老。子孙昌盛，大多移居澳门、香港、涵江。

二〇〇八年十月十八日，子：黄春水、黄春福。②

这一祖厝派下的其他宗亲也大多旅居海外，如黄文荣、黄文榜和黄容玉、黄秀玉兄弟"子孙昌盛，部分移居新加坡"。③

从上述碑记可以看出，黄龙瑞公的子孙目前多数散居东南亚，只有少数留居本土。由海外族人发起组织的基金会，通过祭奠祖先和维护祖厝，加强了海内外族人的认同感和凝聚力。

三、华侨精英的乡土情怀

在海外乡亲参与侨乡建设的过程中，少数事业有成的热心华侨发挥了重要的倡导作用。在此以石庭著名侨领黄文兰先生为例，探讨华侨精英对侨乡建设和公共事务的影响。

黄文兰，字国寿，乳名玉泉，1924年生，石庭大门甲桥头外人，现任石庭宫坛班坛长、石庭华侨职业中专华侨董事会的永久名誉会长，持印度尼西亚国籍，定居新加坡，兼任新加坡九鲤洞柳金会、新加坡兴安会馆、印度尼西亚兴安会馆、印度尼西亚福莆仙会馆的名誉主席。2002年出版个人传记《故乡情》，2008年主持编辑《石庭桥头外伯琼公派下族谱》，并撰写《我的愿望》等回忆文章。这些文本较为系统地介绍了黄文兰的家族史

---

① 莆田石庭四甲后厝甲：《黄龙瑞公祖屋简介》，2008。
② 莆田石庭四甲后厝甲：《黄龙瑞公祖屋简介》，2008。
③ 莆田石庭四甲后厝甲：《黄龙瑞公祖屋简介》，2008。

和个人生活史，呈现了早期海外移民与故乡的密切联系。

黄文兰的人生履历可以分为三个阶段：青少年时期在故乡成长、1951年以后出洋创业、80 年代开始回乡参加公共事务。在国内，他经历了民国时期、共和国初期和改革开放；在国外，他经历了东南亚与中国大陆的疏离、印度尼西亚的排华和两边关系的复苏。可以说，他的个人生活史凝聚了 20 世纪的时代特征和侨乡的变迁历程。他的生平经历不仅决定了他在本土和海外网络中的位置，而且建构了他的社会角色和身份意识，为他参与侨乡事务提供了强大的动力。

黄文兰之所以能够在江口的华侨群体中脱颖而出，成为黄氏族人中颇有声望的"爱国华侨"，与他的家族史密不可分。黄文兰的父亲是江口一带颇有名气的泥水工人，与妻子张氏育有四子五女。文兰在兄弟中排行老四，13 岁开始跟随父亲学习建筑手艺，18 岁参加石庭宫关戒，成为石庭宫法主仙妃的扶童。他回忆：

> 我 18 岁参加石庭宫，目前为石庭宫坛长（即辈分年龄最高者），关戒过 3 次。初次关戒时，最大的 19 岁，最小的 11 岁。2 年或 3 年后再关戒，具体年份现在已经记不得了。出洋回来后，又关了一次。一晃 68 年过去了。我们当时出戒还有爬戒梯。

> 我父亲有四个儿子，三个儿子均下南洋。文清肠炎误以为发烧，延误治疗，英年早逝；文裕在沦陷期间，死于日军大屠杀；大姐一家三口同时在大屠杀中遇难。[①]

黄文兰的三位兄长文清、文裕、文凤，在青年时代都去新加坡谋生。1945 年日本投降后，熬过战乱的三哥文凤回到老家，利用在新加坡的积蓄在涵江开设"义和栈"汇兑局，1946 年将"义和栈"交付文兰经营管理，自己携妻子返回新加坡，1952 年去世。[②] 1951 年，黄文兰 27 岁，初次出洋，前往新加坡谋生，当时作为非法移民入境，在英国殖民统治下很难取得合法身份，几个月以后就辗转前往印度尼西亚。初到印尼时语言不通，身无分文，三年以后在兴化同乡的帮助下取得合法身份，开始做买卖谋

---

① 黄文兰访谈笔记：2007-6-5，新加坡黄文兰公司；2009-3-9，莆田石庭桥头外黄家。

② 黄文兰访谈笔记：2007-6-5，新加坡黄文兰公司；2009-3-9，莆田石庭桥头外黄家。

生。1957 年回国探望父亲，1964 年参加印度尼西亚兴安会馆代表团回国参加国庆庆祝，并为父母新修坟墓。

在《我的愿望》一文中，黄文兰提及，早年听父亲的一番话，使他暗下决心有朝一日要在家乡发展教育事业：

> 20 世纪 40 年代初，我听父亲说，有几位省议员到我们石庭察看学校。当时石庭人口众多，却没有一座像样的学校，只有绍昌先生借旗杆厝旧祠堂当教室创办的绍昌小学，非常简陋。议员们看了，批评石庭人：有钱新盖五间厢双层（当时新建了五六座），假如每座盖矮两尺，就能盖一座很像样的学校！看着父亲的无奈和感叹，童年的我听了记忆在心，默誓假如有一天我能发达，一定对本村教育事业作出贡献！①

因此，早在帮助兄长经营侨批汇兑局期间，黄文兰就对经济拮据的石庭绍昌小学伸出援手：

> 1945 年，抗战胜利了，绍昌小学要举行 30 周年校庆，但缺乏经费。当时货币日益贬值，市面流通以大米为本位。那时我在涵江义和栈汇兑局理事，黄璇校长找我商量，要求暂借大米四百斤作为校庆之用。我立刻向公司建议，把四百斤大米作为捐献，使校庆得以顺利举行。那时校庆搞得非常隆重，乡里老幼尽人皆知，增加了乡亲们对学校的重视和信心。②

在此后数十年中，黄文兰一直热衷于资助家乡的教育事业，在海外联络乡人，募捐筹款。他说：

> 1952 年，由万丰脚车栈、黄日昌、黄信发共同发起，乡亲们陆续回来修建石庭小学。1957 年修建初中，同小学在一起。后来学生人数不断上升，1978 年集资 18 万元新币，准备在一旁空地修建三层 36 间教室。后来因为附近乡民提出，建到三层会影响古厅堂的风水，最终仅建两层。过了几年仍然不够用，再次筹款 60 万元新币，扩建教学楼23 间，加上围墙和食堂。我从印度尼西亚到新加坡和文理、金龙开

---

① 黄文兰：《我的愿望》，收入莆田华侨职业中专学校编：《赤子心，侨职情》，2007：93。

② 黄文兰：《我的愿望》，收入莆田华侨职业中专学校编：《赤子心，侨职情》，2007：94。

会，当时印度尼西亚只有我一个人参加，其他乡亲并非不愿出钱，只是不太放心。黄清云（下旧厝人）增加了我的信心，他对我说："我给你6.6万元，你明年要还我11间房间，或者你比我出更多的钱。"我后来出资16.8万元新币，修建礼堂"开德堂"，以我父亲的名字命名。后来日昌、文理捐建科学楼，德云捐建教学楼。在1978—1990年间，修建学生宿舍、食堂、教师宿舍（6层48间）、音乐楼，建筑面积约2万平米，我一直在做牵头人。①

自80年代以来，黄文兰主要致力于发展华侨职业中专，长期担任该校华侨董事会董事长，现在年事已高，才主动卸任。他说：

> 你们今天看到的职专，都是我们一点点建设起来的。80年代，我参与发起新修石庭小学，当时捐资人数272人，金额从几十到几万元不等。后来主要倡议发展华侨职业中专，现在中专主要事务移交黄玉棋。我只读过私塾4年，走过许多路，知道有知识不用出卖苦力，因此注重教育。我在2007年的校庆典礼上告诉同学们，你们只要学有一技之长，毕业就是再就业。②

黄文兰提及将中专事业移交黄玉棋，就是考虑到自己年纪大了，"委托老友黄春元先生帮助物色一位能够继续推动华侨职业中专向前发展的乡贤"。③ 此后，黄文兰被推举为华侨职业中专董事会永久名誉董事长，至今还在为学校的发展贡献心力。

在兴化本土，黄文兰还发起和参与了许多其他公益事业，如修筑村路、重修祖祠和始祖墓、扩建石庭村庙、编修《石庭桥头外伯琼公派下族谱》等。黄先生特别提到："我除了热心教育外，我们桥头外到西刘的路也是我参与修建的，我还找人一起修复了当时几近荒废的东里黄氏祖祠。"他参与修建的路即"和平路"，由于涉及村际关系，在当地具有特殊意义。他说：

> 这条路的终端是西刘村，最初西刘华侨出资50多万，要独资修建

---

① 黄文兰访谈笔记：2007-6-5，新加坡黄文兰公司；2009-3-9，莆田石庭桥头外黄家。

② 黄文兰访谈笔记：2007-6-5，新加坡黄文兰公司；2009-3-9，莆田石庭桥头外黄家。

③ 莆田华侨职业中专学校编：《赤子心，侨职情》，2007：7。

这条路，还要命名为"西刘路"。我认为这条路的前半段在桥头外，如果全名是西刘路，日后会引起两村纠纷，所以找了江口镇长王天全，阻止了最初的修路计划。后来桥头外也集资20多万，两村合资修路，避免命名为"西刘路"或"桥头外路"，命名为"和平路"。我还撰写了对联："和气生财建设乡村道路，平安出入发扬社会文明。"①

石庭黄氏奉唐末御史黄滔为始祖，所以黄文兰对东里黄氏祖祠与黄滔墓地的修复也特别关心。1994年，黄文兰召集石庭同乡黄日昌、黄文华等，各自捐资数万元，为重修东里黄氏祖祠和始祖墓而奔波。此外，黄文兰作为石庭宫坛班弟子，也积极倡议修复和扩建石庭宫。他回忆：

> 1989年石庭宫开始重修，我出面集资约280万港元修理，由新马华侨集资。当时正值古村改建新村，石庭宫面积不断扩大，扩建流芳亭、钟鼓楼，大大超越原庙。我记得当时文通捐40万、春元30万、我30万、文华30万元人民币，我和春元、文通还赞助图书馆的修建。②

黄文兰在新加坡和印度尼西亚还有自己的产业，但他把家乡的公共事务看得比生意更重要。他频繁地往来于故乡和海外之间，组织和协调侨乡的各种公共事务，这已经成为他日常生活的重要内容。如同在海外经商创业一样，他在家乡公益事业上也获得极大的成功。由于对家乡事务的慷慨热情与为人处世的诚恳踏实，他在海外石庭人乃至兴化人中享有很高的声望，被尊称为"文兰大"。③

黄文兰从小在故乡长大，成年后才到海外谋生。出国前，他参加过村庙的关戒，也资助过家乡的学校，对乡土社会文化有深厚的感情。出国后，他的父母和发妻长期留居国内，使他与故乡有割舍不了的联系，在最困难的情况下也要尽量设法回乡探亲。他和兄长、姐姐在海外的经历，使他深感只有在故乡才能安身立命。正因为如此，他对侨乡事务倾注了极大的热情，也在参与侨乡建设的过程中得到了极大的成就感和满足感。在和这位可敬老人的多次交谈中，我深切感受到第一代老华侨的乡土情怀，也

---

① 黄文兰访谈笔记：2007-6-5，新加坡黄文兰公司；2009-3-9，莆田石庭桥头外黄家。

② 黄文兰访谈笔记：2007-6-5，新加坡黄文兰公司；2009-3-9，莆田石庭桥头外黄家。

③ 莆田华侨职业中专学校编：《赤子心，侨职情》，2007：3。

逐渐意识到海外乡亲对于侨乡传统再造的重要意义。

第二节　庙宇的修复与重建

在兴化民间，庙宇历来是社区和社团组织活动的中心，也可以说是乡土社会文化的象征。1949 年以后，由于各种政治运动的冲击，兴化民间的公共仪式活动一度中断，许多村庙和祠堂被改建为学校、工厂和仓库甚至被夷为平地，仪式专家受到不同程度的人身攻击，民间信仰和仪式活动被迫转入地下，许多寺庙的香火传到海外。自 80 年代以来，在海外乡亲的倡议和推动下，兴化侨乡的多数庙宇得到了修复，近年来又历经重建或扩建。可以毫不夸张地说，在 80 年代以来的侨乡传统再造过程中，海外乡亲发挥了主导作用。

海外乡亲对侨乡庙宇的修复和重建，一般是先从社区性庙宇开始，再推广至区域性中心庙宇，最后延伸至各种仪式团体的庙宇。这一庙宇复兴运动的演变趋势，与中国改革开放初期的宗教政策密切相关，也反映了不同历史时期侨乡传统再造过程的广度和深度。下面依据我们在兴化侨乡调查中收集的历史文献资料，对此略加考察。

一、社区性庙宇

兴化地区的社区性庙宇主要是村庙或社庙，也包括社区内部的各种寺庙庵堂等宗教设施。此类庙宇较少受到地方政府的干预，早在 70 年代末就已启动修复，80 年代陆续进入重修或重建过程。

例如，莆田梧塘镇的《林外境志》记载：

1978 年，侨胞陈金灶独资重建境内"青龙庙"。

1982 年，侨胞苏明发等在海外集资，重修境内"福成宫"。

1983 年，陈金灶、姚金沐、蔡玖贤、苏明发、苏星辉、赖阿象等捐资赞助叻币壹仟柒佰贰拾元，重修梅岭境的"龙溪祖社"。

1983 年，黄乌尾、姚金沐、苏明发、黄妹仔等在新加坡集资，为"香龙福社"举行告竣庆典。

1992 年，陈金清乐捐人民币叁万叁仟肆佰贰拾元，再次重修"香龙福社"，还捐赠服装 80 套给境内四队车鼓队队员。

1994 年，苏明发、黄妹仔等侨胞为"香龙福社"化寿灯庆典再次集资。①

上述"青龙庙""福成宫""龙溪祖社""香龙福社"等，都是林外村民举行仪式活动的社区性庙宇。在修建庙宇的过程中，海外乡亲还不断捐献各种设施和仪式用品，如庙志记载：

1984 年，陈玉珠女士献赠给"香龙福社"的"张公圣君""齐天大圣"黑、红龙袍各一件和帽靴各一套，文昌旗、清道旗、十斗旗各 1 对。

1986 年，陈金灶捐赠给"香龙福社"绣龙桌裙 4 张。1992 年，他再捐赠给"香龙福社"绕境走香执事、儿童专用的"武生"戏装（绣花的衫、裤、鞋、帽各 20 套）。

1987 年，侨胞彭庆云先生敬献挂在"香龙福社"中筳的"感佑于民"匾额 1 面。

1988 年，侨胞姚文珍先生献给"香龙福社"大板长条板凳一对、"八卦炉"一个。

1990 年，侨胞彭金森先生捐献绣龙大旗 5 支。

1992 年，侨属彭庆雨先生献给"香龙福社"中筳的"福应群黎"匾额一面。

此外，一些侨胞还捐献给"香龙福社"走马灯、横批、铜炉、烛台等。②

林外村海外乡亲对家乡庙宇的大力捐助，是兴化侨乡庙宇复兴运动的缩影。莆田梧塘镇地处平原与山区交界处，并非兴化地区的重点侨乡，如林外村在海外的乡亲只有 300 多人，不到全体村民的五分之一。在兴化平原较为富裕的侨乡，大多数社区性庙宇如今都已历多次重建或扩建。自 2002 年以来，笔者每年夏天都跟随老师们在兴化平原从事实地调查，我们无不惊奇于当地庙宇日新月异的变化，而这无疑与海外兴化人的倡导与推动密切相关。

---

① 《林外境志·爱国爱乡》，2002：101—102。

② 《林外境志·爱国爱乡》，2002：101—102。

二、区域性庙宇

在兴化平原的重点侨乡涵江江口一带，最重要的区域性中心庙宇是鲤江庙和江口东岳观。

1. 鲤江庙

鲤江庙即涵江城隍庙，为涵江二十四铺的中心庙宇。2006 年编撰的《鲤江庙志》，详细记述了 80 年代以后鲤江庙复兴的过程和华侨的巨大贡献：

> 1951 年，莆田涵江文化馆成立，址设鲤江庙。庙中神像大多被毁⋯⋯
>
> 1984 年底，爱国华侨林澄清、陈德发、郑金钊、郭金森、黄文华、蔡文焕、陈琴棋、黄锦祥、郑金茂、郑嘉忠、黄春元、黄天竹、戴秀仁、林友德、陈贻良、方玉麟、陈乌九、陈国宝等，分别率印度尼西亚九鲤洞和新加坡鲤江庙朝拜团回涵江祖庙朝圣。但是，当时鲤江庙仍然作为文化馆，难以开展宗教活动。
>
> 1985 年，华侨林澄清、郑金钊、陈琴棋、黄锦祥、蔡文焕等 5 人联名找有关部门，要求落实宗教政策，归还城隍庙作为宗教活动场所，得到政府批准。华侨们表示，为了活跃家乡人民的文化生活，将资助 10 万元港币起盖新文化馆大楼，同时成立"华侨修建涵江鲤江庙办事处"。3 月，涵江区文化馆撤出鲤江庙。办事处在涵江区政府附近租房给文化馆堆放图书、杂物。
>
> 以林澄清为首的侨胞们纷纷解囊筹资，对被改造的殿堂、神龛进行修复，一应按原样恢复，并一步步进行重修⋯⋯
>
> 1988 年⋯⋯举行鲤江庙开光告竣典礼。[①]

如上所述，涵江鲤江庙曾被改为文化馆，海外乡亲出面向当地政府交涉，要求归还宗教活动场所，这在当时是唯一可行的策略。这是因为，在改革开放之初，虽然 1981 年国务院宗教事务局制订了《关于汉族地区佛教道教寺观管理试行办法》，开始恢复某些宗教活动场所，但并不适用于民间庙宇。而通过海外乡亲争取政策空间，则是侨乡庙宇复兴的特殊条件。

---

① 程德鲁、林玉宗：《鲤江庙志·历史沿革》，2006：7—8。

例如，鲤江庙在复兴过程中，利用官方推动"海峡和平女神"天后信仰的时机，增加了妈祖、柳金圣侯等崇拜对象。庙志记载：

> 华侨修建涵江鲤江庙办事处委托陈宝焜和黄文龙主持鲤江庙修复工作……由于庙内清代石碑上都记载妈祖与鲤江庙的关系，当时正是海峡两岸信奉妈祖天妃最热烈之时，经华侨们同意，也塑上妈祖神像与其部属千里眼、顺风耳像，门厅两廊又绘"八班""无常"于壁上。[1]

在鲤江庙的早期复兴过程中，海外乡亲是最主要的推动力量。其间成立的"华侨修建涵江鲤江庙办事处"，是庙宇修复过程和相关仪式活动的组织协调机构。1990—1991年竖立的《重修涵江鲤江庙城隍庙碑志》《华侨重修涵江鲤江城隍庙乐捐记》，都是该办事处刊刻的。其中乐捐记分为"新加坡、马来西亚华侨和香港、台湾同胞题名捐额""新加坡华侨题名捐额""印度尼西亚华侨题名捐额""敬塑神像芳名"等，全面反映了华侨在倡导庙宇恢复活动中的贡献。由于新加坡是涵江二十四铺海外乡亲的主要聚居地，新加坡兴化人在鲤江庙复兴捐资者中占比较大，例如"敬塑神像芳名"中的司马圣王、天上圣母、施吏胥、蓝中军、雷将军、南将军、文曹武判、八将、柳金圣侯、文武符使、白马将军、鹿角两对，均是新加坡兴化乡亲以公司或个人名义题捐的，另外还有集体题捐的龙柱等。

2. 江口东岳观

江口东岳观位于兴化平原北部的"九里洋"，主祀东岳注生大帝（俗称帝王），陪祀十殿阎王、文昌帝君、护卫神曹将军（俗称曹爷）。九里洋是唐以后逐渐形成的河口冲积平原，现有村委会、居委会约20个，各村都隶属于南安陂水利系统，历来是具有高度认同感的统一社区。自明代后期以来，江口东岳观不仅是当地居民共同尊奉的中心庙宇，也是九里洋的传统社区权力中心，在明清以来兴化人的社区生活中扮演了重要角色。[2] 东岳观董事会历来由九里洋15个主要村落的代表组成，负责管理南安陂水利系统、调解民间纠纷、兴办教育、救济贫困等。东岳观大门内悬挂着"先问心"的金字牌匾，提醒人们言行必须问心无愧；另有八尺宽的大算盘，

---

[1] 程德鲁、林玉宗：《鲤江庙志·历史沿革》，2006：8。

[2] 郑振满：《神庙祭典与社区空间秩序：莆田江口平原的例证》，收入王铭铭、王斯福主编：《乡土社会的秩序、公正与权威》，北京：中国政法大学出版社，1997。

寓意为"人算不如天算"。凡是来东岳观打官司者，必须先在十殿阎王及其部属的像前发誓，然后才可以向董事申诉。为了维护东岳注生大帝的"威权"，其神殿一般不轻易开放。清嘉庆十六（1811）年的《重修东岳观碑》宣称："崇祀东岳圣帝，职掌注生，有求必应，士民所瞻仰而悚惶者。故入庙而善心生，恶心戢，实大有功名教也。"民国十一（1922）年的《重修锦江东岳观碑》记载："至于排难解纷，彰善瘅恶，其威权实足辅地方官吏之所不及。"民国初年，东岳观的令旗曾被请出来制止乌白旗械斗，使双方化干戈为玉帛。

20 世纪 50 年代，江口东岳观被改为粮站和供销社的仓库。自 80 年代以来，在海外移民的大力支持下，江口东岳观得到了全面复兴和不断扩建，并改名为"福莆仙东岳观"。1984 年，早年移居海外的江口人李培廉在江口孝义宫召集 200 多位东南亚兴化人，商议重建江口东岳观的相关事宜，组建了"福莆仙东岳观华侨修建文物委员会"，商定重建工程可以由团体、个人或数人联合捐资认建。来自印度尼西亚棉兰的陈关美英首先捐修正殿，被奉为"大功德主"；其他捐资者主要来自印度尼西亚、马来西亚和新加坡，也有旅居泰国、文莱以及港澳台地区的兴化人和本土居民。[①]从 1984 到 1997 年，先后建成了前殿、中殿、后殿和附属设施，形成了由廊庑连接为一体的庞大建筑群：

1985 年，首先修建山门及曹、黄二将军殿；

1986 年，印度尼西亚棉兰汉都亚路东岳观理事会捐建中殿、观音殿、地藏殿、两庑六司殿及精雕盘龙石柱；

1987 年，印度尼西亚棉兰陈关美英修建岱宗天府主殿、大士殿、报功祠；

1988 年，印度尼西亚黄亚池、香港许宗发、陈金梅、许飞雄修建左厢十王殿一殿两庑，陈天池、陈国华、陈宝琨合建瞻拜亭；

1989 年，印度尼西亚林学质、陈天池、刘文生、何天福、卓文珍、翁锦明合资新建中军府；

1990 年，印度尼西亚陈关美英、卓天福、陈天池、林友德、卓天贵、刘文生、林学质、蔡文英、方金福合建文昌书院及戏台；

---

① 以团体名义捐资的海外兴化人庙宇，主要有印度尼西亚棉兰锦江东岳观和汉都亚路东岳观、新加坡东岳观、马来西亚古晋东岳观。

1992 年，改建锦园及曲径、餐厅厨房；

1993 年，印度尼西亚棉兰陈关美英加建混元宝殿，新建华表，改建牌坊式大门；新加坡陈名宗捐建文物亭，郭文雨捐建香江亭；

1994 年，文莱陈振荣捐建华侨纪念馆；

1995 年，文莱刘鸿池、刘鸿攀、刘鸿祥捐建三门下及笙鼓楼各一座、石狮一对……①

此外，西班牙福莆仙同乡会捐建三忠祠，新加坡东岳观捐资更换中殿大石埕和石狮一座。

在复兴过程中，福莆仙东岳观的建筑风格和神明系统都明显受到了海外东岳观的影响。近年新建的主要有混元宝殿（包括三清殿、玉皇殿、王母殿）、三忠祠、华侨纪念馆和戚继光石雕。其中三清殿供奉元始天尊、上清灵宝天尊、太清道德天尊，玉皇殿供奉玉皇大帝，王母殿供奉王母娘娘和碧霞元君。不断增加的建筑和神像，使福莆仙东岳观成为当地民间信仰的大观园。

福莆仙东岳观的重建过程与仪式活动，也得到了当地居民的广泛参与。在近年来新刻的捐款碑中，出现了大量本地庙宇、企业和个人的名字。在每年元宵节和帝爷诞、曹爷诞期间，都有众多本地居民到东岳观进香和献戏，据说每年演出的莆仙戏多达 200 多场。在 2004 年的复坛庆典中，当地捐赠彩车的村庙有：佑圣观、光贤亭、福兴西社、尚阳书院、永福堂、福惠堂、威显庙、嘉兴殿、广仁庙、隆佑堂、文兴社、兴贤庙、广惠宫、灵显庙、英惠宫、极乐堂、北辰堂、复兴社、梅峰庙、崧山庙、泉兴社、献瑞观、双峰宫、明兴社、梅林庵、清溪堂、夫子祠、九鲤洞、明安殿、古迹明安殿、福兴堂、日明楼、九鲤分镇、文元殿、显烈社、凌峰殿、龙山宫、三显宫、志元堂、丰美境、福宸宫、民兴社、礼兴社、重兴社等。可见福莆仙东岳观已经成为海内外兴化人重要的认同标志和仪式中心。

复兴的福莆仙东岳观逐渐引起了当地政府的重视。80 年代前期主要由海外移民主持庙宇重建工程，为此专门组建了华侨修建委员会。80 年代后期，莆田县政府将东岳观列为重点文物保护单位，通过文物管理委员会介

---

① 《重修东岳观正殿碑记》，1989；《重建文昌书院记》，1990；《福莆仙东岳观重修记》，1997；《序言》碑，2000、2004；《福莆仙东岳观志》，年代不明。

入东岳观的日常事务。1992 年，莆田县政府指定东岳观为开放宗教活动场所。1994 年，成立了由九里洋各片区和福清代表组成的福莆仙东岳观经济稽核委员会。1998 年，成立了福莆仙东岳观管理委员会。2005 年，成为福建省省级文物保护单位。

3. 通明殿

侨乡许多聚落的村庙在 50 年代以后陆续废弃，80 年代以后逐渐复兴。其重建过程同样得到了海外乡亲的大力支持，由此形成了国际性的同乡网络。例如，石庭寨里村的"通明殿理事会"在《重兴通明殿捐款芳名录》中宣称：

> 通明殿肇建于大清光绪年间，原坐落于寨里村，系分灵北高五侯山通明殿。曾经神灵显赫，香火鼎盛，深得海内外信士景仰，惜毁于廿世纪五十年代中期。今逢盛世，政通人和，信仰自由，乡民重兴殿宇之念日炽。经有识之士倡议，聚虔信诸君共筹，广告海内外，喜得乡亲同胞回应，慷慨解囊，献工出力，使得工程顺利进行。为示客观，捐款数额实行递增累计，深获赞许。[1]

这一碑记记录了自 20 世纪 80 年代以来历次重修、重建庙宇的捐款者，其中绝大多数为移居新加坡、马来西亚、印尼等国的海外乡亲。通明殿是寨里村的村庙，每年都有海外乡亲回来参加仪式活动，在通明殿的理事会中海外乡亲也占据多数，这充分反映了侨乡社会的国际化趋势。侨乡庙宇的修建过程和仪式活动，不仅强化了海外移民与侨乡之间的联系，也启动了海外移民之间的同乡网络。许多海外移民积极参加原籍的庙宇修建和仪式活动，其实也是为了加强与其他海外乡亲的联系。

4. 多姓村庙

石庭黄氏的家族组织与社区组织高度重叠，有不少村庙或聚落庙实际上是由祖屋或古厅改建而成的。不过，在黄氏族人较迟迁入的若干村落，如铁灶、后埕、半街、顶西坡、下西坡等村，目前还有不少外姓居民。在这些多姓混居的聚落中，超家族的社区组织尤为重要，村庙也就成为社区认同的主要标志。如铁灶村现有居民 1000 多人，多数为黄姓，另有李、陈、郭等姓，主要村庙为显烈社、明王殿，另有会源堂、广济宝殿、凤兴

---

① 莆田石庭寨里：《重兴通明殿捐款芳名录》，2004-11。

殿等。这些庙宇的历次修建，都是由各姓海外乡亲共同资助的。如1986年的"华侨捐建"名单，共有黄姓10人、李姓4人、陈姓1人；1988年的"华侨捐建"名单，共有黄姓9人、李姓3人。可见，在多姓村庙宇的重建过程中，形成了更为多元的同乡网络。

在多姓村，黄姓居民不仅要参加石庭宫的各种仪式，也要参加本村的祭典组织。如后埕村，现有黄姓居民约300人，另有张、蔡、杨、陈等姓。其中黄姓属于石庭四甲中的大门甲，每年正月十四参加大门甲的"行道"（行傩）仪式，二月初参加石庭宫的巡游仪式，八月二十一参加石庭宫法主仙妃的诞辰庆典。该村的主要村庙为金山宫（北极殿）、新安前社，例行仪式活动有：正月初九玉皇大帝诞辰庆典，正月十一"行道"仪式，二月初六绕境巡游仪式，三月初三玄天上帝诞辰庆典，五月初五五路将军、五显灵官诞辰庆典，六月初六福德正神诞辰庆典。这些仪式活动由村庙理事会统一组织，全村各姓的海内外乡亲都要交纳丁口钱，承担理事会安排的各项任务。例如，2006年元宵节期间，金山宫理事会以神明降乩的名义，发布了如下告示：

即令

大旗：蔡义华；七星旗：杨忠顺；彩旗：蔡鸿昌、陈荔涵；鸣锣：杨双鹅、杨仙凤；大灯：张元富、杨金波、陈振芳、张玉坤；八班：黄文明、黄圣瑞、蔡珍水、蔡珍福；符盘：张才祥；帅旗：张元海；铁叉：张文金、张文桂；凉伞：陈锦廉；肃静大牌：蔡燕清、黄亚标；玄天大牌：张国钦、王国仁；齐天大牌：张玉林、杨金龙。

齐天大圣轿童：黄金水、陈清森、林海、蔡容峰、王松萍、杨珍林。

都天元帅轿童：杨志勇、陈振泰、张建斌、张国武、陈金荣、杨玉耀。

蔡西元帅轿童：杨建坤、黄世伟、黄文新、蔡亚孟、陈雄、张坤林。

张公圣君轿童：杨志钦、陈振高、陈祖龙、王国枝、张金柏、蔡春海。

车鼓队全套，彩旗全出。

枪手：杨金春、曾文珍。

太岁丙戌年正月十五日给。①

5. 祠堂祖厝

祠堂、祖厝是举行红白事的场所，也是外地宗亲回乡谒祖之处。从 50 年代后期至 80 年代初期，莆田许多宗祠、祖厝改为仓库，宗族组织随之解体。因而海外兴化人的宗族组织是独立发展的，可以说是"移植型"宗族。80 年代后期，在海外石庭人的倡导和资助下，莆田石庭黄氏宗祠再次重修，逐渐恢复了原有功能。据立于 1988 年的《石庭黄氏宗祠重修碑记》，此次重修由旅居新加坡的裔孙黄日昌独资支持，专门成立了"石庭黄氏宗祠建委会"，这是首个由海内外石庭黄氏族人共同组成的宗族事务领导机构。以此为基础，又相继成立了"石庭社会福利基金会"（1989 年）和"《石庭黄氏大族谱》编修委员会"（1990 年）。这些机构的发起人和领导者，主要是东南亚各地的黄氏族人，也包括原籍的不少乡贤，促成了海内外族人的密切合作。

与此同时，聚落内部的祠堂祖厝也陆续得到扩建或翻新。如海内外族人重修石庭东牌祖厝后立碑：

> 石庭黄氏第十七世黄公伯宝，生养八子，勤俭治家，营盖新屋。先祖泽荫，传今八世，子孙昌盛，蟠居中外，身居异域，心怀桑梓。屋经百载，亟待重修，倡议之下，众志成城，功成之后，聚族乐居，缅怀先祖。子孙集资，其功不泯，芳名立碑，借资志念。②

东牌祖屋重修委员会，公元一九九〇年十一月立。

石庭下旧厝祖厝也在 1986 年与 1993 年由印尼宗亲发起重修：

> 现有下旧厝两座祖祠（后厝学志公祖祠和前厝学瑞、学清公祖祠），是仅存的先祖实物。前厝祖祠于一九八六年由印尼宗亲福基、亚赣、福新、清云、玉清、富治、秋莉、刘亚细等人捐资重修，后厝祖祠于一九九三年由印尼宗亲灶咪和文通等人捐资重建。其怀祖精神堪载族谱，永为纪念。下旧厝宗亲撰。③

祖厝、祠堂维修的热潮自 80 年代以来一直持续不断。2002 年，来自东南亚各地的宗亲重建石庭中华甲光岑祖厝：立碑镌刻"重建光岑村公妈

---

① 莆田江口后埕村金山宫：《元宵榜文》，2006 年正月十五。
② 莆田石庭东牌祖屋：《石庭东牌祖屋碑文》，1990。
③ 莆田石庭下旧厝祖祠：《石庭下旧厝祖祠碑》，1995。

厅承海外印尼椰城、棉兰、实淋泮、新加坡、马来西亚宗亲捐资芳名"
"重建光岑村公妈厅家乡宗亲捐资芳名"①，海内外宗亲共同捐资维修该祖
厝后，还制定了管理公约：

> 为了众厅今后更加辉煌灿烂，更好地美化环境，给来宾们留个好
> 印象，特定以下几点规章条约：
>
> 一、凡灵牌及骨灰盒不能放入厅内，由众厅统一立牌，请宗亲们
> 谅解。
>
> 二、凡在众厅操办婚庆喜宴，每天应交水电费壹佰元，老人百岁
> 之事按水电表实用数计算。
>
> 三、凡在众厅操办婚丧喜庆之时，要爱护公物，保持清洁卫生，
> 注意防火，圆满后搞好环境卫生。
>
> 四、凡在众厅周围居住的乡亲们，不要把家禽家畜放在众厅周
> 围，以免影响环境卫生。
>
> 五、凡事互相协作，团结友爱，共同为众厅利益服务。
>
> 以上立约请来访宗亲们自觉遵守，互相督促，谢谢合作。
>
> 二〇〇三年十月十日立②

可知祖厝在侨乡的日常生活中发挥了重要作用。随着海外乡亲大量返
乡祭祖，祖厝的管理也呈现出时代特点，以"给来宾们留个好印象"。

如今，80年代以来的新移民也成为侨乡文化重建的重要力量。如石庭
旗杆厝的新加坡劳工回乡重修祠堂，曾立碑如下：

新加坡劳工重修祠堂埕

黄金坤	壹佰元
黄金玉、女儿秀珍、女婿黄玉泉	壹佰元
黄文捷、女儿秀梅、女婿黄玉坤	壹佰元
黄金华、女儿凤妹、女婿萧金堂	壹佰元
李玉祥、女儿李燕、女婿刘文越	壹佰元
黄国桢、儿子清兴	壹佰元
丽香、儿子明强	壹佰元

---

① 莆田石庭中华甲光岑村：《石庭中华甲光岑祖厝碑》，2002。
② 莆田石庭中华甲光岑村：《光岑村大厅众立约》，2003。

燕治、儿子剑和	壹佰元
黄金坤、儿子黄鹤	伍拾元
黄中腾、女儿碧金、女婿	伍拾元
爱珠、女儿	伍拾元
李玉祥	伍拾元
中荣、儿子金麟	伍拾元
涵星（文钦子）	伍拾元
金泉、儿子文寿	伍拾元
刘少奇、儿子丽华	伍拾元

共计新币壹仟贰佰元。公元二○○一年九月立。[①]

可见，不同代际移民对乡土文化同样热心，80 年代劳务输出至东南亚的移民已经用力所能及的方式回馈故乡。关于海外移民新老交替的问题，2009 年 8 月，我们在新加坡拜访了印尼侨领黄文兰先生，当时他正在和老朋友黄春元先生讨论成立雅加达石庭黄氏基金会的事宜。他们都认为，第一代移民正在交班换代，现在最重要的是要创造条件，组织在海外出生的石庭人经常回去探亲，最好是带配偶和子女一起回去，感受故乡的社会文化传统。在这里，我们可以深切感受到老一代移民对于文化传承的良苦用心。

有的学者认为，当前华南侨乡普遍面临的问题，是第一代海外移民逐渐退出历史舞台后，在海外出生的第二代乡亲大多对侨乡事务没兴趣，与侨乡之间可能难以继续维持紧密联系，甚至出现文化断层。但从上文论述可以看出，海外兴化人至今仍然有效地维持了对原籍社会文化传统的认同。

三、三一教和坛班庙宇

在海外兴化人中，最为活跃的仪式团体是三一教和坛班。自 80 年代以来，这些仪式团体也相继来到兴化原籍，谋求恢复和扩展他们的庙宇系统。不过，由于地方政府对这些仪式团体的态度较为谨慎，相关庙宇的复兴相对较为缓慢。

---

① 莆田石庭旗杆厝祠堂：《新加坡劳工重修祠堂埕》，2001。

1. 三一教庙宇

在兴化，三一教的中心庙宇是位于莆田市区的东山祖祠。这里原是三一教主林龙江的祖业"东山樵舍"，后来成为三一教的仪式中心，1909年改称东山祖祠。[①] "文革"期间，三一教的活动被禁止，东山祖祠几近毁坏，周边的土地被征用，连进出的通道都被堵塞。海外门人经过长期努力，1987年在原址重建。笔者在新加坡天性祠和马来西亚居銮珠光书院访谈期间，都有门人谈到他们在80年代组团回国努力恢复东山祖祠的故事。天性祠的门人回忆：

> 1985年，我们回去找政府协商，要求还我们的地皮。现在的东山祖祠，就是我们回去做起来的。[②]

在新加坡高平会馆，有三一教门人谈到：

> 兴化的东山祖祠你去过没有？当时就是我们回去重新做起来的。1985年回埠头，也是为了东山祖祠一事，同时买了菩萨金身回新加坡。[③]

在访谈中，海外门人都特别强调他们与地方政府沟通的过程，特别是在1985年前后为复兴祖祠所做的长期努力。不过，东山祖祠的地界一直未能完全恢复，其山门迟至1997年才重新修建。莆田三一教协会编撰的《三一教简史》记载："祖祠山门，系马来西亚吉隆坡三教堂全体门人和祖祠门人于1997年捐资修建的。"[④] 这说明，在兴化本土三一教的复兴过程中，海外门人发挥了积极的推动作用。

江口上林村志元堂的复兴过程更为复杂。此庙据说始建于明万历年间，为兴化地区最早的三一教庙宇之一，清初迁界期间被毁，光绪年间重建。1947年旅居马来亚的门人在芙蓉坡建立分庙，而老家的庙宇则在1964年的社教运动中被夷为平地。在80年代以后的重建过程中，志元堂逐渐与坛班组织结合，最后则归属于当地的道教管理系统。2006年的碑记记载：

> 一九七九年拨乱反正以后，恢复贯彻宗教信仰自由政策，众门人倡议重续香火。一九八〇年，旅居新加坡信士黄秋桂、黄文理和马来

---

① 《莆田县志·风俗·宗教》，北京：中华书局，1994：980。
② 杨春经访谈笔记：2008-8-5，新加坡天性祠。
③ 林弟弟访谈笔记：2008-8-9，新加坡莆中高平会馆。
④ 莆田市三一教协会：《三一教简史》，2009：13。

① 《莆田县志·风俗·宗教》，北京：中华书局，1994：980。
② 杨春经访谈笔记：2008-8-5，新加坡天性祠。
③ 林弟弟访谈笔记：2008-8-9，新加坡莆中高平会馆。
④ 莆田市三一教协会：《三一教简史》，2009：13。

西亚门人黄亚梓等人多次回国，倡议重建新堂。经反复研究，最终选在石庭石东村霞度段，选举以新第一届堂主黄华蓉为首的董理事会负责重建事宜。于一九八三年农历三月初四日全面施工……一九八六年十一月十三日开光告竣，十五日第一届持戒入坛，一九八七年十月廿六日第二届持戒，一九八八年十一月初四日第三届持戒，并做了法事预修。接着又紧锣密鼓地开始筹备前座的建造事宜，一九九一年动土，经努力工作，得到了印尼、新加坡、马来西亚、中国内地及港澳台地区善男信女的协力资助，使前殿工程得以顺利进行……一九九三年八月初八日前殿开光告竣，初十日四行持戒闭坛。在省、市、县宗教事务领导的关心和支持下，于一九九四年九月初十日成立了本市第一家道教管委会，同时成功地举办了书画展览。①

如上所述，上林志元堂在重建过程中，首先是与坛班组织结合，于1986—1988年连续举行三次关戒仪式，转化为坛班的庙宇；接着又于1994年成立了"道教管委会"，纳入当地政府的道教管理系统。志元堂的这一演变过程，与当地坛班盛行的社会环境密切相关，显然也受到了当时宗教政策的制约。

在这座三一教庙宇中成立了"本市第一家道教管委会"，实在匪夷所思。由于当时三一教组织尚未合法化，这可能也是志元堂主事者的理性选择。不仅如此，几乎与此同时，志元堂又举办了佛、道合一的"目连超度"仪式。堂志记载：

为了纪念在解放战争中光荣牺牲的先烈，和超度一些非正常死亡的男女们，应广大善信的迫切要求，于一九九四年十一月廿四日，在国内外善信的大力资助、兄弟宫殿诸道友的尽心协助下，历时三天的大型目连超度在和尚、道士的一片铙镲声中拉开了帷幕。"贫无怨富无骄依本分信行具成佛道，父言慈子言孝得一门和顺便是天堂"的大对联，高贴在目连戏台上。台上的镇棚大爷摆手点头，仿佛频频地在劝世人要多行善事、少作奸邪；鬼屋里的烛光一闪一闪，好像在向人们诉说着他们心里的悔恨和不平。阵阵的铙镲声伴着梵唱声，在祈祷着国昌民康、永远和平。最后，在动听的仙曲和鞭炮声中，目连法事

---

① 莆田上林亭志元堂：《光辉的历程》，2006。

功德圆满，人们多年的宿愿也圆了梦。①

自此之后，志元堂主事者又连续举办了一系列持戒仪式、巡狩仪式和庙宇改建、扩建工程，使志元堂成为"以奉祀三一教主为中心的综合性庙宇"。从志元堂的历次捐款碑看，其信徒遍布印尼、新加坡、马来西亚、中国港澳台和莆田各地，在持戒和巡狩仪式中也有不少"旅居异国他乡的道友和来宾"。② 由此看来，志元堂的多元化发展策略颇为成功，这也正是三一教组织的特色。

石庭桥头外的玉明堂，创建于清道光年间，原来是三一教门人的社团性庙宇，近年来历经重建和扩建，逐渐演变为全村共有的社区性庙宇。不过，在各种仪式活动中，三一教门人仍保持相对的独立性，与附近的其他三一教堂和海外教友也有较为密切的联系。2007年的碑记记载：

> 清道光末年，族人于榨蔗一工厂建一小堂，似土地庙大小，奉祀三教圣贤张夫子，祈保平安。光绪庚辰年，改小堂为土木结构之三间厢平房，命名玉明堂，塑教主等圣像以供祀，香火日盛。……数十年来，先后由黄妹登、黄兰香、黄红姑等先辈主持日常事宜，教务蒸蒸日上。岂料沧海桑田，世事多变，道友为求生存，纷纷外出谋生，致使教泽中衰，堂务不振。乃至十年浩劫，堂内圣像惨遭毁坏，无有孑遗。一九八二年，幸经海内外善男信女同心协力，慷慨解囊，重整堂宇，再塑金身，香火复盛。……叨蒙教主与圣贤法雨宏施，惠风加被，本村内外平安，财丁发达。历年并承立心堂诸道友大力扶持，热忱辅导，门人日众。③

玉明堂现有门人100多人，具有较严密的教派组织，但也有许多外围信徒，"每逢朔望之日、圣诞之期，焚香朝拜者络绎不绝"。因此，玉明堂实际上已成为桥头外的村庙，举办大型仪式时可以收丁口钱。④

石庭三张厝的福兴堂，原来是福山、玉兴二堂，都是晚清时创建的三一教堂。1985年，在海外乡亲的倡议下合并，建立了新的社团性庙宇。2004年的碑记记述：

---

① 莆田上林亭志元堂：《光辉的历程》，2006。
② 同上。
③ 莆田石庭桥头外玉明堂重建委员会：《玉明堂简介》，2007。
④ 莆田石庭桥头外：《玉明堂凤美殿生日开支公布》，2006-9-28。

　　　　福兴堂于壬申年（一九八五年）由福山、玉兴两堂群英列圣会
　　聚，功德主黄金发、黄宝峰、黄廷玉、陈全修四家捐巨资，诸门人、
　　教下人等竭力筹资创建。以时运多舛，天意难违，不慎于辛巳年（二
　　〇〇一年）大厅毁于火，今又由新威集团有限公司黄金翔、立丰鞋厂
　　黄肖青、印尼华侨黄德慧诸昆仲、香港德信科技集团有限公司林平基
　　诸先生、新加坡华侨黄陈头张厝女士及诸门人、教下、善信人等各尽
　　财力，众多教下义务献工，节省开支，集资重修。癸未年（二〇〇三
　　年）菊月，开光告竣，余资续建两边旧厝。如今仙圣灵验有嘉，门人
　　日多，金身华妙庄严，庙宇灿烂辉煌。特立碑以志，并将捐资芳名勒
　　石纪念，以启后人。①

　　从历次捐款名单看，福兴堂信徒众多，其中不仅有石庭本地的门人和
港澳同胞，也有新加坡、马来西亚、印尼等地的乡亲。据统计，从 1996 年
至 2005 年，福兴堂累计接受捐款近 55 万元，其中 1996 年 10 月至 1998 年
1 月就有来自马来西亚的 75 人次捐款 30818 元。此外，福兴堂还设立了
"报恩堂"，内有"厦门普济群魂香位"和"厦门历代先亡道友香位"，通
过向海内外门人和信徒出租牌位，从 1996 年至 2005 年共收入 23 万余元，
这种做法有利于巩固和拓展教派网络。

　　石庭吾春洋的福星堂，原来是三一教庙宇志心堂，2005 年拆除重建，
与本村福德堂合并为福星堂，实际上已经演变为村庙。不过，原来由志心
堂奉祀的三一教主、卓晚春、张三丰、张慧虚等三一教诸神，在福星堂中
仍然是主要的神明。吾春洋人口不多，在本地约 500 人，在海外有 1000 多
人，其中大多数是三一教信徒，同乡网络和教派网络融为一体。

2. 九鲤洞坛班庙宇

　　江口石庭村的九鲤洞总镇，是海内外坛班组织的中心庙宇，1982、
1992、2002 年三度重建，现已形成三殿两进、两侧护厝、附设戏楼的庞大
建筑群。关于 80 年代以来九鲤洞总镇的复兴过程，2002 年的碑记记述：

　　　　一九八〇年（庚申岁），祖国宗教复兴时，适教下黄文衡回乡省
　　亲，目睹双层仙圣楼濒临倾塌，倡议由新加坡、苏岛、椰加达三分镇
　　集资新币六万元，重建洞宇，名"福莆仙九鲤洞"，并塑仙圣金身，

---

　　① 莆田石庭三张厝福兴堂重建理事会：《重修福兴堂碑志》，2004-6。

开光告竣，仙圣晋殿，并建戏台一座。对面上方宫，此时为石东八队、九队粮仓，亦皆赎回，重新修葺，并再塑二殿真君诸神金身。于一九八四至八六年，圣洞三度肃坛持戒，新加坡等分镇亦率众徒回国主持并入戒，并广收门徒，大振教门。……

　　近年上方宫濒临倾危，九鲤洞又逢雨积水，卢仙长于二〇〇〇年（庚辰岁）五月十五日降乩批示，集资重建，合并宫洞，易名为九鲤洞总镇。功德主、石庭旅居印尼华侨黄文华先生和黄德彬先生共同发起捐资重建。卢仙长乩又择定于二〇〇〇年（庚辰岁）十二月十五日吉时破土动工重建，历经两年。在建委兼董事会黄文华、黄德彬、黄寿期、黄中度、黄文机、黄绳铸、黄金生、黄友明、黄中贵、黄马达、许文福等共同努力下，大功终于公元二〇〇二年十二月五日（壬午岁十一月初二日）告成，举行开光告竣大典，琼楼金殿，紫气氤氲，文物价值倍增。仙圣再度共坛，并于当天下午持戒，盛况空前，海内外信徒百多人也虔诚入坛受戒。①

　　九鲤洞总镇的多次重建过程，实际上也是不断扩张的过程。如2002年重建时兼并了对面的上方宫，原有地界现已成为其山门和广场。上方宫亦称"福兴东社"，原为上方七境的"总宫"和"祖社"，下辖上方、上林、下刘、东蔡、石庭、界外、东施、埔埕等村。民国时期，上方七境曾集资重修，并联合举行巡游和神诞、关戒仪式。现在上方宫已经成为九鲤洞的附属庙宇，其所有神像都供奉于九鲤洞偏殿中的神案上，同案摆放着九鲤洞的历代古坛灵位。上方宫的没落表明该仪式联盟已经解体，而九鲤洞总镇的重建和扩张反映了坛班组织的蓬勃发展。

　　在九鲤洞总镇的重建过程中，海内外坛班组织还先后重修和扩建了南渚林卓真人祖祠、莆禧紫霄洞、顶旧厝九鲤分洞等坛班庙宇。碑记记载：

　　一九八七年（丁卯岁），众徒为南渚林九华山白云洞卓真人故里兴建祖祠，于一九九〇年（庚午岁）开光告竣。后又重兴石庭顶旧厝分洞。一九九三年（癸酉岁）腊月，蒙卓真人批示：士元卢仙长成道处，即莆田莆禧紫霄洞，年久失修，当重修整建。新加坡九鲤洞门徒康文涛、黄亚松，联同蔡金瑞、翁文辉及印尼九鲤洞教下黄德彬，倡

----

① 莆田石庭四甲九鲤洞：《九鲤洞总镇重建碑记》，2002。

议集资，善男信女虔诚解囊，于一九九五年建成美轮美奂的殿宇，琼瑶法教的根基尤加坚固壮观，并开光告竣，仙长晋殿，香火芳馨广播。①

石庭顶旧厝的九鲤分洞，原为寄存上方宫和九鲤洞神像的方姓祖厝，"文革"后才演变为坛班组织的庙宇。1999年的"建史碑记"记载：

　　一九三七年底，日寇侵华，中华民族处于外患内忧乱世之际，石庭村民纷纷离乡背井、逃难南洋各国谋生，本村上方方姓后裔暨上方宫子遗神童董事人方元生、方文英父子，倡议协同本村原石庭九鲤洞神童董事人黄亚九、黄亚钞、黄亚看、黄亚銮诸君……将其宫洞全部神像迎接到本村方姓祖屋，共聚一堂，延续供奉……一九八四年，新加坡、印度尼西亚、文莱侨胞和港澳同胞率先捐资五万元，首建新址前后新宇，并重塑神像金身多尊。自此分洞古迹一举重辉，洞门若市，香客如云。继于一九九二年、一九九六年、一九九七年，上次捐资侨胞陆续再捐三十万元，添建招待室、化妆室、围墙、铺埕、东西辕门、笙鼓楼、鞭炮楼等。同年又有本村几位港台同胞及乡贤捐献一对龙柱、一对石狮、一只石雕香炉，计资近八万元。一九九八年，文莱侨胞慨捐五十三万元巨款，扩建后殿和增塑神像金身。一九九九年，又有新加坡侨胞捐资七万元建拜忏亭；印度尼西亚侨胞、港胞及几位乡贤，为增塑神像金身及添置轿子、龙裙、拱案，共捐二十万元。近来又有澳胞独资七万元，建造村口拱门亭，使本分洞建筑群体锦上添花。②

目前的顶旧厝九鲤分洞实际上是1984年以后陆续扩建的庙宇建筑群。资助九鲤分洞的海外乡亲，主要是一些早年在故乡受戒的神童。如早期发起创建九鲤分洞的文莱老华侨黄亚看，在1948年下南洋前就是九鲤洞的神童，他到文莱后设立九鲤洞神龛，据说以扶乩降神为生。黄亚看在故乡留下了发妻与两个幼子，1993年他首次回到故里，儿子均已长大成人。他们经常到九鲤分洞内帮忙，但对父亲不无怨言：

"你阿爸在文莱主要做什么呢？"

"做什么？搞迷信。他有一个小小的神龛，搞迷信赚钱，然后回

---

① 莆田石庭四甲九鲤洞：《九鲤洞总镇重建碑记》，2002。

② 莆田石庭四甲顶旧厝九鲤分洞：《顶旧厝九鲤分洞建史碑记》，1999。

来建庙。"

"你有没有参加关戒？"

"我没有，我不搞迷信的。"①

有趣的是，黄亚看的儿子虽然自称不搞迷信，不参加关戒，但也仍然热衷于参加九鲤分洞的仪式活动。

2000年琼瑶法教以谢仙师的名义撰写琼瑶教历史源流与分香系统如下：

照得道教源流，溯自崆峒演教。琼瑶法教，始于先秦道家，主教士元卢仙长莆禧显圣，紫霄成道，会同仙友谢元晖、王成光、陈善德，隐居壶华群山，苦炼丹药，驱邪保民，久为百姓敬仰，世称莆阳四大真仙。后于汉武帝时，缘有江西何氏九兄弟，因随父豫章之游，偶尔识破淮南王刘安图谋不轨，知其必败，九兄弟劝其父弃官告退，奈其不纳。乃别父母，自江西南下，千里跋涉，经武夷山入福建，曾住福清石竹山，因嫌山小近俗，继沿海岸绕山而行，路过莆田壶公山，到达今仙游九鲤湖。于此群山之巅，飞瀑湖畔，潜修仙术。其时也，适有卢、谢、王、陈四大真仙，云游而来，共谈琼瑶渊源，同为演法说教，九兄弟亦乐而事师，苦炼丹成。几经岁月，一日，湖中跃现九鲤化龙，九兄弟欢呼，各跨其一，于是乎白日登仙。卢、谢、王、陈四大真仙随同跃湖，冉冉升天。此湖因而得名九鲤湖，此地因而名称仙游县。后人就湖畔建庙，奉祀神仙显迹，仙心有感，素借仙梦指点迷津，万民受惠，百姓感德。清末民初，国难民困，百姓生活潦倒，壮者多奔海外谋生，却留妇幼苦守家门。悯念苍生疾苦，莆阳真仙为民请命，岁次辛亥，宣统三年，端阳佳辰，恭承上天简命，纠察南方，代天行化，士元卢仙长领诸真仙，驾临石庭境上方宫，起造仙圣楼，得石庭六生之师事，仗当境神明之护持。上方宫列圣皈依门下，职守琼瑶护法，于是九鲤、上方仙圣同参，尊奉主教士元卢仙长，宏开琼瑶法教于民间，广集群贤，仙方符水，济世救人。及至戊寅岁，民国廿七年，仙驾南渡重洋，初开分镇于新加坡。经历日军南侵，祸害侨民，仙恩广布，安邦保民。其次丙戌之岁，民国卅五年，

① 黄阿坚访谈笔记：2009-2-6，莆田石庭四甲顶旧厝九鲤分洞。

仙圣同降苏岛丁宜，设坛授徒，欣会印尼建国。其三乙未之岁，公元一九五五年，启道奇沙兰县，得诸贤徒扩展师门。其四己亥之岁，公元一九五九年，设坛印尼京都，广授生徒，普济阴阳，惠及家乡公益教育事业。自从国家政策开放，复兴顶旧厝九鲤分镇，洞宇堂皇，教义分明，监管有序。至此，本教昔自创设总坛而后，于此百年间，开设五分镇。于今规模广大，门徒众多，发挥宗教道德，弘扬中华优秀文化，士农工商奉为信仰，而载誉海内外。本师睹及各镇，迩来连环团结，密切联络，巩固同门友谊，甚以嘉勉。惟今总镇地理变迁，风水改观，乏人监管，洞宇飘零失序，亟待重整殿宇。倘得各镇执事同体师承本源，联合人力物力，则集思广益，众志成城，总镇规模不难焕然更新。千秋功德，永叨法教昌盛，是所厚望焉。此论。发各分镇坛前悬挂。太岁庚辰年正月初四日。[①]

上文以神明批示的形式，说明了琼瑶法教的百年发展历程与在东南亚各地的分香情况。文中特别指出80年代以来政策恢复，顶旧厝分镇得到复兴，但总镇凋敝，也亟待重整。

3. 其他坛班庙宇

在石庭，坛班庙宇除了九鲤洞系统的，还有文元殿、古迹明安殿、东游明安殿、日明楼等。这些庙宇号称隶属"金轮大法院"，奉玄天上帝为主神，在石庭的坛班组织中自成体系。

如后亭甲文元殿近年经历重修，其修建过程促使散居于马来西亚、新加坡、印尼等地的海外乡亲建立了密切的联系。碑记记述：

廿世纪八十年代初，宗教重兴，原殿中赵光明元帅显灵，要乡贤黄炳春往南洋题缘，重兴文元殿，并指点焚香三炷，当空奉请，自然有法。炳春信士回南洋后，依次行事，连续三天当空奉请神明，并告知要往芙蓉题缘。果然神明灵验，迅即找到黄志萍、黄志仁兄弟，及在场的：黄富文，淡马鲁人；黄锦文、黄锦元两人，系印尼棉兰人；黄祚长，吉隆坡人；并另找黄天池，吉隆坡人。他们闻此纷纷解囊，踊跃题款。接着，新加坡信士黄文理、黄金华、黄金寿、黄亚松、黄乌毛也虔诚题资。终于在一九八二年另择殿址建起一座坐东朝西的新

---

① 《琼瑶大法教元晖大法师谢为本教历史渊源发展晓谕示》，2000。

殿，并于次年开光。①

此次重建文元殿的捐款人都是海外乡亲，其中捐"叻币"者16人，捐"马币"者26人，另有10位发起人合捐人民币。此后，由于文元殿庙基太低，雨季经常进水，于2005年再次"拆殿重建"，得到了海内外乡亲的广泛支持，其中境外捐资者有马来西亚17人、新加坡16人、印尼5人、香港6人、澳门3人、加拿大1人。在文元殿的历次"开光""持戒"等大规模仪式活动中，都有海外乡亲回来参加，由此形成了多层次的跨国网络。2009年文元殿举行肃坛持戒并新殿开光仪式，也有新加坡、马来西亚、印尼的乡亲回来参加。

古迹明安殿（洞）在石庭小沟尾村，据说创建于明弘治年间，原来是设在祖厝中的神坛，现存"历代古坛神位"。1998年，在海外乡亲的资助下从祖厝中迁出，易地重建，现在已建成正殿、戏台和东西辕门，规模可观。2006年11月，笔者在石庭访谈时，古迹明安殿正在重新装修。1999年碑记记载：

> 小沟尾村明安殿，创建于明朝孝宗玖年。因年代久远，殿已古旧，故海内外信士题资，于共和戊寅年重建古迹明安新殿。②

古迹明安殿始建年代如今已不可考。但从祖厝中的历代古坛神位看，至少清末已经存在。不过，其坛班组织是1998年建成新殿之后才组成的，据说每年都举行关戒仪式，现有神童100多人。从历次的修建碑记和仪式捐款榜文看，古迹明安殿的收入主要来自新加坡和马来西亚，基本上是由海外乡亲资助的坛班庙宇。

东游明安殿俗称"东游洞"，据说是从古迹明安殿分出来的，始建于1849年，1980年重建，2000年扩建。2008年买下庙前一大片土地，开发为"东游公园"，目前还在继续扩建之中。自1984年以来已关戒10余次，现有神童180多人。2008年底，东游明安殿在举行关戒仪式的同时，还举行大规模的目连超度仪式，有不少海外乡亲回来参加。

80年代以来东游明安殿的发展，与新加坡富商黄文理家族有着密切关系。黄文理早年从印尼到新加坡，经营的土公司与外贸生意。他的祖父黄天福原为东游明安殿的坛班弟子，绰号"菩萨福"，是张公圣君的神童，

---

① 莆田石庭后亭甲：《文元殿重建碑记》，2008-8。

② 莆田石庭四甲小沟尾古迹明安殿：《芳名碑》，1999。

后来下南洋谋生，晚年回到石庭，住在东游明安殿内，四个儿子都留居印尼，经常往返于石庭和南洋之间。目前其家族成员主要分布在新加坡、苏门答腊、雅加达、棉兰和石庭老家。由于这种历史渊源，黄文理家族与东游明安殿关系密切，始终全力支持庙宇建设和各种仪式活动，可谓有求必应。黄文理去世后，长子黄明辉继承遗志，参与家乡的各种公共事务。黄明辉除了关心东游明安殿的修复与扩建工程，也参加新加坡三个兴化人会馆和石庭华侨基金会的各种活动，已经成为石庭的新一代侨领。

日明楼原来是设在鸳鸯厝祖厝侧屋中的神坛，据说也是从古迹明安殿分出来的，始创年代不明，现已重建为二层的新庙。日明楼的坛班成员基本上都是本房支的族人，因而是相对封闭的仪式组织。鸳鸯厝早在1984年就设立了"华侨发展基金会"，因而日明楼的经费比较宽裕。自80年代以来，日明楼已经关戒8次，现有门人60多人。1999年关戒之际，以张公圣君乩示的名义，日明楼制定了六条教规：

一、入道门应忠心本楼，不可心存派性，坛主之命应配合。

二、万事忍为先，在家当行孝，不可以下犯上，须当敬老尊贤。

三、勿仗势欺人，胡作非为。

四、为人须光明磊落，不可杀生。

五、不可淫邪，不可聚赌。

六、虔心虔意积功德，同心协力振兴本日明。[1]

石庭的庙宇系统，历来号称"九宫十八洞"，现在也说"十宫二十洞"。所谓"洞"，就是指坛班组织的庙宇。目前，石庭几乎所有庙宇都有坛班组织，有些聚落庙（"宫"）主要由坛班组织管理，与坛班庙宇的界限很难分清。就连志元堂、福兴堂之类的三一教庙宇，也已经相继举行关戒仪式，建立了坛班组织。石庭庙宇系统的这一演变过程，显然受到了海外坛班组织的深刻影响。

自80年代以来，在海外乡亲的倡导和推动下，兴化侨乡的各类庙宇陆续修复或重建，不少还经历了多次的重修和扩建。其总体趋势为：村庙之类的社区性庙宇早在80年代初期已全面修复，至90年代进入重修和扩建过程；区域性中心庙宇到80年代后期才全面修复；三一教和坛班等仪式团

---

① 莆田石庭四甲鸳鸯厝日明楼：《教规》，1999。

体的庙宇大多也是在 80 年代后期修复或重建的，90 年代以后不断扩展，目前是兴化侨乡最有活力的庙宇系统。

应当指出，在侨乡庙宇的复兴过程中，海外兴化人的庙宇系统和庙际关系也发生了相应的变化。例如，印度尼西亚各地的坛班庙宇，原来都是以新加坡九鲤洞为中心的，但在参与重建和扩建石庭九鲤洞总镇后，建立了与原籍"祖庙"的直接联系，逐渐与新加坡九鲤洞取得了平起平坐的地位。因此，海外乡亲积极参与侨乡庙宇的复兴过程，不仅是出自对乡土文化传统的认同意识，也不无在海外加强竞争力的策略性考量。在海外兴化人推动侨乡仪式传统复兴的过程中，这种竞争意识表现得更为突出。

第三节　仪式的复兴与更新

兴化侨乡的传统民间宗教信仰仪式大致可以分为四大类：一是谢恩、拜忏之类的家族性仪式；二是关戒、会道之类的社团性仪式；三是元宵巡游、神诞庆典之类的社区性仪式；四是"出郊布福""代天巡狩"之类的区域性仪式。"文革"期间，这些仪式传统基本都中断了，有些甚至失传了。直到 20 世纪 80 年代以后，由于海外乡亲的积极推动，多数仪式传统又得到了全面复兴，甚至不断创新。

一、家族性仪式

兴化侨乡的仪式复兴过程始自 70 年代末。在改革开放之初，兴化地区最早复兴的仪式活动主要是谢恩、拜忏之类的家族性仪式。《林外境志》记载：

> 1978 年，恢复侨汇物资供应。同时，对华侨的习俗活动采取积极疏导、适度放宽的做法，特准华侨开展婚丧喜庆活动，如"谢恩""拜忏"。[1]

"谢恩"是答谢天恩、酬神还愿的仪式。民国《莆田县志》记载：

> 谢恩：礼，庶民不得祀天。谢恩之举，其起于宋道君之世乎？徽宗诏天下遍设道观，至以大臣领宫观使，自是无论臣庶，皆得奉道祀

---

[1]　《林外境志·侨务工作》，2002：132。

天。莆俗，富饶家中有谢恩之举，醮筵择神社为之，牲牢果馔各有定数，道士捧表进贡午供，早晚朝仪则极细。既卜日，斋主、妇子各盛服携篮，向亲友家乞礼物助施。以五日、七日为度，至期僧道诵经，遍度幽冥以施食焉。

酬愿：酬愿亦谢恩之一种。命伶人演田帝子故事，斋主被白衣、戴花枷，为坐狱状，家人送饭、狱卒索钱，一如官中；忽传天使赦罪，列香案读诏，道士为之释枷，戚友备彩帛相贺，斋主向空拜谢。此与耶教受洗礼赦罪同一意义，而异其仪式。[1]

县志推测谢恩仪式源于宋徽宗年间举国"奉道祀天"。民国时期谢恩的重点在于"乞礼物助施"，而酬愿的重点在于"天使赦罪"，二者象征意义不同，故县志分开记述，但目前莆田民间的谢恩仪式通常都包含了酬愿的内容。举行谢恩仪式的大多为事业有成的殷实之家。[2]

拜忏是超荐祖先的仪式，又分为"现忏"与"古忏"。现忏超荐新近往生的亲人，古忏超荐远古的祖先。80年代初，海外乡亲回故乡举行的大多为古忏，实际上是一种特殊的祭祖仪式。拜忏与谢恩都要聘请道士、三一教经师或僧人等仪式专家，仪式规模取决于当事人的经济能力。一般必须先拜古忏再谢恩，不得僭越。

笔者在新加坡访谈期间，许多兴化乡亲都清晰记得回老家做拜忏与谢恩的年份。这是因为，在家族内部，拜忏和谢恩需要耗费大量金钱和人力，必须周密计划、谨慎实施，是家族成员记忆深刻的重大事件。

二、社区性仪式

到了80年代初期，随着各种社区性庙宇的陆续修复，元宵巡游、神诞庆典、开光告竣等社区性民间信仰仪式也逐渐恢复。如林外村"香龙福社"的仪式复兴过程：

1981年，十一甲归侨姚文贵、十二甲苏天来（介溪妹）、黄九祥、十三甲张金禹（阿毡仔）等倡议，正月庆元宵凭古，恢复行傩。论资排辈，苏天来、赖阿连、刘容九、张金禹分别为一老、二老、三老、

---

① 民国《莆田县志》卷8《杂俗》。

② 郑莉：《私人宗教仪式与社区关系：莆田东华"谢恩"仪式的田野考察》，载《开放时代》，2009（6）。

四老，主持境内社事。消息传到海外，侨胞陈金灶、赖文彩主动募捐，共汇回叻币9200元，兑换人民币12300元。接到外汇，立即成立修社理事会……1982年秋竣工，全社金碧辉煌，择定古历十月初十日开光。①

值得注意的是，在香龙福社的仪式复兴过程中，为了因应海外乡亲的要求，吸引海外捐款，当地长老和仪式专家开始实行仪式传统的创新。例如：

> 1992年，侨胞陈金湿回乡探亲，目睹社事昌盛，表态愿题叻币壹万元修社，求做福首。董事会后来采用再添一个社公炉的办法，美其名之曰"浮炉"。遇特殊情况，临时再"浮"（增加）出一炉，寓乡里物阜民康、欣欣向荣之意。陈金湿捐资人民币33420元。1994年，修社工程告成，按社事惯例，得举行告竣庆典仪式……最后选用十月初十日举行告竣庆典，演十天莆仙戏，正生日三天文武棚，最后再加两夜电影，还请十音八乐。法师聘请九个一鼓，做三朝三宵道场，邀请梧塘六境八社、西天尾通济宫香客和贵宾前来庆贺。庆典仪式隆重，林外又一次轰动四邻。事后，浮炉由宫公保管，侨胞陈玉珠女士回乡探亲获悉，以人民币壹仟元买去，带到新加坡奉祀至今。

> 告竣时留下的寿灯要焚化。据法师、乡老说，化寿灯的社事与告竣要同等隆重，只能扩大，不能缩小。乡老、董事联名写信详告在新加坡的乡老黄乌尾先生。在他募集下，侨胞又赞助叻币5550元，马币100元，折合人民币32126元。十月十七日，举行化寿灯（当时谓"虔诚赐福"）仪式。②

在20世纪80年代初期的仪式复兴过程中，较为困难的是恢复传统的村庙关戒（肃坛持戒）仪式。如涵江后郭村的仙宫堂和田头村的重兴祖庙，都是在80年代初期就开始筹备恢复关戒仪式，但遭到地方政府的反对。1983年，两村的海外乡亲30多人组成华侨代表团，找莆田市委统战部反复协商，最终得到地方政府的许可。此后，附近地区的村庙也纷纷效仿，使关戒的传统得到了全面的复兴。

近年来，在海外乡亲的资助和推动下，社区性仪式的规模越来越大，

---

① 《林外境志·香龙福社》，2002：364。
② 《林外境志·香龙福社》，2002：365—366。

而且花样不断翻新。例如，2003 年的碑志记载：

> 石庭宫自一九三一年后七十三年间都未开展代天巡狩活动，乡贤深感宫中昊天帝子等神明保境安民，神恩浩荡，经诸神允准，决定再度举行斯盛典。①

为了举行这次仪式，专门成立了"石庭宫代天巡狩理事会"，成员大多数是海外乡亲。为这次仪式筹集的经费多达 110 多万元，除华侨捐款外还有当地居民和工厂、企业的集资。由于这种仪式已经中断了 70 多年，实际上近乎失传，当时整个仪式过程完全是重新设计的：

> 十月廿四日，竖旗杆。廿七日寅时，隆重开衙。法师九个一鼓，大兴法事，进表供坛。昊天帝子坐上行台，四筵官授印。三日小宴，五日大宴，戏连演廿五天。从十月廿八日起四天，共接待六十二乡兄弟宫庙前来拜衙。
>
> 十一月初六日，鼓乐喧天，礼炮齐鸣，昊天帝子代天巡狩隆重开始，浩浩荡荡的队伍绵延几华里……沿途各村演戏，八仙楼接驾，热闹异常。至孝义宫午休，晚在丰美上社驻跸。初七日晨又点卯出衙，于顶西坡龙山宫午休，傍晚于铁灶钱塘境驻跸，并演出文艺节目。初八日又点卯出衙，该境以隆重浩大的执事及文艺队伍随送，日斜时入本宫西辕门回衙。回銮时，宫埕上开演文娱节目，车鼓声响彻云霄，十恶抢轿毕，礼炮大鸣，万头攒动，威风凛凛的灵牙将军、昊天帝子在众士簇拥下庄严回銮，重上行台。
>
> 巡狩期间，日参与三千多人，队伍中年尊者八十二岁，幼者八九岁。沿途观众人山人海，喜气洋洋。这三天日夜连演三场……宫内观众近万人。②

从上述碑记看，这次仪式的巡游范围远远超出了石庭黄氏的传统领地，几乎波及了整个九里洋平原，在开始之前也有"六十二乡兄弟宫庙"前来"拜衙"。因此，这次仪式已经不是一般意义的社区性宗教仪式，而是类似于区域性中心庙宇的巡游仪式。在某种意义上说，举行这一仪式反映了石庭黄氏建立区域性影响力的努力。石庭宫董事会在碑志中宣称："圣事期间，得叨神佑，风清月朗，人人康泰，观众赞不绝口，神威丕振，

---

① 莆田石庭四甲石庭宫：《石庭宫昊天帝子代天巡狩碑志》，2003。
② 莆田石庭四甲石庭宫：《石庭宫昊天帝子代天巡狩碑志》，2003。

乡威远播。"其志得意满的情绪溢于言表。

三、区域性仪式

区域性中心庙宇的巡游仪式，迟至90年代才逐渐恢复。如涵江城隍庙历来有每逢闰五月于农历十月择日"出郊巡游"的仪式传统，但由于受到政策限制，迟迟未能恢复：

> 1990年，又是闰五月年，华侨们纷纷要求恢复城隍神出郊巡游活动，并组织筹备组和朝拜团。但是，当时北京1989年春夏之交的政治风波刚过去不久，大型群众活动暂无法举行。后与有关部门协商，筹备组改为"涵江区海外三胞联谊会"。侨胞们纷纷回乡参观访问，招商投资，也到鲤江庙朝拜。城隍老爷晚上在庙内巡绕一周，象征出巡。①

到90年代后期，涵江城隍庙才正式恢复了"闰五月巡游"的仪式传统：

> 1998年，农历戊寅年，岁逢闰五月，中断数十年的"出游"又逢其时。涵江广大信众迫切要求恢复举行城隍大神巡游……海外"三胞"盼望能有机会回家乡看看城隍大神出游盛典，感受乡音、乡情，欣赏家乡淳厚独特的民俗宗教情趣。于是，戊寅十月，涵江鲤江庙城隍出游，庙会应运而生。
>
> 庙会由涵江二十四铺百姓共同参与。鲤江庙城隍大神自九月廿一日"开衙"，连续十多天举行"站堂"仪式。十月初三举行出郊大典，涵江各铺排演形形色色的民俗文艺节目，伴随城隍神驾巡游。清晨六时半出游起马，队伍十分壮观，鼓乐齐鸣，彩旗如云，按既定路线游遍涵江二十四铺。中午还在延宁、霞徐驻驾，略事休息。下午三时，游行队伍回宫，历时9个小时，千余人参加。涵江民众及城厢、黄石、江口、梧塘周边地区十多万人涌入涵江街头观看，观众熙熙攘攘，摩肩接踵，可谓涵江历史上难得一见的壮观场面。②

江口东岳观原来有每隔三十年"出郊"一次的仪式传统，自20世纪30年代之后就不再举行了。海外移民在捐资重建福莆仙东岳观的同时，也

---

① 程德鲁、林玉宗：《鲤江庙志·历史沿革》，2006：8—9。
② 程德鲁、林玉宗：《鲤江庙志·历史沿革》，2006：9—10。

大力支持其大规模仪式活动，如 1993、2000 年的出郊布福仪式和 2004 年的东岳大帝复坛庆典。1993 年的东岳注生大帝出郊仪式，主要由印尼的陈关美英女士和棉兰汉都亚路东岳观资助，新加坡东岳观与马来西亚的古晋东岳观也积极参与。2000 年九月初四至初八日，在印尼、马来西亚、新加坡、文莱等地兴化人的资助下，福莆仙东岳观举办"新千年祈祷世界和平法会"，同时巡游九里洋各地。碑记记载：

> 福莆仙东岳观于千禧年岁次庚辰十月一日，农历九月初四日，为庆祝中华人民共和国成立五十一周年，特举办新千年祈祷世界和平法会。聘请羽士十三人，建立道场……遍施雨露，降福人间，祈祷消除战争、世界和平。蒙天降玉旨，钦命本观东岳圣帝即日率众出郊，代天行化，巡游锡福，先后驻跸于石庭、丰美、石狮、大岭各宫。至五日，农历初八日，功德完满，启跸回銮，仙歌载道，金鼓喧天，一切顺利，万民欢庆。圣迹显赫，传播海内外，共颂风调雨顺，国泰民安。①

近年来，福莆仙东岳观几乎每年都举行大规模的民间宗教信仰仪式，每次都吸收了大量海外捐款。如 2004 年，举行"注生大帝复坛二十周年庆典"活动，"羽士祈祷，梨园歌舞，锣鼓喧天，笙歌悠扬"，主要赞助者为马来西亚关亚霖、印度尼西亚陈关美英、西班牙福莆仙同乡会，另有来自中国港澳台地区和文莱、泰国等地的捐款。在江口东岳观的外墙上，镶满了各种大规模仪式的捐款名单，从中不仅可以看出仪式传统的不断更新，也不难看出海外兴化人在这一仪式舞台背后的巨大贡献。

此外，自 90 年代以来，福莆仙东岳观每年都要组织道士赴东南亚各地的兴化人庙宇举行法事或主持关戒仪式。这些仪式活动不断强化了海内外兴化人的联系。

四、坛班关戒仪式

在兴化侨乡，目前最活跃的仪式活动是坛班组织的关戒。前已述及，坛班组织可以分为村庙的坛班和"洞"的坛班。在民国时期，村庙的坛班一般是几十年才关戒一轮，即等到神童年老之后才开始培养新的神童；

---

① 莆田江口东岳观：《序言》碑，2000。

"洞"的坛班至少也要十几年才关戒一次，因为关戒的费用实在是太高了。近年来，无论是村庙的坛班，还是"洞"的坛班，关戒的频率都不断加快了，相应地坛班弟子的人数也在不断膨胀。在庙宇神明相对稳定的情况下，坛班组织的扩展主要表现为扶童人数的急剧增加。

据笔者的实地调查，多数坛班自 20 世纪 80 年代恢复以来的关戒次数均在 3 轮以上，如江口西刘村新灵宫 6 轮，江口石狮村凤来宫、江口厚峰村显应宫都是 4 轮。关戒次数较多的如涵江田头村重兴祖庙在 1983、1987、1999、2000、2001、2007、2008、2009 年关戒；后郭村仙宫堂在 1983、1992、1996、2003 年关戒，教下现有 80 多人。

在关戒频率不断加快的同时，村庙坛班培养的新神童倾向于低龄化，一般选择 10 岁以下的小朋友。从 80 年代开始，兴化侨乡再度兴起到海外打工的谋生方式，九里洋一带的许多年轻人成为新移民，留在村落里的大多为老弱妇孺。在此背景下，选拔低龄的坛班弟子，才能保证他们为坛班服务的年限。如山兜琼山境青云庙从 1985 年至今举行了 3 轮关戒，最近的一次是在 2009 年春节，新吸纳的 33 名弟子均为 10 岁左右的小男孩。据庙中老人说，每轮关戒需要花费人民币几十万元，如 2009 年关戒耗费逾 29 万元。要尽量减少关戒次数，就必须吸纳低龄弟子，他们可以为坛班服务 10 年左右；待他们 20 多岁时，又要和父辈一样到海外谋生，那时就要开始筹备新一轮关戒了。

吸收儿童参加坛班，对乡土文化的传承具有特殊意义。笔者在江口西刘村新灵宫和顶西坡、下西坡龙山宫，都曾经与一些参加过关戒的小孩交谈。这些坛班新弟子均为小学低年级的学生，年纪不超过 12 岁，他们至少已经参加过一轮即 3 次的关戒。他们都认识一些繁体字，对庙中神明的来历与传说耳熟能详。有不少小朋友会利用网络搜索自己所隶属的神明，对民间信仰的其他相关知识也颇有兴趣，如民间信仰的流派、道教的历史故事等都是他们平常所津津乐道的。在当今学校教育严重忽视民间文化与传统教育的背景下，坛班组织竟然成为民间文化传承的媒介，这不能不令人深思。

村庙关戒过程通常都伴随着探戒之类的村庙往来。在莆田历史上，由于水利、治安、市场体系、行政区划等不同原因，形成了各种不同层次的村落联盟，探戒的意义就是强化这种联盟关系。例如，在山兜青云庙的关戒过程中，先后有来自中沁、后林、西井、南埔、东埔、码头、马尾、刘庄、林坂、可塘、后埕、铁灶、顶西坡、石庭的坛班前来探戒。探戒的庙宇通常会送来各自的庆贺符，其庙宇与主神名称会以黄纸红字张榜公布。正在举行关戒仪式的坛班一般会以神明的名义宣布每天会有哪些庙宇前来探戒，以便提前做好接待准备。民国时乌白旗互不探戒，探戒时乌旗着黑衣白裤、白旗着白衣黑裤。如今探戒往来的范围日益扩大，逐渐突破了传统的乌白旗界线。

村庙关戒活动日益频繁，其仪式过程也日益繁复，坛班的出戒表演尤为典型。出戒表演的基本形式是行傩，还有爬戒梯、冲花、穿法针等形式。据说，江口西刘新灵宫曾经率先恢复爬戒梯，近年却暂停了，其主要原因就是现在的坛班小弟子多为独生子，人身安全问题受到高度重视。2009 年，笔者到鳌山七境的昭灵祖庙观看出戒仪式，有幸看到了爬戒梯表演。当时有许多老人从外地赶回来观看，因为他们在幼时曾经看过，希望在有生之年可以再次目睹。此次出戒仪式吸引了福莆仙三地兴化人，使昭灵祖庙成为当地民众关注的焦点。[①]

在昭灵祖庙恢复隆重的爬戒梯表演之后，九里洋地区的其他村庙也不甘示弱，纷纷表示要恢复爬戒梯表演。在关戒仪式中，是否有爬戒梯或者其他更富挑战性的表演，已经成为当地民众经常议论的话题。其实，爬戒梯表演除了需要坛班内部的技巧训练之外，还需要有坚实的经济基础。2009 年昭灵祖庙在爬戒梯之前，预先为各位坛班弟子购买了人身保险，并向地方政府缴纳了巨额保证金，才获得许可。昭灵祖庙之所以有这么雄厚的财力，主要是由于吸收了大量海外捐款。根据仪式现场的榜文，此次仪式共收到 50 多位侨胞的捐款，总额折合人民币近 10 万元。[②]

属于"洞"的坛班组织，其关戒的频率和次数远远超过村庙的坛班。江口石庭较为著名的"洞"，如九鲤洞总镇、九鲤洞分镇、文元殿、日明楼、东游明安殿、古迹明安殿等，从 80 年代以来的关戒都在 10 轮左右。其与村庙坛班关戒的最大不同之处，在于吸收新弟子是由民众自愿报名参加，而不是通过限定的聚落或房支的遴选，因而其形式较为灵活，具有更为广泛的参与度。在九鲤洞，坛班的主事人对我说：

---

① 调查笔记：2009-2-11，莆田鳌山七境昭灵祖庙。
② 莆田鳌山七境昭灵祖庙：《昭灵祖庙持戒海外侨胞乐捐芳名列左》，2009-2-9。

我们是欢迎虔诚的人都来参加的。你要参加吗？要参加马上报名，我给你记下来，就可以参加明年的持戒。不只是我们石庭的，有诚心的我们都欢迎。①

"洞"的坛班发展速度快，组织规模大，一般庙中的每个神明名下都有一个神童和多个扶童。在文元殿的神明祝寿表中，每个神明有一个神童、3个以上的扶童，最多的有8个扶童。兹抄录如下：

玄天上帝祝寿，三月初三日。

王灵官祝寿，五月初五日。

正一玄坛元帅祝寿，三月十五日：继承、国强、金富、志林、俊芳、亚头、国友、毡仔、美成。

英烈司马圣王祝寿，五月十三日：金水、文华、细丛、志山、志滨、忠翰、春水、美发、志雄。

北斗中天大圣祝寿，七月初七日：国辉、金华、志辉、文芳、天荣、国裕、金灿。

玉封齐天大圣祝寿，二、九月廿五日：玉泉、金发、金城、国辉、凤华、金祥、文斌、亚兴、文章。

玉封忠烈元帅祝寿，四月初七日：志良、志林、国良、泽雄、志俊、金辉、国富、国兴、元煌。

威武温公元帅祝寿，四月十三日：黄敏、天赐、仕金、景海、晓亮。

正直康公元帅祝寿，四月十三日：清煌、清辉、玉辉、黎强、瑞和。

灵官马公元帅祝寿，四月初八日：林兴、贵同、国辉、黄俊、亚华。

敕封部院大神祝寿，八月十二日：玉水、金辉、建忠、明瑞、荣华、春炳、永山、玉耀、少华。

威武金烈中军祝寿，正月十九日：煌林、玉华、华锋、瑞林、清森、俊祥、继芳、清泉。②

五、女子坛班的兴起

"洞"的坛班组织与关戒仪式的最重要变化，在于从海外引入了女子关戒仪式。在兴化本土，坛班已有 200 年以上的历史，可是以前从未吸纳女子入教，甚至禁止女子入庙观看神童表演。2009 年正月廿六日，笔者在白塘观看元宵仪式时，与一位神童的太太聊天，她提及幼年时期（70 年代）观看表哥附神时，咒语已念过数遍，表哥一直无法被成功"上身"，庙里的老人怒吼："小娘仔都出去，你们不许看的！"① 直到现在，她也不敢到庙中看神童表演。从她的经历中，可以窥见兴化坛班对女子的禁忌。30 年后的今天，这种习俗已经发生了根本变化，最大突破就是石庭九鲤洞从 2007 年开始组织女子关戒，女子入庙观看神童表演已经司空见惯。不仅如此，仪式活动中的其他性别禁忌也不断被打破，如女艺人也可以表演目连戏，这在以前是不可想象的。②

近年来坛班组织的主要发展趋势之一，就是女子坛班和"欧仙姑教"的创立。女子坛班始自印度尼西亚苏门答腊岛的奇沙兰九鲤洞，据说最初是由当地坛班女眷根据欧仙姑"托梦"指示，举办女子关戒仪式，成立"欧仙姑教"。后为新加坡琼瑶教邸和九鲤洞效仿。在兴化原籍，九鲤洞总镇自 2007 年起组建女子坛班，每年举办女子关戒仪式。当然，当地人对女子被"神明附体"还是心存芥蒂，在调查中可以听到各种不同的议论。为了论证女子关戒的正当性，坛班组织采用了所谓"神灵托梦"的说法，还反复渲染传说中的"神明显灵，灯泡摇晃"等灵异现象，作为女子可以具有超自然力的解释和佐证。

石庭九鲤洞还专门培训了一批女乩手。2009 年总镇女乩手名单如下：

护乩黄金钗，法名师金；左扶鸾黄玉金，法名师华；右扶鸾刘美容，法名师云；护乩黄亚兰，法名师杰；

护乩黄秀金，法名师良；左扶鸾黄莺莺，法名师芳；右扶鸾黄玉平，法名师李；护乩关秀美，法名师玲；

护乩何玉兰，法名师兰；左扶鸾张美珍，法名师会；右扶鸾陈秀

---

① 调查笔记：2009-2-20，莆田白塘六村灵镇宫。
② 调查笔记：2005-12-6，莆田东华三村东升祠。

□，法名师教；护乩林美玉，法名师典。①

上述女乩手来自兴化本土、印度尼西亚和文莱。这种国际化的女子坛班组织，并非原有坛班仪式传统的简单复制，而是涉及相当复杂的仪式创新过程。因此，在不同地区的女子坛班之间，尤其注重仪式传统的交流与磨合。九鲤洞总镇的女子坛班成员王水峰女士，于 2007 和 2008 年在总镇参加关戒，此后又于 2008 年农历十一月到奇沙兰九鲤洞参加关戒，2009 年前往新加坡九鲤洞和苏门答腊丁宜埠九鲤洞参加关戒。② 她认为，参加海内外不同地区的关戒仪式，对于个人修炼和女子坛班建设都至关重要。

女子坛班的仪式传承与创新，反映了当代坛班组织的内在发展动力。在兴化历史上，坛班组织原是相对封闭的仪式团体，通常每隔数十年才培养一批神童，参加坛班的人数相当有限。但在海外兴化人庙宇中，为了强化同乡移民之间的认同感和凝聚力，举办关戒仪式的频率越来越高，通常每隔三五年就举办一次，因而参加坛班组织的人数也不断增多，往往同一家庭中的祖孙三代都是神童，其家人和亲属都会以不同方式积极参与坛班的仪式活动。新加坡兴化人庙宇大多设有"妇女组"，主要职责就是为坛班组织的仪式活动提供后勤保障。因此，海外坛班组织的传承机制与活动方式日趋家族化，这就是女子坛班兴起的历史背景。

欧仙姑教返回本土，据说同样发端于欧仙姑在海外"托梦"。在 2009 年石庭九鲤洞总镇女子关戒的题捐名单上，有三个名字引人注目：来自印度尼西亚雅加达的林治汝、黄丽丽和叶淑美。据王水峰介绍，欧仙姑一日"托梦"给林治汝，感叹自己在海外香火旺盛，拥有坛班和众多女弟子，在老家却没有相应的组织，希望有人可以回到兴化主持。林治汝的母亲是祖籍石庭的黄丽丽，叶淑美则是黄丽丽的弟妹、石庭黄氏的媳妇。兴化本土每次女子关戒都有许多兴化媳妇参加，2009 年总镇关戒名单中还有新加坡黄文兰的妻子徐燕萍（祖籍上海）和一个从四川嫁到本地的女子。兴化的女子关戒是从海外引入的，主要费用也是在海外集资的，具有明显的国际性特征：

---

① 莆田石庭九鲤洞总镇：《太岁己丑年十月初七日欧仙姑榜》，2009。
② 王水峰访谈笔记：2009-6-28，莆田石庭九鲤洞。

表7　丁亥年欧仙姑授徒持戒海内外善男信女题款榜①

所在地	姓名	金额	所在地	姓名	金额（元）
雅加达	关荣乔	5000元	雅加达	李秋静	1000
奇沙兰	何新升	300美元	福兴隆	黄玉英	1000
吾春洋	黄春元	2000元	顶旧厝	方玉明	1000
桥头外	黄文兰	2000元	桥头外	黄金通	1000
奇沙兰	黄金寿	2000元	香港	黄文通	1000
雅加达	郭银花	2000元	棉兰	黄中侯	1000
德基厂	林平基	2000元	雅加达	刘文虎兄弟	1000
上林亭	黄国明	2000元	旧岑	黄玉旗	1000
新厝	黄天美	2000元	雅加达	许金水	1000
涵江	方伟旗	2000元	顶旧厝	黄文煌	1000
雅加达	许金福	1000元	顶旧厝	黄玉华	1000
桥头外	黄钟勇	1100元	雅加达	黄平章	750
桥头外	黄钟辉	1100元	桥头外	黄志杰	600
雅加达	郑正贵	1000元	雅加达	黄平辉	750
桥头外	黄中度	1000元	下旧厝	黄金钗	500
桥头外	姚凤玉	1000元	三房	黄金妹	500
雅加达	李明珠	1000元	棉兰	黄庆春	500
新加坡	南利贸易有限公司	500元	新加坡	陈亚汉	500
			顶旧厝	黄承祖	500
顶旧厝	黄寿棋	500元	下厝	刘兰咪	500
境信通公司	黄毅清	500元	旧岑	黄志坚	500
旧岑	黄华荔	500元	顶旧厝	黄取明	500
竹下	刘金华	500元	棉兰	黄秀莲	500
上林亭	黄中梁	500元	新加坡	方亚洪	500
新加坡	刘锦文	500元	香港	黄玉祥	500

---

① 莆田石庭四甲九鲤洞：《丁亥年欧仙姑授徒持戒海内外善男信女题款榜》，
2007。

在石庭和东南亚参加了5轮关戒的王水峰女士，在九鲤洞总镇女子坛班行傩中举头旗。王氏是福清人，祖籍新厝钟前村，嫁到石庭后庭甲，目前在莆田市从事保险行业，家境富裕。在她的影响下，她的女儿也准备参加来年的关戒。王女士向我展示了她女儿拍摄到的"灵异现象"，照片中是九鲤洞中座神案，在香炉边有一个清晰可见的光环，她认为这是欧仙姑显灵。由于她平日虔诚信教，在行傩中举头旗，近年又自费前往新加坡、印度尼西亚参加关戒，被公认为九鲤洞女弟子中的佼佼者。在2009年闰五月的士元卢仙长诞辰庆典仪式中，她捐献了1万元人民币。①

2011年，海内外九鲤洞门人会集总镇，举办"开教一百周年"庆典，同时举办"持戒"与"游戒"仪式。持戒仪式从农历十月十四至廿三日，历时十天；游戒即关戒后的神明出巡仪式和神童行傩仪式，据说必须在坛班关戒10轮以上之后才可以举办。此次百年一遇的大规模仪式活动，聘请石庭清净坛的吴道士主持，共有200多位教徒参加。其中来自新加坡的约30人，马来西亚13人，印度尼西亚雅加达、棉兰、丁宜、奇沙兰等地的近150人。总镇理事会专门编撰了《百年九鲤洞》纪念文集，回顾了琼瑶教派的百年发展历程，尤其是海外教徒对教派发展的特殊贡献。

坛班组织根植于兴化本土，却是在海外兴化人中得到普及和发展的。为了适应海外居留地的族群竞争和居住环境，坛班的组织形式和仪式形态不断更新。中国改革开放以来，海外乡亲在侨乡传统再造过程中发挥了主导作用，坛班组织在本土也得到了前所未有的发展，其仪式传统也得到了全面的复兴。新加坡九鲤洞的总务李毅民先生，曾经谈及他们首次回到石庭九鲤洞表演扶乩时的情景：

> 兴化老家很久没有人扶乩了。当时我和亚松一起回去扶乩，那一次真的非常轰动，几乎全村的人都过来观看。不过，现在大家都重新学会了扶乩。②

李先生一行回到石庭九鲤洞传授扶乩仪式，大约是在80年代初期。40年过去了，这一仪式传统在兴化侨乡已经重新普及，几乎所有坛班组织都可以举行扶乩仪式。在新加坡九鲤洞有两句乩诗："五十年前师度弟，五十年后弟度师。"高度概括了坛班仪式传统在海内外兴化人中的传承过程，

---

① 王水峰访谈笔记：2009-6-28，莆田石庭九鲤洞。
② 李毅民访谈笔记：2008-8-8，新加坡九鲤洞。

也可以说是近几十年侨乡社会文化变迁的生动写照。

在兴化侨乡的传统再造过程中，由于海外乡亲的积极参与，无论是庙宇建筑还是仪式传统，都已经具有新的时代特征和文化内涵。因此，研究近几十年侨乡的社会文化变迁，必须充分重视海外因素的影响。更为重要的是，在这种交互影响过程中形成的跨国文化网络，已经深刻地影响着海内外兴化人的生活方式。无论是侨乡研究还是海外华人研究，都必须面对这一议题。

第　六　章

结　语

　　根植于兴化民间的庙宇、仪式与戏剧演出，是海外兴化人自我认同和群体表达的主要方式，也是联结侨乡和海外移民的主要媒介。这就说明，在海外移民和华南侨乡之间，始终存在着以大众文化为核心的跨国文化网络。深入研究这种跨国文化网络，有助于探讨海外华人文化的传承机制，以及近代中国侨乡社会文化变迁的内在动力。本章拟在上述各章的基础上，集中探讨海外移民的文化传承机制、兴化侨乡的社会文化变迁和跨国文化网络的建构过程，作为本书主要论点的总结。

第一节　海外移民的文化传承机制

　　莆田涵江霓坡境新丰南社有一副楹联："麻及星洲椰树云，梦怀榆社梓桑里。"字里行间充满了海外乡亲对故里神明的崇敬与感激之情。设身处地地回到撰写联句的历史背景中，我们可以感受到兴化人日常生活中恒久不变的传统，无论下南洋还是归故里，都要到庙里烧香拜拜，祈求神庇。通过这对简单的楹联，我们可以遥想，当年兴化人"走番"下南洋，把家乡的守护神带到异域他乡，从茅草屋带到恢宏大庙。同一个神明和同一群子民，年复一年地虔诚膜拜，隔海相望。解读这一乡土文化传统，必须回到兴化人的百年移民史，回到他们世代生存的乡土社会。

　　兴化地区在宋代已号称"海滨邹鲁""文献名邦"，历代更是以一府两县拥有 1700 多位进士而闻名全国。然而，兴化历史上更为重要的社会文化传统，是民间宗教与宗族组织的普遍发展。[①] 自 2002 年以来，笔者跟随导师在兴化平原开展社会文化史调查，地毯式普查庙宇系统与仪式活动，同时也收集了大量民间历史文献。这些与民众日常生活息息相关的历史文献，涉及族谱与分家文书、道士世家的文献、坛班弟子的档案、修建庙宇的碑铭、戏剧演出的剧本，还有繁杂多样的咒语和神谕，在仪式活动和戏剧演出中创造的榜文、乩文、唱本、征信录，等等。通过分析和整理这些民间历史文献，我们深切感受到乡土文化传统的丰富多彩与源远流长。

值得注意的是，自明中叶以降，由于基层社会的自治化和地方行政的仪式化，兴化地区的庙宇系统日益成为社区生活的公共场所和权力中心，甚至被视为地方自治化过程中的第二政府。[②] 各级地方神庙的仪式活动，界定了人群关系与身份认同，体现了社区权力与社会网络。以神明的名义发布的告谕，成为调节社区事务的规范性文献。在乡村庙宇和街头巷尾演出的地方戏剧，成为大众文化传播的主要媒介。因此，世世代代生长于斯的兴化人，无不与地方神庙结下了不解之缘，庙宇、仪式和戏剧构成了社区生活的主要表现形式。

可以想象，在兴化地区出生和成长的第一代海外移民，他们对于故乡的记忆一定充满着膜拜、看戏与跳神的文化体验。漂洋过海到异国他乡之后，尽管生活环境极为恶劣，他们也仍然千方百计地在工棚或苦力房中设立神龛，组成坛班等仪式团体，甚至不远万里从老家请来戏班，观赏用兴化方言演出的莆仙戏。他们在海外稍有积蓄，也总是念念不忘修缮家乡的神庙，报效神明，祈求庇佑。第三章述及早期兴化移民的神坛和第五章述及民国时期仙公堂的碑记，都是关于第一代移民传承乡土文化的故事。

在二战后海外移民的定居过程中，他们已经意识到归国无期，又无法舍弃乡土文化的根本。第三章论述东南亚兴化人庙宇系统的形成过程，就是重点分析海外移民在定居过程中对原籍庙宇的移植，尤其是在海外创建

[①] 郑振满：《莆田平原的宗族与宗教：福建兴化府历代碑铭解析》，载《历史人类学学刊》，2006，4（1）。

[②] 郑振满：《神庙祭典与社区发展模式：莆田江口平原的例证》，载《史林》，1995（1）；《莆田平原的宗族与宗教：福建兴化府历代碑铭解析》，载《历史人类学学刊》，2006，4（1）。

各类地方神庙的分庙。在 20 世纪 50—70 年代，新加坡兴化人先后创建了
30 多座庙宇，经历了城市化过程中的拆迁重建，至今仍然保存了近 30 座。
半个多世纪以来，这些兴化人庙宇通过定期组织仪式活动和戏剧表演，维
系了海外同乡的认同和团结，甚至建立了跨越地域、族群乃至国界的社会
文化联系。对于出生于海外的兴化人而言，他们对祖籍地的认识与想象，
在很大程度上来自在海外庙宇中的直观感受与亲身体验。

在兴化本土，神庙祭典是身份认同和人群组合的主要标志，在海外移
民中同样如此。第三章论及东南亚兴化人的庙宇系统，涉及各类不同庙宇
的认同标志与组织规则。从分香形式和仪式组织看，这些海外庙宇大致可
以分为仪式团体的庙宇、原籍村庙的分庙和区域性中心庙宇的分庙。这三
种庙宇的形成过程和人群组合方式，取决于兴化本土的乡族组织和海外移
民的聚居状态，必须同时在本土社会和海外发展中寻找原因。换言之，这
些海外庙宇的形成与发展，展现了侨乡社会文化和地域传统在海外的可塑
性、调试性和在地化。

第四章考察东南亚兴化人的仪式专家，论述乡土文化传统的主要载体
与传播媒介。兴化民间的坛班弟子、神童、道士与民间艺人等仪式专家、
仪式团体及其仪式表演，共同构成了乡土文化传统的主要载体和文化传承
过程中的传播媒介。在兴化本土，完整的仪式活动通常包括道士、戏班、
神童及坛班弟子等仪式专家的表演；而新加坡兴化人对于仪式结构的整体
性和完整性的看法与之完全一致，同样认为正规的仪式应该同时包括坛班
的行傩、道士的醮仪、神童的附体和戏班的演出。当然，由于客观条件的
限制，某些表演项目可能仅仅具有象征性，但仍然是仪式是否完整的重要
标准。例如，新加坡兴化人庙宇的各种仪式活动，一般要聘请戏班演出酬
神戏，但关注的重点已经不是戏剧表演的好坏，而是在于地方戏的演出在
整个仪式过程中是不可缺少的，戏剧演出的仪式象征意义大于其表演
内涵。

在有些情况下，上述四种仪式专家的表演不会同时出场。例如，道士
与戏剧是仪式重要性的体现，但有些庙宇自行主持仪式而不聘请道士。新
加坡兴化人对仪式活动的安排，既有一个总体的衡量标准，又存在差异性
与多样性。这些差异性的形成，与他们祖籍村落的仪式传统有着密切关
联，同时亦受到庙宇在海外的发展过程与信仰群体的影响。他们强化或弱

化某种仪式因子，都是为了强化以自身庙宇为中心的认同，形成与其他兴化人庙宇的差异。例如，仙宫堂在老道士余梦维去世后，就不再聘请道士主持仪式，而是改由坛班弟子自行主持，他们在有意无意地制造与强调某种差异性，凸显坛班仪式传统的延续性与正统性；与此同时，那些未正式举行关戒的兴化人庙宇，则被认为是人心涣散，因而也把组织坛班作为当务之急。可见，这些兴化人庙宇之间的多样性与差异性，反映了乡土文化传统在海外的传承与发展。

在东南亚兴化人的文化传承过程中，坛班组织的发展具有特别重要的意义。在兴化本土，坛班组织主要存在于兴化平原北部的涵江、江口一带，而新加坡的兴化人庙宇几乎都建立了坛班组织。由于新加坡兴化人的居住状态相对分散，坛班组织承担了庙宇管理与仪式表演的双重职责，在兴化人庙宇中居于核心地位。更为重要的是，坛班特有的组织形式和仪式传统，使之可以不断培养新的仪式专家，形成自我更新与发展的机制；坛班成员的家人一般都会自觉参与相关的仪式活动，往往使坛班仪式传统内化为世代相承的家族传统。新加坡的坛班为了吸收更多的门人，不仅频繁地举行关戒仪式，而且专门引入了女子关戒仪式，成立了女子坛班与欧仙姑教派。坛班仪式在东南亚的传播与发展，对于东南亚兴化人的文化传承乃至兴化侨乡的传统再造过程，都有十分深远的影响。

韩起澜（Emily Honig）在分析上海苏北人的群体认同时指出："它涉及建构、援引和玩味文化独特性概念，以便在共同的政治经济体系内在人与人之间划分己类与另类。"因此，语言、种族、宗教、历史经验和原籍等伸缩性的要素，都可以用于建构身份界线。[①] 回到新加坡兴化人移民、定居、团结与认同的历史过程，可以看到，宗教形式成为兴化人最为重要的建构身份的要素之一。新加坡兴化人采用了坛班这一独特的组织形式，配合庙宇、道士、戏剧演出等文化要素，共同标榜兴化人的地域文化特色，使得源于祖籍的群体认同不断地得到强化。

必须指出的是，在东南亚兴化人建构族群认同的过程中，源于祖籍的各种信仰与仪式组织发生了因地制宜的相应改变，甚至与原有的理念大相径庭，但是这一演变过程并未导致族群认同的消解。1965 年，新加坡政府

① ［美］韩起澜（Emily Honig）：《苏北人在上海，1850—1980》，卢明华译，上海：上海古籍出版社，2004：7。

推行"新加坡国民化政策",开启了培养国民意识的时代。此后,新加坡的兴化人如何处理民族国家与同乡族群认同之间的关系?事实证明,民族国家的建构与认同,并未削弱新加坡兴化人的族群认同。尽管如今新加坡的兴化人都已融入当地社会,但通过庙宇、仪式和戏剧表达的文化认同不仅长盛不衰,而且形成了跨越国界的认同标志和文化网络。

在海外移民社会中,利用乡土文化传统建构的兴化人认同,可以说是在与不同方言群长期互动中形成的族群界线。按照华德英(Barbara E. Ward)对香港滘西渔民"意识模型"的研究,在每一个中国人的心目中都有若干个意识模型,包括"自制或目前模型"(homemade or immediate model)、"局内观察者模型"(internal observer's models)和"意识形态模型"(ideological model)。其中"目前模型"是对研究对象自己的社会及文化制度的构想,"局内模型"是"针对中国其他社群的社会文化秩序",而"意识形态模型"是人们对更大范围的传统中国文化的认同或构想。她认为,在区域社会文化变迁的过程中,每一族群与周边族群的文化分歧会越来越大,而与"意识形态模型"所代表的传统中国文化会越来越近。① 如果用华德英的理论模型分析新加坡兴化人的个案,我们可以清楚地看到,兴化人利用原籍的社会文化传统建构了自我认同的"自制模型"。不过,在兴化人形成自我认识的同时,他们与周边方言群的文化分歧并非越来越大,而是在不同程度上模仿吸纳了其他方言群的文化特征,为己所用,并融入自身的族群认同。例如,新加坡兴化人的信仰与仪式受到了闽南人的深刻影响,集中体现为普遍举行中元普度。换言之,在新加坡五方杂处的历史情境下,兴化人在强化族群认同意识的同时,似乎有意识地模糊了与其他族群的文化分野。

本书对于东南亚兴化人的庙宇和仪式传统的考察,旨在揭示中国海外移民中以大众文化为核心的认同与联系。大众文化不仅是一套业已成形的文化表现形式,也是一个历史过程。笔者认为,就东南亚兴化人而言,大众文化的主要表现形式是庙宇、仪式与戏剧;考察这些大众文化如何被传播、使用与改变,及其在不同时空背景和文化系统中的碰撞与相互影响,有助于阐明海外华人文化的本质特征与传承机制。因此,必须将大众文化

① [英]华德英:《意识模型的类别:兼论华南渔民》,收入冯承聪编译:《从人类学看香港社会:华德英教授论文集》,香港:大学出版印务公司,1985:37—54。

的传承与海外移民的历程相结合，才有可能深入理解海外华人的社会文化传统。

第二节 兴化侨乡的社会文化变迁

自清末以来，大量兴化人持续移居海外，到南洋谋生，兴化地区逐渐成为著名侨乡。大量侨汇流入和频繁的人员来往，使兴化侨乡的生活方式和社区关系都发生了深刻的变化。因此，研究近代兴化侨乡的社会文化变迁，不可忽视来自海外世界的影响。

第二章考察了东南亚兴化人的移居过程，论述了不同历史时期的海外移民及其与侨乡的联系方式。从清末至二战以前，东南亚的兴化移民主要是候鸟式移民，他们的家人与亲属都留在国内，自己则频繁地往来于故乡与海外之间，形成了典型的跨国生存状态。20 世纪 50—70 年代，海外移民逐渐在侨居国定居，与侨乡的往来一度中断，但兴化侨乡仍有大量归侨和侨眷，他们的日常生活在很大程度上依赖于侨汇收入。80 年代以来，随着中国改革开放的不断深入，海外乡亲与侨乡的联系日益密切，新移民的人数不断增加，侨汇收入再度成为兴化侨乡的重要经济来源。

由于海外移民与本土社会的联系方式具有不同的时代特征，他们对侨乡社会的影响力也不尽相同。在兴化侨乡，民国时期的海外移民已经成为地方精英，在侨乡事务中发挥了主导作用。50—70 年代，海外移民无法回国，对侨乡公共事务影响甚微。80 年代以来，海外乡亲再度回到故乡，重新成为侨乡建设的推动力量，尤其是在侨乡传统再造的过程中发挥了主导作用。第五章主要依据田野调查资料，考察了 80 年代以来海外移民对侨乡社会文化变迁的影响。

在兴化侨乡，海外乡亲大多热衷于投资建设文教、卫生事业和交通、水电等基础设施。以莆田江口镇为例，早在民国时期，已经出现了由华侨集资创办的锦江中学和石庭小学等教育机构，50 年代以后又陆续出现了侨办职业中专、平民医院、华侨医院、华侨影剧院等文教、医疗设施。自 80 年代以来，海外乡亲除了继续资助侨乡文教、卫生事业之外，重点投资建设交通、水电等基础设施。如江口镇各自然村的道路、桥梁、自来水、照明电路等，几乎都是由海外乡亲捐建的。

在海外乡亲人数较多的重点侨乡，一般都组建了各种层次的华侨基金会、理事会、董事会等决策机构，对侨乡公共事务实行协调和管理。与此同时，在侨乡社会中逐渐形成了一批具有广泛影响力的华侨精英。他们热心于侨乡公益事业，与海外同乡社团和当地政府都有良好的关系，因而对侨乡建设和公共事务拥有较大的决策权与主导权。

在改革开放以来的侨乡社会文化变迁中，海外乡亲的主要贡献在于推动乡土文化传统的再造，尤其是庙宇的重建与仪式的复兴。从70年代末至80年代初，海外乡亲首先致力于祖厝、祠堂和村庙的修复与重建；到80年代后期，又继续致力于三一教、坛班庙宇和区域性中心庙宇的修复和重建。与此同时，在海外乡亲的倡导和资助下，侨乡的各种仪式传统也逐渐复兴，甚至有所创新和发展。在改革开放初期恢复的仪式活动，首先是谢恩、拜忏等家族性仪式，其次是元宵巡游、神诞庆典等社区性仪式，接着是坛班组织的关戒仪式和区域性中心庙宇的大规模巡游仪式。自90年代后期以来，不仅侨乡原有的庙宇系统和仪式传统已经全面复兴，而且出现了许多新的庙宇建筑和仪式活动，乡土文化出现了前所未有的繁荣景象。

应当指出，在改革开放初期的侨乡文化复兴运动中，海外乡亲始终发挥了主导和推动作用。这是因为，改革开放初期的庙宇重建与仪式复兴运动，往往受到了地方政府的限制，因而必须借助于华侨的特殊身份，与地方政府反复协商，为侨乡文化的复兴争取更大的政策空间。更为重要的是，由于1949年后历次政治运动的冲击，兴化侨乡的公共仪式活动停顿已久，有些仪式传统早已失传，反而是在海外移民社会中得到了延续与发展。因此，海外乡亲在回归故乡之后，往往是以仪式专家的身份，指导老家乡亲恢复仪式活动。例如，涵江、江口一带的坛班关戒和扶乩仪式，就是在海外坛班的指导下逐渐恢复的。

近年来兴化侨乡的传统再造过程，集中表现为庙宇系统的整合和仪式传统的创新。这两大趋势都与海外乡亲密切相关，反映了侨乡传统再造过程的历史特点和内在动力。

兴化侨乡庙宇系统的整合过程，主要集中于区域性中心庙宇和坛班庙宇，这是为了提高祖籍庙宇的地位，适应海外兴化人的认同需求。前者如江口东岳观暨福莆仙东岳观，在80年代以来陆续新建了三清殿、玉皇殿、王母殿、三忠祠等庙宇建筑和华侨纪念馆、戚继光石雕等附属设施，参与扩建的海外乡亲主要有来自印度尼西亚、马来西亚、新加坡、泰国、文莱、西班牙等地的兴化人；以团体名义捐资的海外庙宇，主要有印度尼西亚棉兰锦江东岳观、汉都亚路东岳观和新加坡东岳观、马来西亚古晋东岳观等。后者如江口石庭的仙圣楼暨九鲤洞总镇。此庙原为附属于七境祖庙上方宫的坛班庙宇，在90年代以来不仅兼并了上方宫，而且重建了附近的顶旧厝九鲤分洞、南渚林卓真人祖祠、紫霄岩九鲤洞等附属庙宇，形成了等级分明的"琼瑶仙教"庙宇系统，经费主要来自海外坛班的捐款，参与投资的主要有新加坡九鲤洞和印度尼西亚的雅加达、棉兰、丁宜、奇沙兰等地的坛班庙宇。笔者认为，由海外乡亲推动的这一庙宇整合过程，对于跨国文化网络的形成具有至关重要的意义。

至于仪式传统的创新，实际上贯穿于侨乡文化复兴的全过程，其社会机制与文化逻辑极为复杂，难以全面分析。在此略举数例，说明海外乡亲对仪式创新的影响。1992年，梧塘镇林外村的侨胞陈金渥回乡探亲，提出愿意捐款重修社庙，但要让他当福首。按当地惯例，福首必须经过卜筶，由神明选定，要满足他的要求就必须破例。于是，"董事会后来采用再添一个社公炉的办法，美其名曰'浮炉'"。此后，又有侨胞要求收藏这一香炉，"以人民币壹仟元买去，带到新加坡奉祀至今"。[1] 在江口石庭，也有类似的例子。石庭四甲的元宵巡游仪式，原来是由老家的年长者担任乡老，现在已改为在海外和老家的年长者中选人。2009年元宵节，我到石庭宫参观元宵仪式，发现四位乡老中有三位定居南洋，而他们实际上是请老家的亲属代行其职。不仅如此，在石庭宫的各种仪式活动中，在海外和老家的乡亲都要一起交纳丁钱。据说，曾经有一位侨居印度尼西亚的乡亲不交丁钱，被庙中公告"户下无丁"，只好赶回来补交丁钱，并演戏谢罪。这些做法显然都是为了吸引海外乡亲而实行的仪式创新。

兴化侨乡的仪式创新，最为典型的就是引进在海外兴化人中兴起的女子关戒仪式。这一仪式传统最初由印度尼西亚兴化人开创，后来传入新加坡，2007年传入兴化本土，石庭九鲤洞举行了首届女子关戒仪式。九鲤洞

---

① 《林外境志·香龙福社》，2002：364—366。

每次女子关戒仪式，都有东南亚的坛班弟子回来参加，其经费也主要来自海外弟子的捐款。例如，在2008年农历十月的第二轮女子关戒仪式中，九鲤洞总镇共收入"华侨及回国男女教下"捐款131750元，另有"印度尼西亚棉兰华侨黄玉棋夫妇收红黑告示，捐资人民币50000元"，这两项已经占其当年总收入的一半左右。

在兴化重点侨乡涵江和江口一带，近年来坛班的活动日益频繁，关戒的频率不断加快，这无疑也是适应海外乡亲的要求。江口《西刘刘氏族谱》对村庙新灵宫举行的关戒仪式有如下解释：

> 持戒这一传统的民俗活动，是既有历史意义又有现代民间文化表演的体育活动。"持戒"的口号是精诚团结、齐心合力，目的是通过这一活动加强村民与海外侨胞的联谊和团结，促进文化、经济交流，祈祝全村海内外更加兴旺发达。[①]

可见，古老的关戒仪式已经具有现代意义，即维系海内外族人的认同与团结，促进相互的文化和经济交流。正是基于这一目的，海内外乡亲都对此投注了极大的热情，使关戒仪式不断推陈出新。

长期以来，在主流意识形态与外交政策的导引下，海外华人与侨乡之间的联系被纳入具有浓厚政治色彩的研究领域，已经形成具有模式化倾向的研究路径和叙事结构。例如，"华侨是革命之母"，强调海外华人与中国近代政治革命的关系；华侨企业与对华投资，注重华侨对经济发展的贡献；华侨精英与侨乡建设，被视为爱国华侨树立的道德典范。然而，走进兴化侨乡，我们看到的却是普通华侨对乡土文化再造的不懈努力，这是一个连续不断地重建地方文化和历史记忆的实践过程。在这一过程中，海外乡亲成为侨乡社会文化变迁的主导力量，在乡族事务和社区发展中都发挥了关键作用。换言之，海外乡亲对侨乡社会的影响，并不局限于生计模式与经济活动，而是涉及更深层的民众世界观塑造和社会运作机制。

近年来，已有不少学者关注海外华人与侨乡家族及其他传统事务之

---

① 天瑞、金莲、鹏志：《民俗活动中心：新灵宫、圆明堂》，载《西刘刘氏族谱·祠墓文物》，2002：191。

间的历史联系，如华琛、柯群英①、陈春声②、郑振满③、陈志明④等人的研究成果，已经为相关研究提供了良好的基础与范本。笔者认为，海内外华人的历史联系，主要依托于乡土社会文化传统。因此，无论是海外华人研究，还是侨乡研究，都必须关注乡土社会文化的传承与运作机制。

第三节　跨国文化网络的建构过程

本书考察的"跨国文化网络"，是指海内外华人之间以乡土文化为基础的联结方式。就海内外兴化人而言，这种联结方式主要表现为共享的庙宇、仪式与戏剧表演。换言之，存在于海内外兴化人之间的跨国文化网络，主要是通过庙宇、仪式与戏剧的传承来建构的。在结束全书之前，拟在各章的基础上，分析这一跨国文化网络的形成过程与内在结构，以期为相关研究提供理论借鉴。

第二章和第三章已经指出，早期到东南亚谋生的兴化移民，尚未在当地落地生根，他们虽然在海外设立神坛或供奉神像，但仍然是以本土的庙宇作为认同标志和仪式中心。如涵江后郭村的海外移民，于1937年集资重修村庙仙宫堂，并制定了保护庙宇的禁约，就是典型的例证。由于这一时期的海外移民尚未建立自己的庙宇系统，他们仍然参加原籍社区的仪式活动，因而还不可能形成跨国文化网络。

二战以后，兴化移民逐渐在侨居国定居，开始在海外建立各种原籍庙宇的分庙。50—70年代，海外移民不能自由回国，开始在海外形成了相对

---

① 柯群英：《重建祖乡：新加坡华人在中国》，香港：香港大学出版社，2013；《人类学与散居人口研究：侨乡研究中的一些注意事项》，载《广西民族学院学报（哲学社会科学版）》，2005（4）。
② 陈春声：《海外移民与地方社会的转型：论清末潮州社会向"侨乡"的转变》，收入徐杰舜、许宪隆主编：《人类学与乡土中国》，哈尔滨：黑龙江人民出版社，2006：334—348。
③ 郑振满：《国际化与地方化：近代闽南侨乡的社会文化变迁》，载《近代史研究》，2010（2）。
④ 陈志明：《迁徙、家乡与认同：文化比较视野下的海外华人研究》，北京：商务印书馆，2012。

独立的仪式传统。他们依托海外的庙宇系统，奉祀原籍的神明，定期举行元宵祈福、神诞庆典等传统的宗教仪式，同时也聘请道士、戏班参加仪式，延续了原籍的道教仪式传统与戏剧表演传统。更为重要的是，为了适应海外移民社会的散居状态，新加坡兴化人利用原籍的坛班仪式传统，创造性地发展了坛班组织。自 80 年代以来，为了因应城市化进程的冲击，新加坡兴化人庙宇之间加强了庙际联系，同时也更加注重与东南亚各地同乡之间的联系，走向了国际化的发展道路，成为东南亚兴化人的仪式中心。

在东南亚兴化人无法回乡的岁月中，实际上已经形成了以新加坡为中心的跨国文化网络。新加坡的许多兴化人庙宇，如九鲤洞、仙宫堂、重兴祖庙、昭灵庙、会庆堂等，历来是东南亚兴化人的仪式活动中心。不仅庙宇的历次修建多为"星马印"兴化人共同捐资，而且每逢主要神明的诞辰和元宵、关戒等重大仪式活动，散居东南亚各地的同乡弟子都会赶赴新加坡参加，这些庙宇因此成为东南亚兴化人的主要聚会场所。在移民史上，由于新加坡是东南亚地区的交通枢纽和经济中心，早期兴化移民大多先到新加坡落脚，再逐渐转往东南亚其他地区谋生，新加坡兴化人庙宇的香火也随之传播到东南亚各地，使新加坡成为东南亚兴化人庙宇的分香中心。

新加坡九鲤洞的分香系统，最为典型地体现了新加坡在东南亚兴化人跨国文化网络中的核心地位。新加坡九鲤洞不仅在本地陆续分出琼瑶教邸、琼瑶仙教、琼三堂等坛班庙宇，而且在马来西亚有亚依丹琼瑶分镇，在印度尼西亚有雅加达、奇沙兰、丁宜埠等九鲤洞分镇。此外，新加坡九鲤洞还有另外一种分香形式，就是所属坛班弟子到其他地区设坛起乩，创立新庙，但不采用原来的教派名称，只是延续了原来的仪式传统。新加坡九鲤洞坛班弟子在印度尼西亚棉兰设坛起乩、举行关戒、组建坛班，最后创立锦江东岳观和汉都亚路东岳观，就是典型例子。由此可见，在东南亚兴化人的跨国文化网络中，坛班的仪式传统发挥了至关重要的作用。

自 80 年代以来，海外乡亲陆续回到兴化本土，参与兴化侨乡的庙宇重建和仪式复兴运动，形成了包括兴化本土和海外兴化人聚居地的跨国文化网络。在此过程中，兴化本土的庙宇逐渐成为海内外乡亲的认同标志和仪式活动中心，而新加坡作为东南亚兴化人仪式中心的地位受到了冲击。当然，由于历史的原因和现实的需要，东南亚各地的兴化人目前仍然参加新加坡兴化人庙宇的仪式活动，其原有的功能并未完全消失。因此，就目前的总体状态而言，海内外兴化人的跨国文化网络大致包含三个层次，即兴化本土为第一层次，新加坡为第二层次，东南亚其他地区为第三层次。不过，由于越来越多的海外兴化人庙宇和仪式团体直接回原籍参加仪式活动，这一跨国文化网络的结构是不稳定的，很可能形成其他的区域性仪式中心，最终形成更为多元和多重的跨国文化网络。

在跨国文化网络的建构过程中，实际上始终存在着不同利益群体之间的合作与竞争关系。在江口石庭的九鲤洞总镇，我们得知此庙最初是由印度尼西亚的坛班组织投资重建的，其目的是淡化新加坡九鲤洞的影响。在九鲤洞总镇的历代古坛灵位上，我们看到新加坡九鲤洞与其他九鲤洞分镇的地位完全相同，已经看不出等级区别。不过，据说目前印度尼西亚的坛班组织与九鲤洞总镇发生了矛盾，原来记载总镇重建历史的碑刻已经被挖补修改，其相互关系正在调整之中。其实，近年来兴化侨乡的庙宇重建和仪式创新过程，在许多情况下都隐含着海内外乡亲之间的利益分化与竞争，而这无疑也是推动跨国文化网络发展变化的内在动力。

在兴化侨乡和海外兴化人聚居地，走进任何一座庙宇，观看任何一场仪式，甚至访问任何一个兴化人，我们都能感受到跨国文化网络的客观存在和良好运作。第五章论述了海外乡亲参与侨乡传统再造的历史过程，这实际上也是跨国文化网络的建构与运作过程。与此同时，兴化侨乡的民众也在以各自的方式参与其中，在跨国文化网络中发挥着不同的作用。如九鲤洞总镇女子坛班的王水峰女士，曾经多次到新加坡和印度尼西亚的九鲤洞参加关戒仪式。至于兴化侨乡的道士、木偶戏艺人等仪式专家，更是经常应邀到海外兴化人庙宇参加仪式活动。例如，石庭宫坛班弟子神童黄文秀，擅长演奏鼓和二胡等乐器，曾经跟随本地多个木偶戏班赴南洋演出。[①]2008 年 8 月，笔者在马来西亚吉隆坡三教堂遇到石庭吉祥木偶戏班演出，据班主黄富祥介绍，他们还曾经在马来西亚芙蓉志元堂和东天宫等兴化人庙宇演出。[②]

兴化侨乡德高望重的老道士吴九涛及其家族，早在 90 年代初期就应邀赴东南亚各地参加仪式活动，至今仍然活跃于海内外兴化人的跨国文化网络之中。吴九涛出身于江口上方村的道士世家，据说祖上从明代万历年间

---

① 黄文秀访谈笔记：2009-4-7，莆田石庭四甲石庭宫。
② 黄富祥访谈笔记：2008-8-14，马来西亚吉隆坡三教堂。

开始就做道士，现存清康熙、乾隆年间制作的科仪书。他除了从小学习家传的道士技能，年轻时也曾经是木偶戏艺人。他的三个兄弟和三个儿子、三个孙子和三个侄孙也是道士。莆田江口一带的大多数庙宇都请吴家道士做仪式。1990年闰五月，吴九涛与三个儿子应石庭人黄亚松之邀，到新加坡九鲤洞庆祝卢士元仙长诞辰，后来又帮许多新加坡兴化人主持拜忏、谢恩、过七等仪式，前后逗留了三个月。[①] 1994年，吴九涛又组织兴化本土的道士和木偶剧团，到新加坡九鲤洞参加逢甲普度，并担任道教醮仪与目连演出的总导演。由于这是首次请兴化道士主持逢甲普度，新加坡华文报纸以大幅版面做了专题介绍，还吸引了许多外国汉学家前来观看。此后，新加坡、马来西亚的许多兴化人庙宇都请吴家道士前去主持仪式，他和家人成为海内外兴化人公认的"文化使者"。[②]

通过考察海内外兴化人的跨国文化网络，我们有理由相信，根植于侨乡社会的庙宇、仪式与戏剧演出，是海外兴化人自我认同和群体表达的主要方式，也是联结侨乡和海外移民的主要媒介。当然，这一跨国文化网络的建构过程，涉及许多不同的历史情景和利益群体，其运作机制极为复杂，不可一概而论。尤其是近代民族国家的建设过程和国民意识的不断强化，使海内外兴化人在不同的时空环境中具有不同的身份界定和自我认同，在共同的文化网络中也会有各自的分类意识与矛盾心态。因此，究竟如何从具体的历史情景出发，揭示海内外兴化人对跨国文化网络的不同理解与灵活运用，仍然是有待继续探讨的问题。

前人研究海外华人，大多关注"新儒家文化"与"华商网络"；在论及当前海外华人与侨乡的联系时，也大多着眼于国家政策与国际关系层面，提出了所谓"政治回归"的理论。[③] 本书的研究表明，就大多数普通的海外兴化人而言，他们在日常生活中传承的中国文化，并非新儒家文化或华商文化，而是源于原籍的乡土社会文化传统；他们与侨乡之间的联系纽带，并非国际政治或国家政策，而是民间信仰与宗教仪式传统。深入研究这种以庙宇系统和仪式组织为核心的跨国文化网络，不仅有助于揭示海外华人与侨乡的历史联系，也有助于探讨海外华人文化的传承机制。

[①] 吴九涛访谈笔记：2009-6-28，莆田石庭吴九涛家。

[②] 区如柏：《十年今日，魂兮归来：九鲤洞逢甲大普度》，载《联合早报》，1994-8-21。

[③] 新加坡国立大学亚洲研究所国际关系论坛。

后　记

　　本书在博士学位论文基础上修改而成。付梓之际，思绪一度飞回学生时代，那些热闹喧嚣的场景，那些刻骨铭心的悲喜，那些经久难忘的忠告。

　　在厦门大学，我们很早就知道历史学应该关注普通民众，注重日常生活中的文化传承。然而，似乎从九年义务教育开始，我们就逐渐远离"人间烟火"，走上专业岗位后，很难再回到日常生活情景中，设身处地地思考民间社会的历史文化传统。尤其是面对历史教科书的宏大叙事时，始终无法与日常生活建立联系，难免陷入迷惘和困惑。

　　在本科阶段，我有幸参加导师郑振满、丁荷生教授主持的"莆田民俗文化研究计划"，开始接受历史人类学的学术训练。每年寒暑假，我们都到莆田平原开展田野调查，收集民间文献，访问当地耆老，了解民俗文化，走访了近千个村落和3000多座庙宇，观看了数百场戏剧表演和宗教仪式活动。在调查过程中，我每天晚上都要整理当天的调查笔记，记录当地的聚落环境、家族历史、庙宇系统、仪式传统、文献与传说等等。通过密集的现场教学和田野观察，我对当地民间的历史文化传统有了初步的认识，逐渐理解"国家内在于社会""地方权力的仪式化"等重要学术议题。

　　莆田地区是著名侨乡，不少村落都有海外乡亲，有些家族的海外族人超过了原乡。我们在调查中发现，改革开放以来的莆田民俗文化复兴过程，与海外乡亲的回归密切相关。因此，我们开始关注海外移民的社会文化网络，逐渐把研究重点转向东南亚各地的兴化人。这一机缘开启了我的东南亚之旅，确立了博士论文的研究方向。

　　在导师指导下，我多次前往莆田侨乡和东南亚开展田野调查，收集历史文献资料，考察海内外乡亲的生计模式和互动过程。从莆田平原到东南亚，我结识了许多兴化人，他们似乎都有某种共同的文化特质。我依稀感觉到，对于海内外兴化人来说，"故乡"与"他乡"并无明确的边界，因为他们的生存状态始终是漂泊不定的。然而，他们又有很强的归属感和认同感，无论到哪里都要建庙、拜神、讲方言、看莆仙戏，维持"同乡同族同业"的社会网络。这种归属感和认同感，不仅源自原乡的历史文化传统，而且与海外移民社会的生存环境密切相关。因此，我们必须尽可能进入海外华人的日常生活情境，从当事人的立场思考"兴化人"的文化意义。

带着上述问题，我完成了博士学位论文《跨越国界的文化网络：新加坡兴化人的庙宇与仪式传统》。留校任教后，又相继承担了国家社科基金青年项目"东南亚兴化人的庙宇与仪式传统"、教育部社科基金青年项目"近代闽南侨乡的国际移民与跨国生存状态"和福建省社科基金青年项目"海外华人社团与福建民间信仰""沙捞越华人文献收集与整理"等，试图从更加多元的视角探讨海外华人的社会网络与文化传承机制。本书引用了近年来的相关研究成果，但未能开展深入的比较研究和综合分析，只能留待今后继续努力。

回眸往事，感悟良多。我的治学之路，始于学生时代参与的田野调查，亲历了"从民俗研究历史"的艰辛探索。当年的经验与积累，在我的人生旅途中留下了深刻的烙印，已经成为我宝贵的精神财富。感谢厦门大学傅衣凌先生开创的从民间社会理解中国历史的学术传统，引导我"回到历史现场"，从文献与田野的对话中体会历史人类学的真谛。感谢为我指点迷津的乡村耆老、仪式专家、民间艺人和坛班弟子等海内外兴化乡亲。

光阴荏苒，不舍昼夜。愿岁月静好，生活之树长青！

郑莉，2021 年岁杪于木兰溪畔

后记